これならわかる
スッキリ図解 運営指導 介護事業

小濱道博 著

SHOEISHA

はじめに

職員が相互に定期的に点検し合う体制を作りましょう。

運営指導は日頃からの準備が大切

２０２２年４月より、従来の実地指導が運営指導となり、新たにオンライン会議システムによる指導が正式に解禁されました。運営指導への対策は、日常において職員の疑問をなくすことが基本です。そうすることで、指導当日も自信を持った受け答えが可能となります。自信を持って返答できれば、痛くもない腹を探られることもなく、それ以上の確認作業がなくなります。

介護保険の行政は記録主義

改めて実感するのは、介護保険制度は記録主義で、記録があって初めて認められる世界であるということです。運営指導で何か問題が起こったときに、守ってくれるのは記録だけです。

サービス提供記録、支援経過記録、ケアカンファレンス記録、機能訓練記録、夜勤業務記録など、介護サービスの運営ではいろいろな「記録」を作成する必要があります。介護サービスは「計画」によって実施され、「記録」によって確認・報告されるシステムだからです。「記録」がないと、「サービス提供の事実が確認できない」として認められません。

記録は、日頃から漏れなく記載する癖を付ける必要があります。５Ｗ１Ｈを基本に簡潔に記載しましょう。すなわち、Ｗｈｏ（誰が）、Ｗｈｅｎ（いつ）、Ｗｈｅｒｅ（どこで）、Ｗｈａｔ（何を）、Ｗｈｙ（なぜ）、Ｈｏｗ（どのように）を念頭に文章をまとめる能力が問われます。運営指導において、記録関連の指摘をされる事項の多くが、「表現が曖昧」「具体的でない」といった文章表現の問題です。

指導と監査は大きく異なる

行政指導は、介護事業者の任意の協力によってのみ実現されるもので強制力はありません。指導では立入権が認められていないので、任意となりますが、事業者側に運営基準違反や介護報酬の不正請求等が認められる場合は、監査により事実関係を明確にした上で指定取消等の行政処分（不利益処分）が行われます。監査の場合は立入権があり、捜査の扱いです。ただし、行政指導に従わなかったことのみを理由に行政処分を行うことはできません。

運営指導では、情報を集めるための権限のみが認められていて、立入検査などの強制力はありませんが、監査の場合には立入検査などの強制力が認められています。

介護報酬の請求指導においても、それが単なる手続きの誤りなどの場合は、過誤申請による自主返還の形が取られます。しかし、監査の結果、不正請求と判断された場合は、徴収金として返還が強制され、40％の過料が上乗せされることになります。

内部監査システムの構築を

2022年3月に、すべての介護サービスの標準確認項目と標準確認文書、自己点検シート、算定要件シートが公開されました。少なくとも介護保険施設等指導指針に定める確認項目および確認文書の範囲については、介護事業者自身で、職員と共有して定期的に点検すべきものです。そのため、運営指導にあたっては、事前に「各種加算等自己点検シート」「各種加算・減算適用要件等一覧」の提出を求められます。事業所としては、提供されているこれらのツールを用いて、職員が相互に定期的に点検し合う、内部監査システムを構築することが課題になります。

事業規模の拡大に気を取られて、基本的なコンプライアンス対策が後手に回っているケースも多く見かけます。早期に内部監査システムを構築し、運営指導を前提とした定期的なチェック体制を構築することが重要です。本書が、その一助になれば幸いです。

実地指導から運営指導へ

名称が変わっても「標準確認項目」と「標準確認文書」に基づき実施されます。

オンライン会議システムでの指導が可能に

2022年4月に、介護保険施設等指導指針の改正が行われ、従来の実地指導から「運営指導」の名称に変更されました。コロナ禍においては、地域で感染者数が増加すると実地指導が延期または中止となっていました。その中で、感染者数が落ち着いた時点で、2時間程度の指導を行い、1日に2件以上の実地指導を実施するパターンが一般化してきました。

今回の改正では、オンライン会議システム等を活用することが可能である旨が通知に明記され、ZOOMなどを活用した運営指導を行うことが具体化しました。オンライン指導であれば対面ではないため、感染拡大期でも指導の実施が可能となります。しかし、施設側のICT化、電子データ化の進捗と関連するため、当初は対象となる施設、事業所は限定的でしょう。

関係書類をPDFなどの電子データで保管していることを前提に、事業者側が行政側（指導担当者）に対してオンラインシステム上で書類を共有してPCのディスプレイを通した指導が可能になります。その実現のためには、介護記録ソフトなどによるICT化の普及も課題となってくるでしょう。

2019年発出の運用指針をベースに変更

今回の運営指導への変更は、2019年に発出された「介護保険施設等に対する実地指導の標準化・効率化等の運用指針」が重要なターニングポイントとなっています。運用指針のポイントは、通知の中で示された別紙「標準確認項目」および「標準確認文書」に基づいて実施されることでした。訪問介護、通所介護、介護老人福祉施設、居宅介護支援事業所、認知症対応型共同生活介護、介護老人保健施設、訪問看護の7種類のサービスを対象としていましたが、今回の改正ではすべての介護サービスを対象とした「標準確認項目」および「標準確認文書」が発出されています。

この指針とは別に、介護報酬に関する確認作業は、従来通りに行われます。そのため、加算などについては、算定要件をしっかりとチェックして遵守する必要があります。

●コロナ禍特例措置にも注意が必要

また、2020年度以降は、コロナ禍特例措置などもあり、法令解釈の複雑さがさらに増しています。コロナ禍特例措置を使っている場合は、その根拠となる記録が特に重要となるため、再度チェックしておくことをお勧めします。特例はあくまでも特例であって、本来の基準ではありません。しかし、特別措置の長期化によって慢性化し、都合のよい解釈や拡大解釈を行っているケースが散見されます。実施しなくてもよいのではなく、やむを得ない場合にのみ特例が認められるということを再認識すべきです。

運営指導の内容

内容の区分	指導内容	運営指導マニュアルの活用
①介護サービスの実施状況	個別サービスの質（施設・設備や利用者等に対するサービスの提供状況を含む）に関する指導	別添1 確認項目および確認文書
②最低基準等運営体制指導	基準等に規定する運営体制に関する指導 （③報酬請求指導に関するものを除く） （オンライン方式の指導も可能）	
③報酬請求指導	加算等の介護報酬請求の適正実施に関する指導 （オンライン方式の指導も可能）	別添2 各種加算等自己点検シート 別添3 各種加算・減算適用要件等一覧

出典：厚生労働省老健局総務課介護保険指導室「介護保険施設等運営指導マニュアル」（令和4年3月）

介護保険施設等指導指針のポイント その①

今後の運営指導はこの指針を踏まえて実施されます。

2022年3月に発出された指導指針

介護保険法に基づく介護保険施設および事業者に対する指導監督は、「介護保険施設等の指導監督について」(平成18年10月23日老発第1023001号通知)を参考に、各自治体において実施されています。社会保障審議会介護保険部会（介護分野の文書に係る負担軽減に関する専門委員会）での審議を踏まえて、運営指導における標準化と効率化を促進するために、2022年3月31日付で新たに「介護保険施設等指導指針」が発出されました。今後は、この指針を踏まえて運営指導が実施されます。

指導の目的と方針について

指導とは、介護保険施設等を対象に、定められた人員基準、設備基準、運営基準や介護報酬の請求における算定要件等を周知徹底させるものです。

指導指針では、市町村が介護事業の許認可を受けた事業者を対象に、保険給付や介護報酬に関する資料の提示を求めて確認し、それに対する質問や照会を行うこととしています。また、介護報酬請求に関する提供記録や帳簿書類などの提示を求めて質問を行います。指針にはこれらの基本的事項が定められ、介護給付等対象サービスに関するサービスの質の確保と保険給付の適正化を行うことを目的としています。

指導の形態

指導の方法には、集団指導と運営指導があります。集団指導は、年に数回実施される、いわば自治体からの集合研修および説明会です。原則として2か月前までに介護施設等に文書で通知するとされています。

集団指導に参加しなかった介護保険施設等に対して

は、使用した資料の送付等によって確実に資料の閲覧が行われるよう情報提供し、オンラインでの動画配信等による実施も可能となっています。なお、通常、集団指導の参加事業者は管理されていて、参加実績が少ない場合は、実地での運営指導が行われることも多いので、出席するよう努めましょう。

一方、運営指導は、介護施設等ごとに、サービスの質、運営体制、介護報酬請求の実施状況等を原則実地で確認するもので、実施にあたっては質問や個別相談等の機会を設けるなどの工夫が求められています。情報セキュリティの確保を前提として、オンライン会議システム等を活用した運営指導も行えるようになりました。ただし、自治体がオンライン指導を進めるために介護保険施設などに対して記録の電子データ化を強く指導するなど、事業者側に過度な負担を強いないよう十分に配慮することが求められています。

介護保険制度における介護保険施設・事業者に対する指導監督

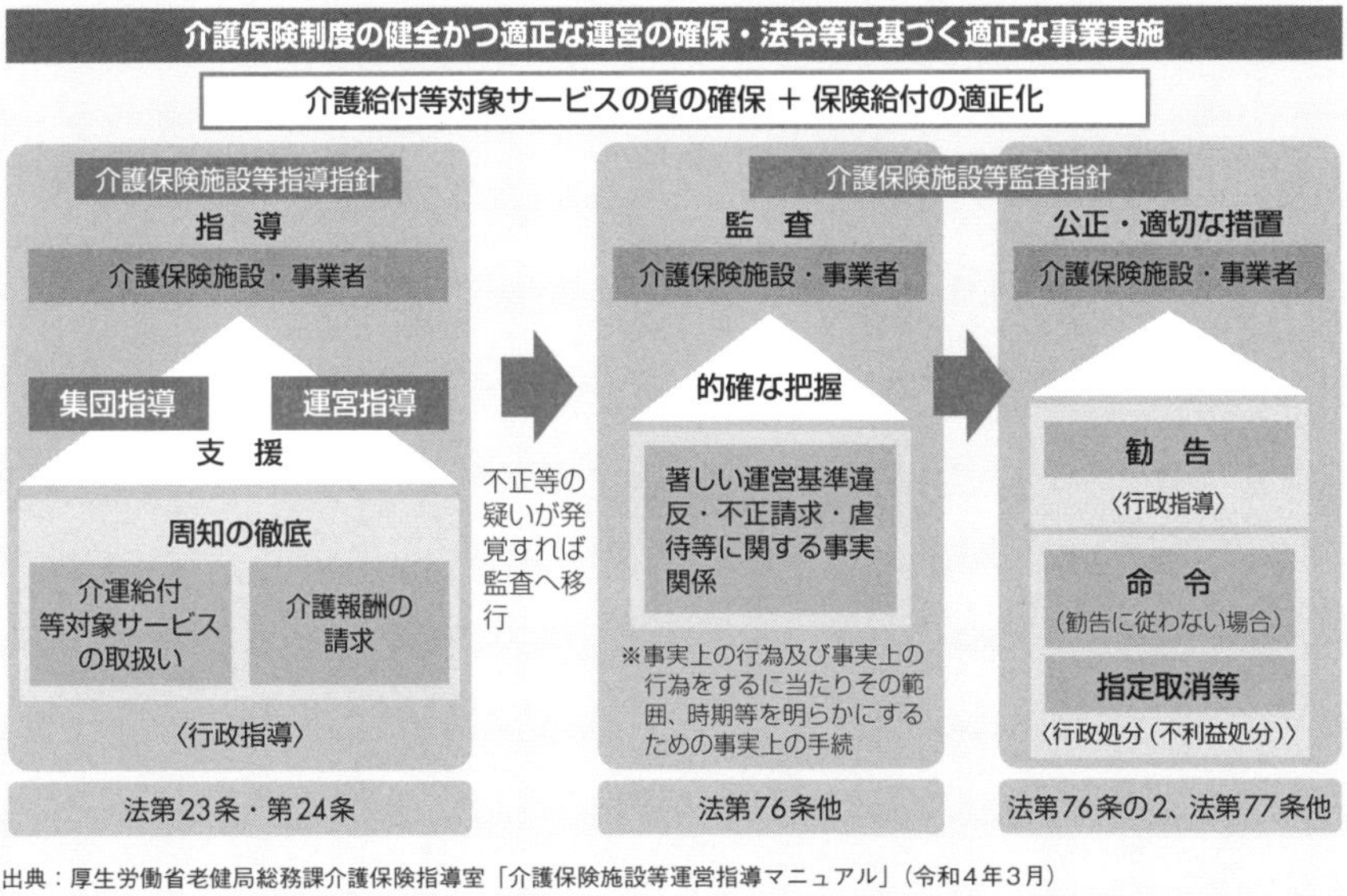

出典：厚生労働省老健局総務課介護保険指導室「介護保険施設等運営指導マニュアル」（令和4年3月）

介護保険施設等指導指針のポイント その②

指導は原則、6年間で少なくとも1回以上実施されます。

運営指導の形態

運営指導は原則、指導対象の介護保険施設等に訪問して実地で行われます。このとき、都道府県知事または市町村長が単独で行うものを「一般指導」、厚生労働大臣および都道府県知事もしくは市町村長、または都道府県知事および市町村長が合同で行うものを「合同指導」といいます。

①介護サービスの実施状況指導（現地に出向いて、指導担当者が目視で介護視察を行う指導）
②最低基準等運営体制指導（人員基準、設備基準、運営基準等に関する指導）
③報酬請求指導（介護報酬請求における算定要件や流れに関する指導）

指導はこの3つの観点で実施され、効率化のためにそれぞれ分割して実施してよいとされています。これは、今回の指針改正で、訪問しての実地での指導とともに、オンライン会議システムを使った指導も可能となったことによる措置です。②と③についてはオンラインでの実施が可能ですが、①については現地に出向いて行う必要があります。そのため、オンラインでの指導を実施した場合、必ず①を実地で行うこと（後日でかまわない）を求めています。

①を行った段階で運営指導は終了とするとされましたが、実際には②と③の実施で介護報酬の返還指導や運営基準違反などの指導は可能であり、①を実施せずに終了となる場合もあります。

運営指導の実施頻度

運営指導は、原則、指定の有効期間である6年間で少なくとも1回以上行うとされています。なお、居住系サービス（グループホームや特定施設）と施設サービス（老健や特養）については、3年に1回以上の頻度で行うことが望ましいとされました。これは、施設サービスなどの施設数が少なく、これまでも2～3年に一度の指導が一般的であったことによる措置です。

自治体は、運営指導の対象となる介護保険施設等を決定したときは、原則として1か月前までに文書によって通知するとされています。これは、運営指導を受ける事業所の勤務シフトに可能な限り影響が出ないように配慮した措置です。ただし、指導対象となる事業所において高齢者虐待が疑われる等の理由がある場合、事前通知では適正にサービスの提供状況を確認できないため、指導開始時に文書で通知するとされています。いわゆる抜き打ち指導（無予告指導）です。

運営指導の確認内容

運営指導は、標準確認項目と標準確認文書に基づいて行われます。これらは、自治体が運営指導において参考とする確認事項のチェックリストで、確認のために提示を求める書類等を記したものです。確認項目以外の項目は、特段の事情がない限り確認を行わず、確認文書以外の文書は原則求めないものとするとされています。

3年に1回以上の実施が望ましい介護保険施設等

サービスの分類	介護保険施設等の種類
居住系サービス（地域密着型サービスを含む）	特定施設入居者生活介護、認知症対応型共同生活介護、地域密着型特定施設入居者生活介護
施設系サービス（地域密着型サービス）	地域密着型介護老人福祉施設入所者生活介護
施設サービス	介護老人福祉施設、老人保健施設、介護医療院、介護療養型医療施設

出典：厚生労働省老健局総務課介護保険指導室「介護保険施設等運営指導マニュアル」（令和４年３月）

介護保険施設等指導指針のポイント その③

短時間でポイントを絞った指導が行われます。

準備書類と記録などの確認

運営指導において準備する文書は、原則、前年度から直近の1年分程度とし、事前または当日に提出を求める資料および書類のコピーなどは各1部です。新規指定、更新、変更時に自治体に提出されているものについては、再提出を求めないとされました。

また、書面に代えて電磁的記録によって管理されている場合はディスプレイ上で内容を確認し、印刷した書類等の準備や提出も求めないとされました。個人ファイル等を確認する場合は、特に必要と判断する場合を除いて、原則として3名以内とします。居宅介護支援事業所については、原則、介護支援専門員1人あたり1～2名の利用者を確認するとされています。

指導の所要時間と同一所在地の実施方法

運営指導は、標準確認項目と確認文書によってチェックポイントを絞り込むことで所要時間をできる限り短縮し、実質2時間程度の半日指導を中心とします。これにより、介護保険施設等と自治体双方の負担を軽減するとともに、1日2件以上の運営指導を実施するなどの頻度向上を図るとされました。

さらに、複数の介護サービスを同一所在地に併設しているような場合には、できるだけ同日または連続した日程で行うなどして効率化を図るとされました。たとえば、訪問介護と通所介護を併設している場合、同日の午前と午後とで2つのサービスの運営指導を実施するといったことが増えています。同様に、老人福祉法と介護保険法に関連する法律に基づく監査との合同実施も行われます。

指導結果の通知等

指導結果は、後日文書によって通知されます。人員、施設および設備または運営について改善を要すると認められる事項がある場合、介護報酬請求について不正には当たらない軽微な誤りが認められ過誤申請を要すると認められる場合などが、指導事項に該当します。指導内容についての改善状況の経過報告を要する場合は、改善結果報告書の提出を文書で通知されます。改善された事項については、文書により報告します。

指導にあたっての留意点

運営指導にあたり、指導担当者は高圧的な言動は控えて、改善指導や、よりよいケア等を促す助言等については、介護保険施設等との共通認識が得られるよう留意します。運営指導は基準等に基づき行うもので、担当者の主観による指導や、同じ事業者に対する前回の指導内容と根拠なく大きく異なる指導は行いません。

運営指導における個々の指導にあたっては、具体的な状況や理由を聴取し、根拠、規定やその趣旨・目的等について懇切丁寧な説明を行うことなどが規定されています。

指導方法	要件	根拠の提示	改善報告
文書指導（文書指摘）	法令、基準、通知、告示、条例、規則等に規定した事項に違反している場合	法令等、具体的かつ直接的な根拠が必要	期限を定めて改善報告を行うよう指導する
口頭指導（口頭指摘）	・法令、基準、通知、告示、条例、規則等に規定した事項に違反しているが、その程度が軽微である場合 ・その違反について、文書指導を行わなくても改善が見込まれる場合	法令等、具体的かつ直接的な根拠が必要	不要
助言	法令、基準、通知、告示、条例、規則等に規定した事項に違反していないが、今後も違反のないよう、適正な運営に資するものと考えられる場合	直接的な根拠までは求めないが、具体的な理由の説明が必要	不要

出典：厚生労働省老健局総務課介護保険指導室「介護保険施設等運営指導マニュアル」（令和４年３月）

第1章 22年度改定以降の運営指導対策

第2章 運営指導とはなんだろう

第3章 通知が来た！ 当日の流れと事後の手続き

第4章 準備のポイントが知りたい

本書内容に関するお問い合わせについて

このたびは翔泳社の書籍をお買い上げいただき、誠にありがとうございます。弊社では、読者の皆様からのお問い合わせに適切に対応させていただくため、以下のガイドラインへのご協力をお願い致しております。下記項目をお読みいただき、手順に従ってお問い合わせください。

●ご質問される前に

弊社Webサイトの「正誤表」をご参照ください。これまでに判明した正誤や追加情報を掲載しています。

正誤表　https://www.shoeisha.co.jp/book/errata/

●ご質問方法

弊社Webサイトの「刊行物Q&A」をご利用ください。

刊行物Q&A　https://www.shoeisha.co.jp/book/qa/

インターネットをご利用でない場合は、FAX または郵便にて、下記"愛読者サポートセンター"までお問い合わせください。

電話でのご質問は、お受けしておりません。

●回答について

回答は、ご質問いただいた手段によってご返事申し上げます。ご質問の内容によっては、回答に数日ないしはそれ以上の期間を要する場合があります。

●ご質問に際してのご注意

本書の対象を越えるもの、記述個所を特定されないもの、また読者固有の環境に起因するご質問等にはお答えできませんので、あらかじめご了承ください。

●郵便物送付先およびFAX番号

送付先住所　〒160-0006　東京都新宿区舟町5

FAX番号　03-5362-3818

宛先　（株）翔泳社 愛読者サポートセンター

●免責事項

※本書の内容は2023年1月現在の法令等に基づいて記載しています。

※本書は、法令（告示・省令・通知）等の一般的な解釈に基づきます。

※法令・条例や通知は随時改正されますので、常に最新の情報を確認してください。

※本書は地域のローカルルールのすべてを網羅するものではなく、一般的な解釈に基づいています。

※本書に記載されたURL等は予告なく変更される場合があります。

※本書の出版にあたっては正確な記述に努めましたが、著者および出版社のいずれも、本書の内容に対してなんらかの保証をするものではなく、内容やサンプルに基づくいかなる運用結果に関してもー切の責任を負いません。

※本書に記載されている会社名、製品名は、一般に各企業の商標または登録商標です。

※本書ではTM、®、©は割愛させていただいております。

第1章

22年度改定以降の運営指導対策

2022年に臨時で介護報酬が改定され、介護職員等ベースアップ支援加算が創設されました。また、2021年4月の介護報酬改定は近年にない大改定となりました。「過去の運営指導で問題なかったから、次回も大丈夫」とは、今まで以上にいえなくなっています。今後の運営指導で多くの時間を費やすであろう、直近の制度改正のポイントを再確認することはとても重要な事前準備となります。

1 2021年度介護報酬改定の要点とは

介護保険法20年の中でも、一、二を争う大改定だった2021年。

2021年改定の多くの宿題の実施が急務に

2021年度介護報酬改定は、改定率がプラス0・7%と2期連続でのプラス改定となりました。基本報酬の上げ幅は小さく、実質的に2018年10月に消費税が増税されたときと同程度のプラスといえます。その中で、経過措置を設けた多くの宿題が残されました。たとえば、2024年4月より義務化される業務継続計画（以下、BCP）、感染防止対策、高齢者虐待防止対策です。特にBCPは、相当の作成準備と日数を要するため、他の宿題以上に残り時間が限られています。医療福祉の資格を持たない介護職員への認知症介護基礎研修の受講義務化も同様です。すでに義務化されたハラスメント対策は、運営指導で確認・指導が行われています。

また、2022年の臨時介護報酬改定で創設された介護職員等ベースアップ支援加算についても、今後の運営指導の対象となります。

LIFEデータベースによる科学的介護の推進

2021年度介護報酬改定では、リハビリテーション・機能訓練、口腔ケア、栄養改善の自立支援に資する取り組みが明確にクローズアップされました。つまり、LIFEデータベース（以下、LIFE）へのデータ提出と活用が、多くの加算の算定要件に位置づけられています（82ページ参照）。勘違いされがちですが、これらの加算はLIFEにデータを提供することを評価するものではありません。それはプロセスの第一段階に過ぎないのです。重要なポイントは、LIFEから提供されるフィードバックデータを活用して、ケアプランやリハビリテーション計画などを見直してケアの質の向上につなげるといったPDCAサイクルのプロセスです。リハビリテーション・機能訓練、口腔ケア、栄養改善に関連する新設の加算のすべてに、LIFEへのデータ提出と活用が算定要件に組み込まれるとともに、既存の加算についても漏れなく算定区分が設けられたのです。すなわち、LIFEへの提出と活用は、今後の加算算定には必須になるということです。

居宅介護支援事業所の運営基準減算

居宅介護支援事業所に義務化された、「前6か月の間に作成されたケアプランに占める、訪問介護、通所介護、地域密着型通所介護、福祉用具貸与を位置づけたサービスごとの割合と、サービスごとに位置づけた担当事業所の割合を、利用者に書面の交付、口頭説明、署名を得ること」は重要な改定事項です。これを行っていないと運営基準減算の対象となります。毎年、前期（3月1日から8月末日）、後期（9月1日から2月末日）ごとに集計して、新規契約の時点での書面交付、口頭説明、署名が求められます。

重要事項説明書と別紙の記載例

<例>

※重要事項説明書

第●条　当事業所のケアプランの訪問介護、通所介護、地域密着型通所介護、福祉用具貸与の利用状況は別紙のとおりである。

※別紙

別紙

① 前6か月間に作成したケアプランにおける、訪問介護、通所介護、地域密着型通所介護、福祉用具貸与の各サービスの利用割合

訪問介護　●%
通所介護　●%
地域密着型通所介護　●%
福祉用具貸与　●%

② 前6か月間に作成したケアプランにおける、訪問介護、通所介護、地域密着型通所介護、福祉用具貸与の各サービスごとの、同一事業者によって提供されたものの割合

訪問介護	○○事業所　●%	□□事業所　●%	△△事業所　●%
通所介護	△△事業所　●%	××事業所　●%	○○事業所　●%
地域密着型通所介護	□□事業所　●%	△△事業所　●%	××事業所　●%
福祉用具貸与	××事業所　●%	○○事業所　●%	□□事業所　●%

出典：厚生労働省老健局　介護保険最新情報Vol.952
「令和3年度介護報酬改定に関するQ&A（Vol.3）（令和3年3月26日）の送付について」

2 各地で行われている無予告指導（抜き打ち指導）

虐待が疑わしい事業所には無予告指導が行われます。

無予告指導とは

> ある朝、事業所に来客があり、対応したところ、それは3人の役所の介護保険課の担当者でした。
> 「今から運営指導を行います。これが通知書です」と書類を渡されました。「今日は多忙なので、別の日に改めて来てほしい」と頼み込みましたが聞き入れられず、仕方なく担当者を事業所に招き入れました。
> 「では、書類をすべて出してください」
> その言葉によって、運営指導が開始。朝から夕方までかかりました。

これは実際に無予告指導を経験した経営者の話です。介護計画書やサービス提供記録の作成が遅れていた場合は、無条件で介護報酬が返還となります。多くの問題が見つかった場合は、指定の取消等の厳罰になる可能性もあるのです。

通常は1か月前に事前通知がある

運営指導は、役所ごとに独自に行うわけではありません。厚生労働省が発出する介護保険施設等指導指針および介護保険施設等運営指導マニュアルに沿って行われています。

この指針では、運営指導を行う場合は事業所にあらかじめ文書によって通知するとされていました。そのため、通常は1か月程度前に、運営指導の対象となる事業所に事前通知書が郵送されます。この事前通知が届くと、多くの事業所では「さあ大変！」となります。この日を境に、指導当日に向けての事前準備が急ピッチで行われます。言い換えると、事前通知が来ないと運営指導はありません。日常業務の書類手続きに若干の遅れが出ていても、何とか業務を行うことができるのは、このためでした。

虐待の疑いがある場合は、無予告が可能に

現在は制度が変わり、虐待が疑わしい事業所には無予告指導が可能となっています。

先の事業所では、無予告指導での書類確認を終えた後、役所の担当者は「虐待はないですね」と言って帰られたそうです。これは建前として、虐待の疑いで無予告指導を行ったということです。証拠も何もない状態で、疑いだけでも無予告指導は可能です。

虐待の疑いというと、一般的には24時間体制でサービスを提供している介護施設やグループホームなどの可能性が高く、訪問サービスや居宅介護支援はあり得ないと考えがちです。しかし現実には、訪問介護や訪問看護の事業所にも無予告指導が入っています。

急な役所の来訪を、万全の状態で対処できる施設や事業所が、果たしてどのくらいあるのでしょうか。今後は、無予告指導はさらに一般化するでしょう。実際に、それを明言する役所も出始めています。日頃から、日常業務においては仕事を先延ばしにしない体制を作るなどの事前対策が必要なのです。

指定取消・効力の停止処分のあった介護保険施設・事業所等内訳【サービス別】(令和2年度)

施設・事業所数(合計):109事業所

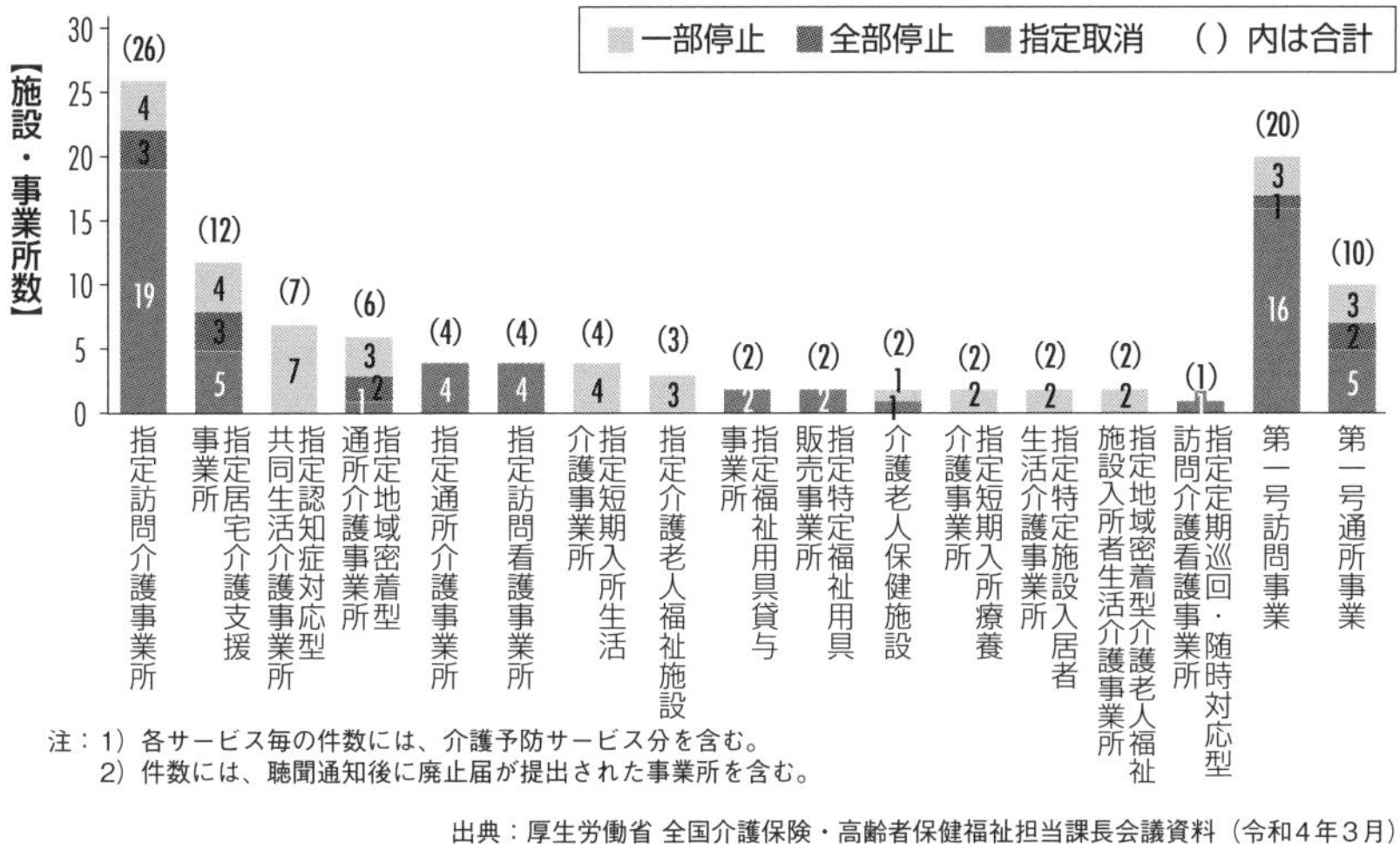

注:1)各サービス毎の件数には、介護予防サービス分を含む。
2)件数には、聴聞通知後に廃止届が提出された事業所を含む。

出典:厚生労働省 全国介護保険・高齢者保健福祉担当課長会議資料(令和4年3月)

3 急増！介護職員処遇改善加算の返還指導 その①

基本ルールは加算の全額を介護職員に渡すことです。

運営指導で厳しくなった介護職員処遇改善加算

このところ運営指導を受けた事業者から、「今年は介護職員処遇改善加算が厳しくチェックされた」「加算が返還となってしまった」という声を全国各地で聞くようになりました。実際、定員10人の小規模デイサービスで、加算相当額約３００万円が返還指導となった事例も出ています。

この加算は元々「交付金」という位置づけでした。交付金が2年半続いた後、２０１2年の報酬改定で「加算」に変わったのです。そのため、役所側も交付金という意識が強く、これまで運営指導ではほとんどノーチェックでした。しかし２０１６年に北海道旭川市で１８００万円にのぼる不正請求事件があったことから、厚生労働省から指導強化の通知が出されたのです。

介護職員処遇改善加算の基本ルール

介護職員処遇改善加算の基本は非常にシンプルです。1年間に取得した加算の全額を介護職員に賃金として渡すことです。言い換えると、事業所に1円でも残っていた場合には、加算は取得できません。

この場合、作為的に賃金額を引き下げて、加算で穴埋めして介護職員に渡すということも予想できます。これでは、介護職員の実際の手取りは変わらず、事業者の収益になるだけです。それを防止するために、加算の算定期間中の賃金水準引き下げは認めていません。

しかし、たとえば、Aさんの賃金を月に1万円アップし、Bさんの賃金を1万円ダウンした場合は、差し引きゼロとなって問題はありません。賞与についても同様の考え方です。これは個人単位ではなく、事業所全体で判断します。

加算を介護職員に均等に渡す必要はない

基本ルールは、加算の全額を介護職員に賃金として渡すことです。勤務時間などに応じて均等に支払う必要はありません。極端な言い方をすれば、加算の全額を1人の介護職員に渡してもルール上の問題はありません。

渡し方も、毎月の給与に乗せて渡す方法や、賞与としてまとめて渡す方法、それらを組み合わせる方法などがあります。勤務時間などの規定もありませんので、実際に1日でも介護職員として勤務した実績があれば、支給対象者として認められます。

賃金改善以外の改善——職場環境等要件

加算を算定するためには、賃金以外の処遇改善も必要です。それが職場環境等要件です。これは介護職員が勤務する職場の就労環境整備が目的です。たとえば、パート、アルバイト職員から正社員に昇格したときの賃金上昇分は、賃金改善額に含めることができませんが、職場環境等要件の実績になります。

処遇改善のための加算額を賃金改善に充てる仕組み

○処遇改善加算等について、処遇改善計画書と実績報告書の提出を求め、処遇改善のための加算額が確実に職員の処遇改善に 充てられることを担保している。

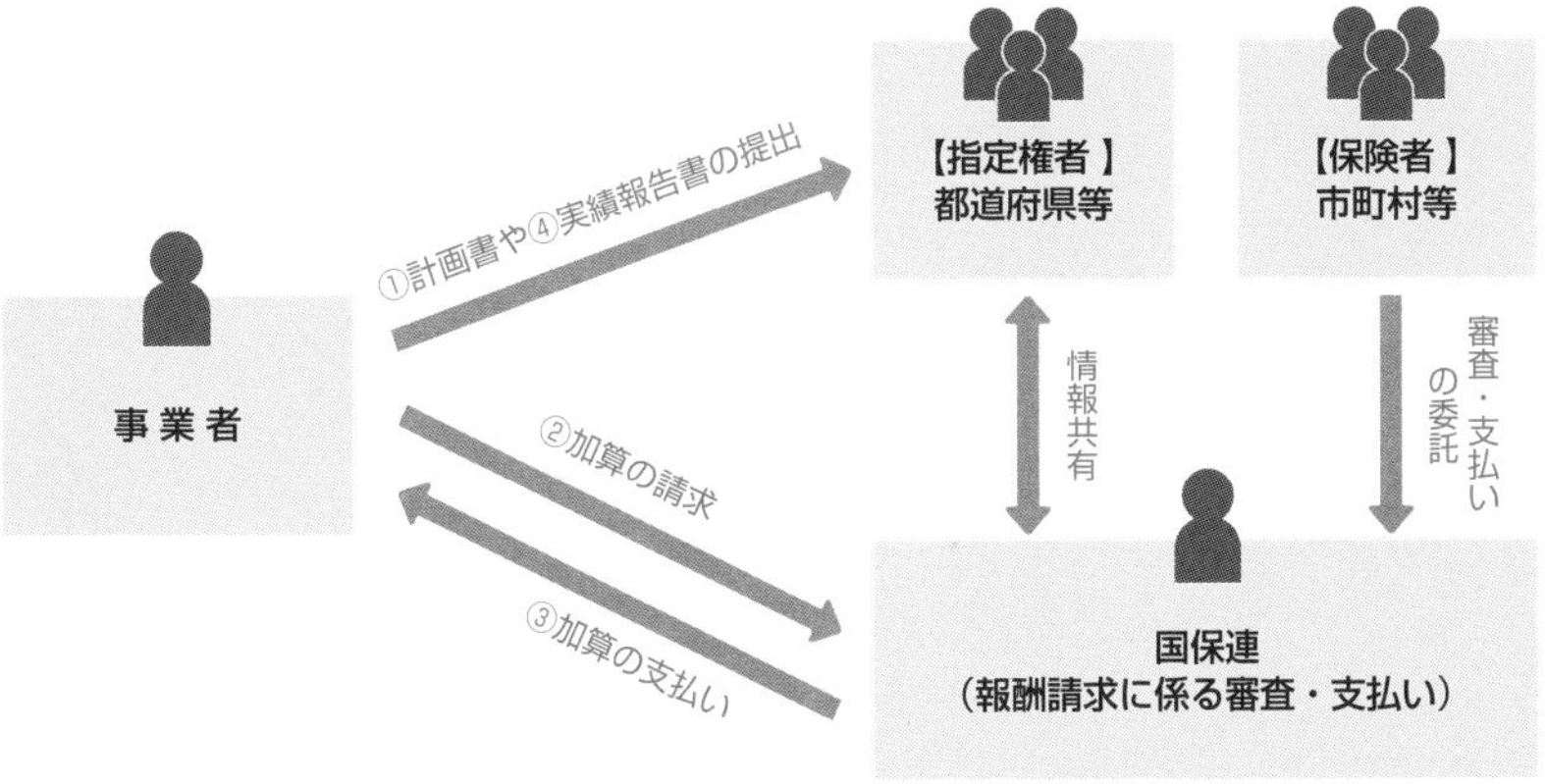

出典：厚生労働省HP（https://www.mhlw.go.jp/stf/seisakunitsuite/bunya/0000202201_42226.html）
「介護職員処遇改善加算・介護職員等特定処遇改善加算・介護職員等ベースアップ等支援加算の概要」

4 急増！介護職員処遇改善加算の返還指導 その②

介護職員以外や、役員への支給は不可です。

返還理由の多くが介護職員以外への支給

加算の名称にあるように、支給対象となる職員は介護職員だけです。ここでいう介護職員とは、人員基準に示された職員のことです。介護の仕事をしている、あるいは介護の仕事を手伝っているだけでは支給対象にはなりません。

また、送迎の運転手、厨房担当の職員、事務員、看護職員やケアマネジャーなど他の職種の専従勤務も支給の対象外です。この支給対象者の誤りで、加算の返還指導につながるケースが多くなっています。ただし、「兼務」という形で実際に介護職員として配置され、勤務した実績があれば支給は可能です。

会社の代表者は基本的に不可

会社の社長や代表理事は雇用主であることから、介護職員処遇改善加算の支給対象として認められていません。加算の算定要件は賃金改善です。賃金は労働の対価として、賃金規程に定められた方法で支給され、昇給します。賞与も同様です。

基本的に役員も同様です。会社の役員に支給されるものは役員報酬で、それは賃金規定の対象ではありません。役員報酬は、たとえば株主総会と役員会で報酬額が決められます。そのため、実際に介護職員として勤務する実績があっても支給対象とは認められません。

会社の社長への支給分は賃金改善に含めることができず、加算の未払い額となります。

一般役員は認められるケースがある

形としては会社の役員になっているが、実際は一般の職員と同じ業務を担当している。このような役員を「使用人兼務役員」といいます。使用人兼務役員の場合は、役員報酬とは別に実際の勤務状況に応じた賃金が支払われている場合に、介護職員処遇改善加算の支給対象として認められます。しかし、社長や代表理事は、使用人兼務役員になることができません。実際に、役員報酬だけの取締役に加算分の支給があったとして、加算の返還になったケースも出ています。

ただし、ローカルルールで役員への支給を認めている一部地域の役所もあります。役員への加算の支給を行う場合は、一度役所に確認する必要があります。

ケアマネジャーが支給を受ける場合の注意点

ケアマネジャーとして勤務する職員が数日、実際に介護職員として勤務する実績を作って、介護職員処遇改善加算の支給を受けるケースがあります。それ自体は、ケアマネジャーが所属する部門での人員基準に適合していれば可能です。問題は、主任ケアマネジャー研修の受講資格がケアマネジャーとしての専従期間5年以上であることです。介護職員の勤務があるとして加算の支給を受ける期間は、専従期間に含めることができませんので、注意が必要です。

役員のうち「使用人兼務役員」になれない人とは

次のような役員は、使用人兼務役員となれない。なお、同族会社の使用人のうち税務上みなし役員とされる者も使用人兼務役員となれない。

① 代表取締役、代表執行役、代表理事および清算人
② 副社長、専務、常務その他これらに準ずる職制上の地位を有する役員
③ 合名会社、合資会社および合同会社の業務執行社員
④ 取締役（委員会設置会社の取締役に限る）、会計参与、監査役、監事

役員報酬は、賃金規程では決めることができない

会社法361条1項

取締役の報酬、賞与その他の職務執行の対価として株式会社から受ける財産上の利益についての次に掲げる事項は、定款に当該事項を定めていないときは、株主総会の決議によって定める。

5 急増！介護職員処遇改善加算の返還指導 その③

処遇改善報告書の計算根拠の書類が重要です。

処遇改善報告書の計算根拠の資料関係

通常、毎年7月までに介護職員処遇改善実績報告書を提出します。運営指導では、この報告書を作成するために集計された、計算根拠となる資料が確認されます。

ここには、介護職員別の賃金総額や処遇改善加算の支給金額などが記載されています。この資料と事業所の組織図等を突き合わせて、支給対象とはならない運転手や他職種の職員、役員報酬だけの取締役などへの支給の有無が確認されます。また、退職者や途中入社者、比較年度と雇用形態が異なる職員などがいた場合、集計方法なども質問されますので整理しておきます。

さらに、給与明細や勤務実績表から、支給対象者が実際に介護職員として勤務した実績があるか、その支給方法や給与明細への記載項目は適切か等が確認されます。

介護職員処遇改善実績報告書の計算根拠の資料は、非常に重要な確認書類としての位置づけですので、しっかり整合性の取れた書類として作成します。

雇用契約書・辞令

雇用契約書や辞令も重要な確認書類です。雇用契約書では、その職種の項目に介護職員としての記載があるか、入社後に配置転換で介護職員となった場合は辞令なども確認されます。

訪問介護サービスでは特に、自宅からの直行直帰でサービスを担当する登録ヘルパーも必ず雇用契約書が必要ですので注意してください。また、加算の区分Ⅰを算定する場合は、登録ヘルパーも昇級の仕組みの対象である必要があります。

法人の役員に、使用人兼務役員として加算の支給をする場合には、その旨が記載された役員会の議事録等も確認されます。

すべての介護職員への周知徹底が必要

毎年2月に提出する介護職員処遇改善計画書は、役所に提出するとともに、すべての介護職員に周知徹底することが算定要件です。

一般的な周知方法は、①事業所内の掲示板に掲示する、②回覧板方式で職員に回覧して印鑑などで確認を取る、③説明会を開くなどです。また、運営指導で確認される記録の保管として、①掲示されたものを写真に撮って保管、②介護職員が回覧板を見たことの確認印を保管、③説明会の議事録に実施状況と参加者名を記録するなどが挙げられます。

また、介護職員処遇改善加算の算定要件である、キャリアパス要件①の昇進の仕組みや、キャリアパス要件②の資格取得の支援体制、キャリアパス要件③の昇級の仕組みも同様です。新しく入社した職員に対しても必ず周知が必要ですので、これらの内容を新入職員の研修プログラムに加えていることが運営指導では確認されます。

介護職員処遇改善加算・介護職員等特定処遇改善加算の請求状況

年度	平成30年度		令和元年度		令和2年度		令和3年度		令和4年度
サービス提供月	4月	10月	4月	10月	4月	10月	4月	10月	4月
介護職員処遇改善加算	90.8%	91.7%	91.5%	92.3%	92.4%	92.9%	93.2%	93.3%	93.4%
介護職員等特定処遇改善加算	—	—	—	53.8%	64.3%	66.1%	68.5%	69.0%	70.2%

※厚生労働省「介護給付費等実態統計」の特別集計により算出した当該加算を算定した事業所割合
※令和4年4月サービス提供分以降は処遇改善加算（Ⅳ）及び（Ⅴ）が廃止となっている

出典：厚生労働省HP（https://www.mhlw.go.jp/stf/seisakunitsuite/bunya/0000202201_42226.html）「介護職員の処遇改善に係る加算の概要」

6 急増！介護職員処遇改善加算の返還指導 その4

運営指導対策でキャリアパス要件を再確認しましょう。

キャリアパス要件①および②

介護職員処遇改善加算Ⅰ・Ⅱ・Ⅲにおける算定要件として、キャリアパス要件が定められています。

キャリアパス要件①は、就業規則や賃金規定等でキャリアアップの規定を明示していることです。この場合、号俸制などの厳格な賃金規定までは必要ありません。給与の目安が記載されていることで足ります。

キャリアパス要件②は、介護職員と意見交換をして、資質向上の目標と具体的な研修スケジュール等を作成し、介護福祉士などの資格取得のために、勤務シフト上で便宜を図ったり、研修費用の一部を負担するなどの規定を作ることをいいます。

キャリアパス要件③

加算Ⅰを算定する場合、キャリアパス要件③を満たすことが求められます。この算定要件は、キャリアパス要件①にはなかった昇級の規程を、経験・資格・評価のいずれかで定めることが必要となります。下記1～3のうち、一つ以上該当していることが必要です。

1　経験に応じて昇給する仕組み（「勤続年数」や「経験年数」などに応じて昇給する仕組み）

2　資格等に応じて昇給する仕組み（「介護福祉士」や「実務者研修修了者」などに応じて昇給する仕組み）

3　一定の基準に基づき定期に昇給を判定する仕組み（「実技試験」や「人事評価」などの結果に基づき昇給する仕組み。ただし、客観的な評価基準や昇給条件が明文化されていることを要する）

さらに、2の適用では次に該当する必要があります。

・介護福祉士資格の有無で昇給する仕組みであるときは、介護福祉士資格を有した状態で雇用された者も、さらなる昇給の仕組みがあること

・昇給の仕組みについて、事業所や法人に雇用されるすべての介護職員（パート等非常勤職員含む）が対象となり得るものとなっていること

・キャリアパス要件に適合することが就業規則等に明文化されていること

キャリアパス要件③を達成するには

最もリスクの少ない形でキャリアパス要件③を満たす方法としては、段階的な資格手当の作成があります。複数の資格手当を設けておき、職員が新たな資格を取得するたびに、手当が積み上がり昇給する仕組みにすることで要件をクリアできます。たとえば、介護福祉士手当1000円、社会福祉士手当1000円、ケアマネジャー資格手当1000円などと複数の手当を作って、それぞれを取得するたびに2000円、4000円、6000円と昇給する仕組みにします。非常勤職員の場合は、日給で1日100円などと規定してもよいでしょう。非常勤職員も対象としなければならない要件も、この形でクリアできるため、小規模な事業所でも十分に算定が可能です。

介護職員処遇改善加算

■対象：介護職員のみ
■算定要件：以下のとおりキャリアパス要件及び職場環境等要件を満たすこと

加算（Ⅰ）	加算（Ⅱ）	加算（Ⅲ）
キャリアパス要件のうち、 ①＋②＋③を満たす かつ 職場環境等要件を満たす	キャリアパス要件のうち、 ①＋②を満たす かつ 職場環境等要件を満たす	キャリアパス要件のうち、 ①or②を満たす かつ 職場環境等要件を満たす

＜キャリアパス要件＞
①職位・職責・職務内容等に応じた**任用要件と賃金体系**を整備すること
②資質向上のための計画を策定して**研修の実施又は研修の機会を確保**すること
③経験若しくは資格等に応じて**昇給する仕組み**又は一定の基準に基づき**定期に昇給を判定する仕組み**を設けること
※就業規則等の明確な書面での整備・全ての介護職員への周知を含む。

＜職場環境等要件＞
賃金改善を除く、職場環境等の改善

出典：厚生労働省 社会保障審議会（介護給付費分科会）第208回資料（令和4年2月28日）

7 介護職員等特定処遇改善加算とは?

算定要件が年度ごとに変わっているので要注意です。

賃金改善の方法

賃金改善は、基本給、手当、賞与等のうち対象とする賃金項目を特定した上で行います。その際、賃金水準を低下させてはいけません。比較時点において勤務実績のない職員については、その職員と同職であって、勤続年数等が同等の職員の賃金水準と比較します。

算定要件

⑴**現行加算要件**：現在の介護職員処遇改善加算の区分Ⅰ～Ⅲのいずれかを算定していることです。

⑵**職場環境等要件**：各年度において実施が求められます。6つの区分と、それぞれ4つの内容からなります(33ページ参照)。2022年度以降は6つの項目すべてを実施する必要があります。

⑶**見える化要件**：介護職員等特定処遇改善加算の算定状況と、職場環境等要件に関する具体的な取り組み状況を介護サービス情報公表制度、または自事業所のホームページを活用して公表します。

加算の算定率——介護福祉士の配置要件

加算の算定率はサービスごとに2つの区分が定められています。高い算定率（区分Ⅰ）を算定するための要件を介護福祉士の配置要件といいます。この要件に該当しない場合は、区分Ⅱを算定することになります。介護福祉士の配置要件で区分Ⅰを算定するためには、サービス提供体制強化加算の区分ⅠまたはⅡを算定していることが要件となります。

賃上げを行う単位——事業所単位か法人一括か

賃上げを行う単位は、①算定する事業所単位で配分、

②法人一括で配分のいずれの方法でも可能です。事業所単位の場合、各事業所で計算した算定額を、算定した事業所ごとに職員に加算を配分し、計画書も事業所ごとに提出します。法人一括を選択した場合、算定額の計算は各事業所で行いますが、その配分は事業所ごとではなく、法人を一つとみなして複数の事業所の職員を一括りにして配分します。計画書や実績報告書も一つにまとめて提出します。法人一括の場合でも、居宅介護支援などの非対象サービスに配属される職員への加算額の配分はできません。

賃上げを行う職員の範囲

すべての職員を、A～Cの3つのグループのいずれかに分けます。法人一括で支給する場合には、法人全体でA～Cのグループを設定します。

〈Aグループ――経験技能のある介護職員〉

勤続10年以上の介護福祉士資格を持つ介護職員のグループです。介護福祉士資格は必須の要件となります。勤続10年以上の考え方は事業所の裁量で決めることができます。自法人だけの10年で括っても、前職の法人の経験などを通算して10年としてもかまいません。次のBグループに該当する職員の中で、介護福祉士資格を持つことを絶対要件として、勤続10年に満たない職員をAグループに含めることは事業所の裁量の中で認められています。

〈Bグループ――それ以外の介護職員〉

Aグループに該当しない介護職員のグループです。

〈Cグループ――その他の職員〉

介護職員以外の職員のグループです。管理者、看護職員、生活相談員、機能訓練指導員、事務員、送迎ドライバー、厨房担当などが該当します。

月額8万円の昇給または年収440万円の職員の設定

Aグループから1人以上、月額8万円の昇給、または年収440万円の職員を配置することが必要です。これには特例があります。

月額8万円の昇給または年収440万円の特例

Aグループに勤続10年以上で介護福祉士資格を持つ介護職員がいない場合や、法人設立後10年未満の法人の場合は、Aグループの対象者がゼロとなるために、Aグループ自体が存在しません。この場合は、BグループまたはBとCグループの職員に配分することとなります。また、月の加算算定額が8万円に満たないなど少額の場合は、8万円を昇給することで、法人の持ち出しとなるために、該当者を設けなくてもよいという特例が設けられています。

グループの平均賃金改善額

グループの年間の賃金改善額の総額を、グループの常勤換算人数で除した金額が平均賃金改善額です。なお、Cグループについては、常勤換算人数とともに実人数での計算も認められます。

グループの上限額ルール

Aグループの平均賃金改善額は、Bグループより高いことが必要です。CグループはBグループの平均賃金改善額の2分の1以下であることが必要です。Cグループの平均賃金額が、Bグループの平均賃金額よりも低い場合は、BグループとCグループは、1：1までの配分が可能です。

Cグループの年収制限

Cグループにおいて、その職員の年収が440万円を超える場合は支給ができません。年収が440万円に満たない場合も、年収が440万円となった時点で支給ができなくなります。この年収については、非常勤職員については常勤換算で判断します。該当職員もCグループの人数には含めます。

介護職員等処遇改善計画

年度ごとに、算定の2か月前までに介護職員等処遇改善計画を作成して提出します。毎年7月には実績報告書の作成と提出が必要です。計画書および報告書はすべての職員に周知する必要があります。

満たすべき職場環境等要件

⑤職場環境等要件に基づいて実施した取組について＜全体＞

※今年度に提出した計画書の記載内容から変更がない場合は「変更なし」にチェック（✔マーク）□変更なし

【処遇改善加算】
届出に係る計画の期間中に、全体で**必ず１つ以上**の取組を行うことが必要であること
【特定加算】
届出に係る計画の期間中に、「入職促進に向けた取組」、「資質の向上やキャリアアップに向けた支援」、「両立支援・多様な働き方の推進」、「腰痛を含む心身の健康管理」、「生産性向上のための業務改善の取組」、「やりがい・働きがいの醸成」について、**それぞれ１つ以上（令和３年度は、６つの区分から３つの区分を選択し、選択した区分でそれぞれ１つ以上）**の取組を行うことが必要であること。

区分	内容
入職促進に向けた取組	□法人や事業所の経営理念やケア方針・人材育成方針、その実現のための施策・仕組みなどの明確化
	□事業者の共同による採用・人事ローテーション・研修のための制度構築
	□他産業からの転職者、主婦層、中高年齢者等、経験者・有資格者等にこだわらない幅広い採用の仕組みの構築
	□職業体験の受入れや地域行事への参加や主催等による職業魅力度向上の取組の実施
資質の向上やキャリアアップに向けた支援	□働きながら介護福祉士取得を目指す者に対する実務者研修受講支援や、より専門性の高い介護技術を取得しようとする者に対する喀痰吸引、認知症ケア、サービス提供責任者研修、中堅職員に対するマネジメント研修の受講支援等
	□研修の受講やキャリア段位制度と人事考課との連動
	□エルダー・メンター（仕事やメンタル面のサポート等をする担当者）制度等導入
	□上位者・担当者等によるキャリア面談など、キャリアアップ等に関する定期的な相談の機会の確保
両立支援・多様な働き方の推進	□子育てや家族等の介護等と仕事の両立を目指す者のための休業制度等の充実、事業所内託児施設の整備
	□職員の事情等の状況に応じた勤務シフトや短時間正規職員制度の導入、職員の希望に即した非正規職員から正規職員への転換の制度等の整備
	□有給休暇が取得しやすい環境の整備
	□業務や福利厚生制度、メンタルヘルス等の職員相談窓口の設置等相談体制の充実
腰痛を含む心身の健康管理	□介護職員の身体の負担軽減のための介護技術の修得支援、介護ロボットやリフト等の介護機器等導入及び研修等による腰痛対策の実施
	□短時間勤務労働者等も受診可能な健康診断・ストレスチェックや、従業員のための休憩室の設置等健康管理対策の実施
	□雇用管理改善のための管理者に対する研修等の実施
	□事故・トラブルへの対応マニュアル等の作成等の体制の整備
生産性向上のための業務改善の取組	□タブレット端末やインカム等のＩＣＴ活用や見守り機器等の介護ロボットやセンサー等の導入による業務量の縮減
	□高齢者の活躍（居室やフロア等の掃除、食事の配膳・下膳などのほか、経理や労務、広報なども含めた介護業務以外の業務の提供）等による役割分担の明確化
	□5S活動（業務管理の手法の１つ。整理・整頓・清掃・清潔・躾の頭文字をとったもの）等の実践による職場環境の整備
	□業務手順書の作成や、記録・報告様式の工夫等による情報共有や作業負担の軽減
やりがい・働きがいの醸成	□ミーティング等による職場内コミュニケーションの円滑化による個々の介護職員の気づきを踏まえた勤務環境やケア内容の改善
	□地域包括ケアの一員としてのモチベーション向上に資する、地域の児童・生徒や住民との交流の実施
	□利用者本位のケア方針など介護保険や法人の理念等を定期的に学ぶ機会の提供
	□ケアの好事例や、利用者やその家族からの謝意等の情報を共有する機会の提供

出典：厚生労働省老健局　介護保険最新情報Vol. 935「介護職員処遇改善加算及び介護職員等特定処遇改善加算に関する基本的考え方並びに事務処理手順及び様式例の提示について」（令和３年３月16日）

8 介護職員等ベースアップ支援加算

手当で支給することで、柔軟な対応が可能となります。

1人9000円の支給は実際には困難

2022年2～9月に実施された介護職員処遇改善支援補助金を引き継ぐ形で、同年10月より、介護職員等ベースアップ支援加算がスタートしました。一か月あたりの介護報酬総単位数（介護職員処遇改善加算および特定処遇改善加算の金額を除いた総額）に、サービス別加算率を乗じます。対象となる介護事業所の介護職員（常勤換算）1人あたり月額平均9000円の賃金引上げに相当する額とされています。

しかし、月々の稼働率に左右されるため、1人9000円の支給は実際には困難です。配分対象の職員数でも、1人あたりの支給額は大きく変動します。1人9000円の支給が可能なのは、毎月の稼働率が100%近くで人員基準通りの事業運営を行う場合で、かつ、その他の職員への配分を見送るケースに限られるでしょう。

3分の2以上を月額支給とする

加算の算定要件として、賃上げ効果が継続するように、支給年度の賃金改善総合計額の3分の2以上はベースアップとして、基本給または決まって毎月支払われる手当の引上げにあてることが要件となっています。毎月支払われる手当の場合は、支給が不安定な夜勤手当や残業手当、休日出勤手当などでの支給は不可です。また、通勤手当や扶養手当、資格手当なども認められません。実際には、処遇改善手当などの名目での支給が一般的です。手当で支給する場合、毎月支払われることが要件ですが、毎月の支給額を固定金額とすることは求められていません。そのため、固定給で支給するよりも、手当での支給を選択することで、柔軟な対応が可能となります。

補助金の一部は賞与支給分に

総額の3分の2以上をベースアップにあてることで、残りの3分の1未満は賞与などの一時金での支給が可能です。補助金全額を毎月のベースアップにあてることはお勧めしません。加算の受給金額は月々の稼働率で左右されるからです。毎月のベースアップ部分は、コロナ禍などの影響で稼働率が下がって加算額が減少した場合に、賃金規定の変更などが必要になっても、速やかに減額することは難しく、結果的に事業者の持ち出しとなると思われます。この加算は、持ち出しでの事業者負担は求めていません。何らかの理由で、稼働率が下がり補助金額が減額となった場合に備えて、賞与支給分を減額する余地を残すべきです。

介護予防・日常生活支援総合事業では？

市町村の運営する介護予防・日常生活支援総合事業での取り扱いでは、介護職員処遇改善加算としての設定がない場合でも、介護職員処遇改善加算と同様の加算が設定されている場合に算定できます。加算率は、

処遇改善に係る加算全体のイメージ（令和４年度改定後）

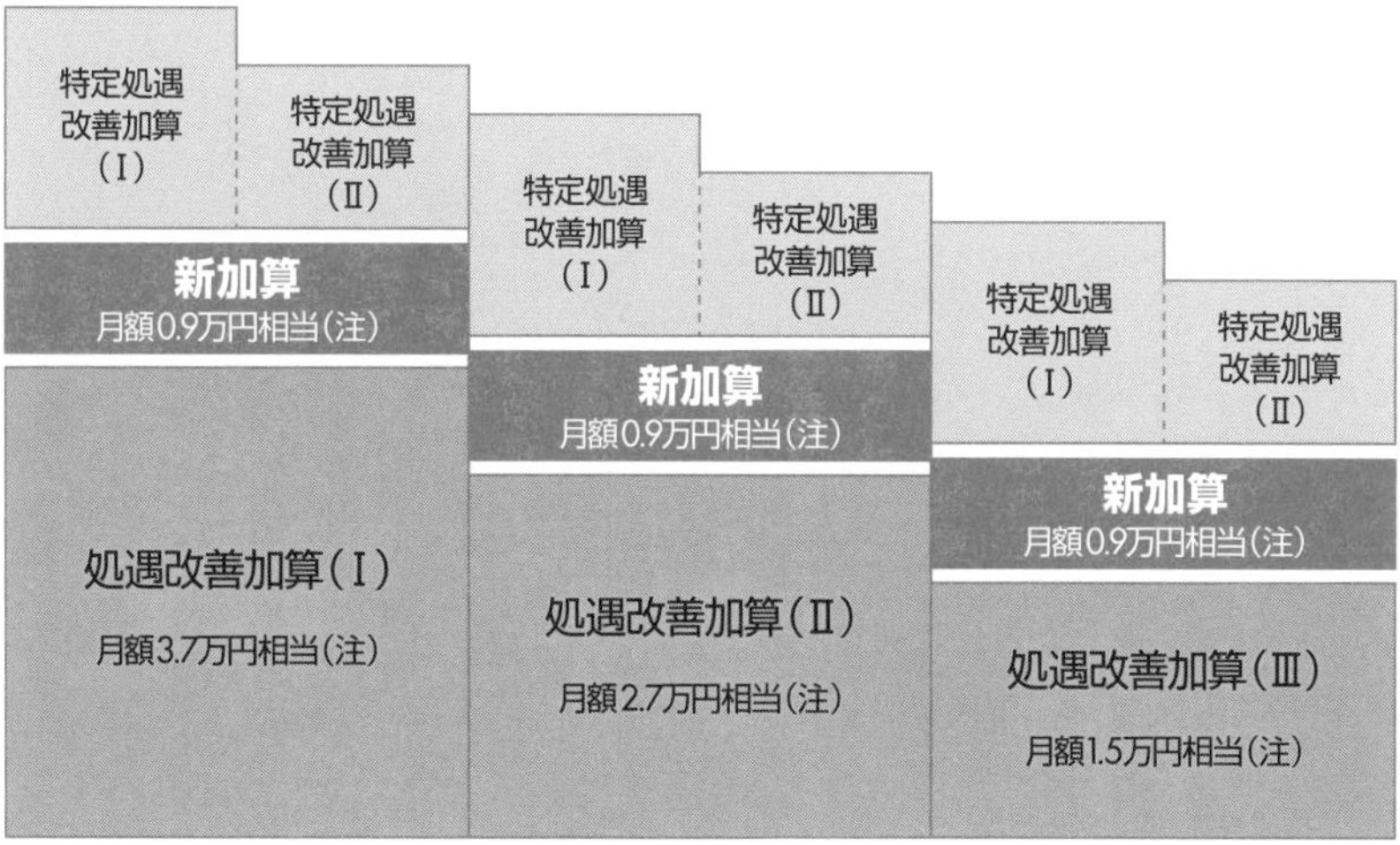

注：事業所の総報酬に加算率（サービス毎の介護職員数を踏まえて設定）を乗じた額を交付。

出典：厚生労働省 社会保障審議会（介護給付費分科会）第208回資料（令和4年2月28日）

訪問介護、通所介護と同様に算定します。

支給時期は介護職員処遇改善加算に合わせる

加算の取得要件は、算定時点で、処遇改善加算Ⅰ～Ⅲのいずれかを取得している事業所です。算定開始月分から実際に賃上げを行っている必要があります。ここでいう算定開始月分とは、たとえば10月から加算を算定する場合、10月に支給される給与、または10月末締めで11月に支給される10月分給与、どちらでもかまいませんが、介護職員処遇改善加算の支払に合わせることが原則です。

10月請求分の処遇改善加算は11月に国保連合会に請求され、12月に振り込まれるため、10月分の処遇改善手当を12月または翌1月の給与で支払う事業所も多いです。この場合、加算についても現行の処遇改善加算等と同じ扱いとするために、10月分の加算金を12月または1月に支給します。

介護職員以外への支給も可能

加算額については、同一の設置者・事業者が運営する他の事業所・施設の賃金改善にあてることができるので、法人一括での処理が可能です。職員への配分金額を決める際には、法人全体でやり繰りができます。ただし、人員基準上で介護職員の配置のない、訪問看護、訪問リハビリテーション、居宅療養管理指導、福祉用具貸与、居宅介護支援、介護予防支援については対象外です。法人一括であっても、たとえば併設の居宅介護支援のケアマネジャーへの支給はできません。

その他の職員への支給での注意点

その他の職員の処遇改善にこの加算収入をあてる場合、「その他の職員」の範囲は各事業所で判断します。その他の職員への配分については、特定処遇改善加算にある2分の1ルールや、年収440万以上の職員に配分できないなどの制限は設けられていません。ただし、介護職員の処遇改善を目的とした加算であることを十分に踏まえた配分を行う必要があり、過度な配分を行った場合は指導対象となる可能性があります。

令和4年度介護報酬改定による処遇改善 加算率

○現行の介護職員処遇改善加算等と同様、介護サービス種類ごとに、介護職員数に応じて設定された一律の加算率を介護報酬（※1）に乗じる形で、単位数を算出。

サービス区分（※2）	加算率
●訪問介護 ●夜間対応型訪問介護 ●定期巡回・随時対応型訪問介護看護	2.4%
●（介護予防）訪問入浴介護	1.1%
●通所介護 ●地域密着型通所介護	1.1%
●（介護予防）通所リハビリテーション	1.0%
●（介護予防）特定施設入居者生活介護 ●地域密着型特定施設入居者生活介護	1.5%
●（介護予防）認知症対応型通所介護	2.3%
●（介護予防）小規模多機能型居宅介護 ●看護小規模多機能型居宅介護	1.7%
●（介護予防）認知症対応型共同生活介護	2.3%
●介護老人福祉施設 ●地域密着型介護老人福祉施設入所者生活介護 ●（介護予防）短期入所生活介護	1.6%
●介護老人保健施設 ●（介護予防）短期入所療養介護（老健）	0.8%
●介護療養型医療施設 ●（介護予防）短期入所療養介護（病院等）	0.5%
●介護医療院 ●（介護予防）短期入所療養介護（医療院）	0.5%

※1 現行の処遇改善加算等の単位数は、基本報酬に、処遇改善加算及び特定処遇改善加算以外の加算・減算を加えた単位数に、加算率を乗じて算出。

※2（介護予防）訪問看護、（介護予防）訪問リハビリテーション、（介護予防）福祉用具貸与、特定（介護予防）福祉用具販売、（介護予防）居宅療養管理指導、居宅介護支援、介護予防支援は加算対象外。

出典：厚生労働省 社会保障審議会（介護給付費分科会）第208回資料（令和4年2月28日）

9 有料老人ホームへの指導が強化されている

有料老人ホームが行政処分されると介護事業は指定取消になります。

囲い込み対策でケアプラン点検を強化

2021年度から同一の有料老人ホーム等に居住する利用者のケアプランで、区分支給限度基準額の利用割合が高いプランを多く作成する居宅介護支援事業者を取り上げて点検・検証を行い、指導監督権限を持つ自治体によるさらなる指導の徹底を図るとされています。また、有料老人ホームに併設する介護サービス事業所への指導を強化する通知も厚生労働省から出されており、今後、この方向は強化されると思われます。

老人ホーム併設事業所は行政処分の確率が高い

サービス付き高齢者向け住宅などの高齢者向け住宅の併設事業所においては、次の3点の指摘が目立ちます。今後も運営指導での重点的な確認事項です。

①職員が常に双方を行き来していて、どちらの職員かわからないなど、「併設事業所」と「高齢者住まい」の双方に従事する者の兼務状況が不明確

②介護職員としての勤務時間に、高齢者住宅の勤務時間が入っているなど、「高齢者住まい」と兼務していることで「併設事業所」としての人員基準を満たさない状況になっている

③高齢者住宅で掃除洗濯を行う契約で、訪問介護の生活援助も提供されているなど、「併設事業所」と「高齢者住まい」のサービスが区分されていない

有料老人ホームの指導指針が強化

有料老人ホームの設置運営標準指導指針では、身体拘束廃止未実施減算の算定要件である、3か月ごとの対策検討委員会の開催、身体拘束適正化指針の整備、定期的な研修の開催の3点を有料老人ホームにも求め

るとされています。有料老人ホームの設置者は毎年、直近の事業年度の財務諸表（貸借対照表、損益計算書等）を提出することが義務化され、少なくとも3年ごとに事業収支計画の見直しが必要となっています。

老人福祉法違反で介護事業指定が取消に

指導指針で求められた項目を実施せず、役所の再三の指導にも従わずに悪質な事業を続ける有料老人ホームに対しては、老人福祉法違反として行政処分の事業停止命令が適用されます。また、介護保険法での介護サービス事業者に対する指定取消の要件として、老人福祉法違反が追加されています。すなわち、同じ経営母体が運営する有料老人ホームに、老人福祉法違反として事業停止命令が下された場合には、その経営母体である法人が許認可を受けている介護サービスも指定取消処分にされることがあります。現在では、未届けの有料老人ホームに該当する高齢者向け賃貸住宅も、有料老人ホームの届け出の有無にかかわらず有料老人ホームとみなす規程となっています。

有料老人ホームに対する指導の考え方

ポイント1. 届出の有無は関係ない

- 「届出」がなくても、要件（①入居サービスと②介護等サービス）を満たしている施設は、老人福祉法上の「有料老人ホーム」として扱われる。
- つまり、事業者が希望するかどうかに関わらないことから、いわゆる「未届有料老人ホーム」も、老人福祉法の規定に則り、有料老人ホームに対する指導監督を行うことが可能。

ポイント2. 入居者の人数は関係ない

- 有料老人ホームの定義においては、入居人数の多寡による判断基準は置かれていないため、1人を相手に①入居サービスと②介護等サービスを提供している場合であっても、有料老人ホームに該当する。
- 以前は「10人以上」という要件があったが、平成18年度改正によって撤廃されているので注意が必要。

ポイント3. サービス提供の一体性に留意

- 有料老人ホームの要件は、①入居サービスと②介護等サービスの「一体的な提供」が行われていることにあるので、①の事業者と②の事業者が別々であっても、両者に委託関係があったり、経営上の一体性が認められる施設については、有料老人ホームとして取り扱って差し支えない。

出典：厚生労働省HP（https://www.mhlw.go.jp/file/06-Seisakujouhou-12600000-Seisakutoukatsukan/0000038009_1.pdf）「有料老人ホームの概要」

10 身体拘束廃止未実施減算が厳しくなっている

年度ごとに取り扱いが異なります。過年度分の調査に備えましょう。

減算が基本報酬の10％に拡大

2018年度改定で算定要件が大きく変更されたのが身体拘束廃止未実施減算です。この減算の対象サービスは、介護老人保健施設、介護老人福祉施設、地域密着型介護老人福祉施設、介護療養型医療施設、介護医療院、特定施設入居者生活介護、地域密着型特定施設入居者生活介護、認知症対応型共同生活介護です。これまでは1日5単位の減算でしたが、改定後は基本報酬の1日10％の減算となりました。なお、減算の対象は基本報酬だけです。

減算となる要件

減算の対象となるケースは、従来からの要件である身体拘束三原則を遵守した上での記録等の不備とともに、具体的には身体的拘束の適正化のため、①対策を検討する委員会を3か月に1回以上開催していない場合、②指針（ガイドライン）を整備していない場合、③定期的な研修を実施していない場合の3点です。

①身体的拘束の適正化委員会

身体的拘束の適正化委員会は、幅広い職種からメンバーを構成しなければなりません。メンバーから1人、専任の対策担当者を決めることも必要です。また、運営委員会などとは独立して運営することも定められました。委員会で検討された内容は、職員に周知することも必要です。

②身体的拘束等の適正化のための指針（ガイドライン）

指針には、左上図に示した項目を盛り込むことが必要です。これは2018年6月開催の1回目の委員会までに作成する必要がありました。これ以降に開業した場合は、最初の委員会の開催日までに整備します。

③年2回の職員研修の実施

従業者に対する研修では、ガイドラインに基づいた研修プログラムを作成して、定期的な教育（年2回以上）を開催することが必要です。従来は年1回でしたので注意してください。また、新規採用時には必ず身体的拘束適正化の研修を実施することが必要とされました。年間の研修スケジュールで年間2回の身体拘束に関する研修を位置づけることが大切です。

身体的拘束等の適正化のための指針（ガイドライン）

① 施設における身体的拘束適正化に関する基本的考え方
② 身体的拘束適正化のための委員会その他施設内の組織に関する事項
③ 身体的拘束適正化のための職員研修に関する基本方針
④ 施設内で発生した身体的拘束の報告方法等のための方策に関する基本方針
⑤ 身体的拘束発生時の対応に関する基本方針
⑥ 入所者等に対する当該指針の閲覧に関する基本方針
⑦ その他身体的拘束適正化の推進のために必要な基本方針

身体拘束ゼロへの取組

国

身体拘束ゼロ作戦推進会議 →「身体拘束ゼロへの手引き」の作成・配布、普及（平成13年～）

都道府県

推進体制の整備 → 推進協議会の設置（平成13年～）
相談窓口の設置（平成13年～）
研修事業等の実施（平成13年～）
事例報告検討会の実施（平成18年～）
市町村への指導・助言等

市町村

相談窓口の設置（平成18年度～）

施設

- 施設の運営基準において原則身体拘束禁止を規定（平成12年～）
- 施設長 → 研修の受講（平成17年度～）
- 看護職員 → 研修の受講（平成17年度～）

在宅

- 介護相談員等への研修
- 理解普及のための研修や講習会の開催（平成13年度～）

出典：厚生労働省 社会保障審議会（介護給付費分科会）第143回資料（平成29年7月19日）

11 訪問介護の重要ポイント

サービス提供責任者の運営基準責務が拡大しました。

運営基準で利用者の生活状況の報告を義務化

サービス提供責任者は、最も利用者の日常生活の状況を把握している介護職員に、利用者の口腔関連と服薬関連の情報を報告させるように指示しなければなりません。運営指導では、その指示の有無と、提供記録や口頭、メールやFAXなどの報告の方法が確認されます。また、介護職員から受けた報告で重要な内容のものは、担当のケアマネジャーに報告することが義務化されています。その報告の記録が、運営指導では重要になります。そのため、事前にケアマネジャーとサービス担当者会議などで、どのような情報を報告するかの打ち合わせを行うことも大切です。

実際のサービス提供時間の管理が必要

40分で計画されている身体介護が、実際は25分程度で終わっているなど、介護計画のサービス提供時間に比べて、実際のサービス提供時間が短時間となっている状態が1か月以上続いた場合には、サービス提供責任者は、その事実を担当のケアマネジャーに報告して、訪問介護計画を見直すことが義務化されました。

サービス提供責任者は、介護職員から毎回の実際の提供時間の報告を受けるだけではなく、集計して管理することが必要となっています。運営指導では、その管理状況が確認されます。

生活機能向上連携加算

区分Iは、サービス提供責任者が理学療法士等の所属する介護事業所を訪問して指示を受けることで算定できます。この場合、訪問した月だけが算定対象です。再訪問は3か月以降となっているため、加算算定は最大で3か月に1回となりますので注意が必要です。

区分Ⅱは3か月に1回、理学療法士等と利用者の家庭を定期的に訪問またはサービス担当者会議の前後に助言を得ることで、毎月の算定が可能です。いずれの区分でも、助言を受けた内容を訪問介護計画書に反映することが必要です。

同一建物減算の利用者数の数え方

同一建物減算の利用者数は、「日々のサービスを利用した人数」ではなく、「日々の契約者数」で集計します。1か月間で、1回でもサービスを利用した契約者は「毎日1人」としてカウントします。契約者であっても、入院などで月に1回もサービスを利用していない場合は、日々のカウントから除外します。このルールに従って、1日から月末までの契約者数を合算し、月の日数で割った数字が「月の利用者数」となります。

なお、地域の総合事業における第1号訪問介護（現行相当サービス）の利用者は、併設以外で同じ建物の利用者20人のカウントには含め、減算率15％となる事業所が併設の場合での50人カウントには含めません。

訪問介護における看取り期の対応の評価

概要

看取り期における対応の充実と適切な評価を図る観点から、看取り期には頻回の訪問介護が必要とされるとともに、柔軟な対応が求められることを踏まえ、看取り期の利用者に訪問介護を提供する場合に、訪問介護に係る2時間ルールの運用を弾力化し、2時間未満の間隔で訪問介護が行われた場合に、所要時間を合算せずにそれぞれの所定単位数の算定を可能とする。【通知改正】

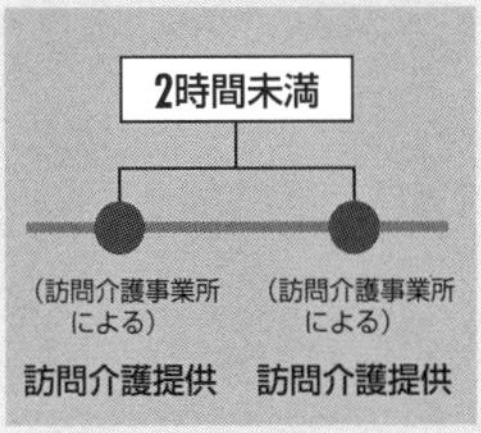

＜現行の取扱い＞

それぞれの所要時間を合算して報酬を算定

例：それぞれ身体介護を25分提供
→合算して50分提供したものとして報酬を算定するため、30分以上1時間未満の396単位を算定

＜改定後＞

所要時間を合算せずにそれぞれの所定単位数を算定

例：それぞれ身体介護を25分提供
→合算せずにそれぞれ25分提供したものとして報酬を算定するため、250単位×2回＝500単位を算定

※1　通院等のための乗車又は降車の介助が中心である場合を除く。
※2　頻回の訪問として、提供する20分未満の身体介護中心型の単位を算定する際の例外あり。

出典：厚生労働省HP（https://www.mhlw.go.jp/stf/seisakunitsuite/bunya/0000188411_00034.html）
「令和3年度介護報酬改定における改定事項について」

12 居宅介護支援の重要ポイント その①

運営基準を中心に大きな変更がありました。

利用者の口腔関連、服薬関連の報告義務

訪問介護事業者からの報告の中で、利用者の口腔関連と服薬関連で重要なものは主治医に報告することが義務化されています。そのため、サービス担当者会議などで、どのような情報を報告するかを打ち合わせることが重要です。その上で、重要な情報として主治医に報告する基準は何かを運営指導で確認されます。

運営基準減算の対象が追加された

居宅介護支援の提供開始に際して、あらかじめ利用者に対して、①利用者は複数の指定居宅サービス事業者等を紹介するよう求めることができること、②利用者は居宅サービス計画に位置づけた指定居宅サービス事業者等の選定理由の説明を求めることができることの2点について文書を交付して口頭説明します。

その際、利用者から確認の署名を得ていない場合には、契約月から解消されるに至った月の前月までの期間で減算となります。また、図に示した前6か月にケアプランに位置づけた割合の説明も必要です。

利用者が病院等に入院する場合の依頼義務

利用者が病院や診療所に入院する場合には、担当ケアマネジャーの氏名と連絡先を病院の担当者に伝えるように、利用者や家族に対して事前に協力を求める必要があります。この点についても、重要事項説明書の留意事項欄などに記載しておくことが合理的です。

頻回の訪問介護——生活援助の上限回数制

訪問介護の生活援助を月に一定回数以上、ケアプランに位置づけた場合、そのケアプランを、利用者に説明して同意を得た月の翌月末までに役所に提出しなけ

ればなりません。提出されたケアプランは、地域ケア会議で審議され、過剰とされた場合は是正が通知されます。なお、提出は年1回で足ります。

地域ケア会議の審議の指針が、厚生労働省から出されています。この中に、ケアプランなどの記載事例が含まれ、今後はこの記載事例が標準とされて、通常の運営指導やケアプラン点検で指導されますので、必ず通知の内容を確認して取り入れましょう。

特定事業所加算の算定要件の追加

特定事業所加算の算定要件では、他の法人が運営する指定居宅介護支援事業者と共同で事例検討会、研修会等を実施していること、その検討会の計画を、毎年度少なくても次年度が始まる前の月までに定めていることが必要です。

計画には、検討会の内容、開催時期、共同開催事業所名を記載します。毎年3月までに次年度計画が作成されていない場合は、4月から1年間、加算の算定はできません。また、インフォーマルサービスなどのケアプランへの位置づけが必要です。

質の高いケアマネジメントの推進（特定事業所加算の見直し等）

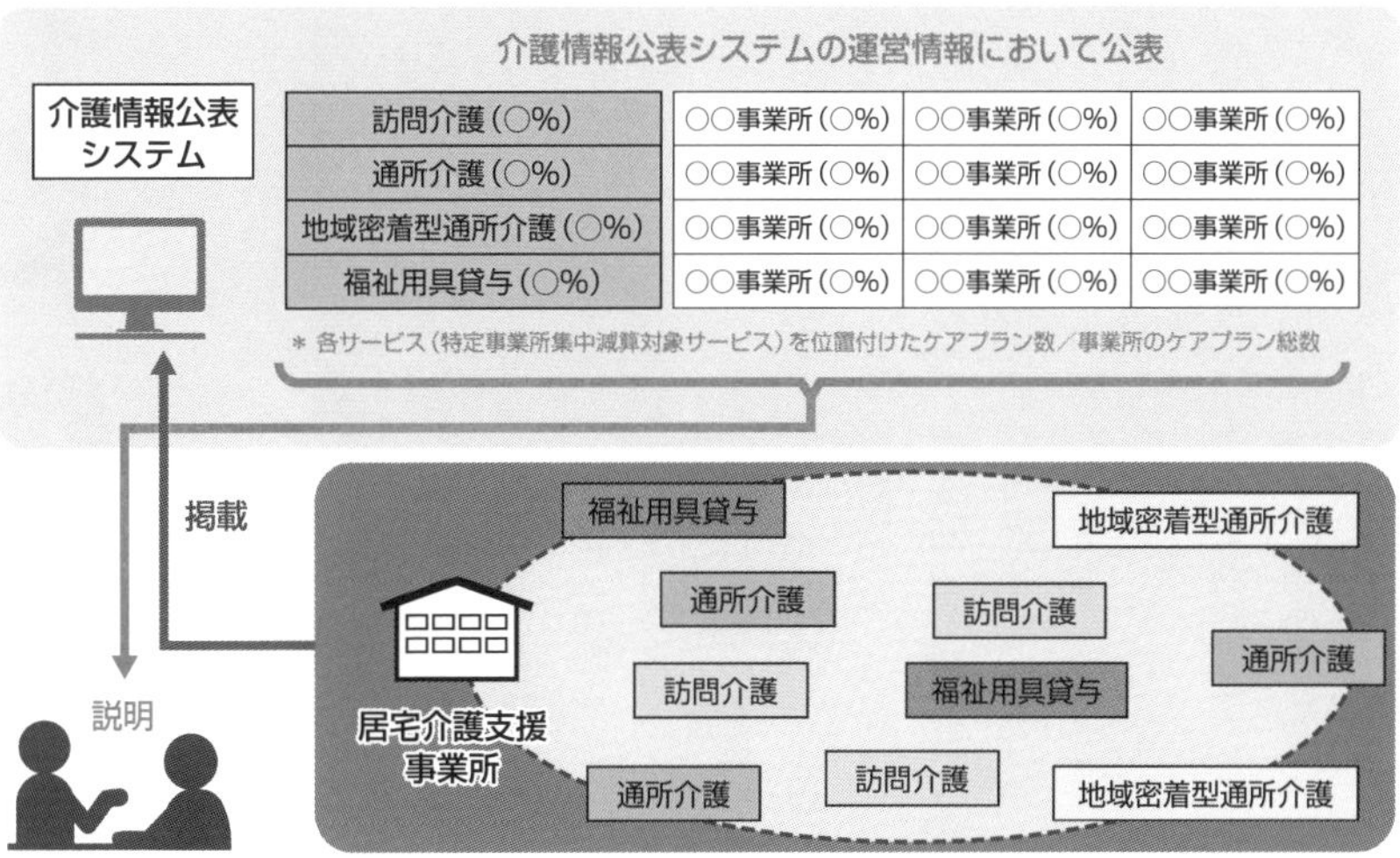

出典：厚生労働省HP（https://www.mhlw.go.jp/stf/seisakunitsuite/bunya/0000188411_00034.html）
「令和3年度介護報酬改定における改定事項について」

13 居宅介護支援の重要ポイント その②

制度改正ごとの変更点を把握することが大切です。

区分支給限度額の利用割合でケアプラン提出

2021年10月から、次のいずれかに該当する居宅介護支援事業所に対してケアプランの提出を求め、地域ケア会議などで検証する仕組みが導入されました。

①事業所全体で、区分支給限度基準額の利用割合が7割を超え、かつ訪問介護が利用サービス全体の6割以上を占める等のケアプランを作成する居宅介護支援事業者

②同じサービス付き高齢者向け住宅や有料老人ホーム等に居住する利用者のケアプランで、区分支給限度基準額の利用割合が高い利用者が多い場合

利用割合や併設サービスの特定基準は自治体で行うこととなります。

基本報酬での逓減制44件の要件

基本報酬でケアプラン1件目から44件目まで区分Iを算定できるのは、一定の要件を満たした事業所のみです。一定の要件とは、ICT活用（事業所内外や利用者の情報を共有できるチャット機能のアプリケーションを備えたスマートフォン、訪問記録を随時記載できる機能（音声入力も可）のソフトウエアを組み込んだタブレット等）、もしくは事務職員などの雇用です。

事務職員の配置要件は、事業所の介護支援専門員が行う一連の業務等の負担軽減や効率化につながる職員であることが必要です（常勤者でなくても可）。また、居宅介護支援事業所内の配置だけではなく、同一法人内の配置でも認められますが、常勤換算で介護支援専門員1人あたり月に24時間以上の勤務が必要です。いずれも、事業所の介護支援専門員が行う基準第13条に

ある一連の業務等の負担軽減や効率化が前提です。

運営基準減算の適用が拡大されている

前6か月の間に作成されたケアプランに占める、訪問介護、通所介護、地域密着型通所介護、福祉用具貸与を位置づけたサービスごとの割合と、サービスごとに位置づけた担当事業所の割合を、利用者に書面の交付、口頭説明、署名を得ることが義務化されています。これを行っていないと運営基準減算の対象となります。居宅介護支援の運営基準減算は、初月が50%、それ以降は100%減算です。

また、この減算を受けてしまうと、特定事業所加算の算定要件を満たさないため、運営指導で指摘されると巨額の返還指導となります。基本的に、重要事項説明書に別紙で添付する形での対応ですが、毎年、前期（3月1日から8月末日）、後期（9月1日から2月末日）ごとに集計して、新規契約の時点での文書交付、口頭説明、署名が求められます。既存の契約者については集計のたびに説明する必要はなく、新規利用者の契約時にのみ説明することで足ります。

居宅介護支援事業所単位で抽出するケアプラン検証の要件

ケアマネ事業所ごとに見て、

①区分支給限度基準額の利用割合が7割以上

かつ

②その利用サービスの6割以上が訪問介護サービス

↓

該当ケアマネ事業所は、約3%の見込み。

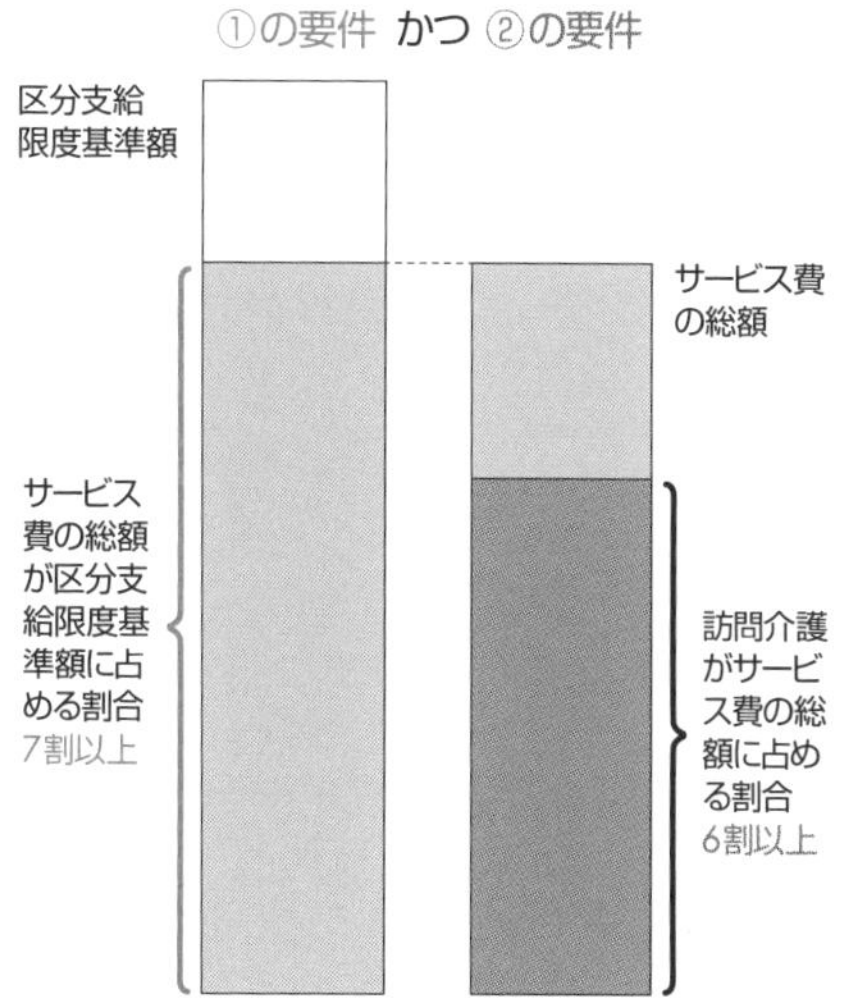

出典：厚生労働省 社会保障審議会（介護給付費分科会）第202回資料（令和3年7月28日）

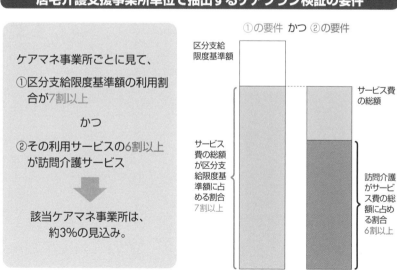

14 訪問看護の重要ポイント

理学療法士等のサービス提供方法が大きく変貌しました。

理学療法士等の利用者への看護職員の定期訪問

訪問看護において、理学療法士等は看護職員の代理で訪問する立ち位置が明確になりました。理学療法士等がサービスを提供する場合は、それが代理での訪問であることを事前に利用者に説明して同意を得なければなりません。

本来訪問すべきは看護職員ですので、初回訪問と3か月ごとに、看護職員による定期訪問が義務化されています。利用者が2か所の訪問看護を利用している場合も、必ず自事業所の看護職員が定期訪問しなければなりません。これを怠ると基本報酬が返還指導となります。

また、主治医に提出する訪問看護計画書は理学療法士等が実施する内容も一体的に記載します。訪問看護報告書は、理学療法士等が提供した訪問看護の内容とその結果等を記載した文書を添付しなければなりません。

理学療法士等の利用者の計画の共同作成

理学療法士等の利用者については、訪問看護記録書等で利用者の状況や実施内容を看護職員と理学療法士等で共有する必要があります。また、訪問看護計画書と訪問看護報告書は、看護職員（准看護師を除く）と理学療法士等が連携して共同作成することが義務化されています。

主治医に提出する計画書と報告書は、理学療法士等が実施した内容も一体的に含んでいなければなりません。この関連の記録は運営指導で確認されます。

複数名訪問加算

複数名訪問加算は、体重が重い利用者など、1人で看護を行うことが困難な場合に算定します。単に2人で訪問しただけでは算定できません。

加算Iは両名とも看護師等であること、加算Ⅱはもう1人は看護補助者であれば算定できます。看護補助者は、資格は問われませんが、訪問看護事業所に雇用されている必要があります。そのため、事業所の事務職員等であっても算定が可能ですが、事前の研修等の実施を求められます。

電子データでの計画書の医師への提出

主治医に提出する訪問看護計画書と訪問看護報告書は、書面あるいは電子的な方法で主治医に提出できます。電子的方法で提出する場合は、書面における署名（または記名・押印）に代わって、厚生労働省の定める準拠性審査基準を満たす保健医療福祉分野の公開鍵基盤(HPKI：Healthcare Public Key Infrastructure)による電子署名を施すことが必要です。

訪問看護の機能強化

単位数

▶**理学療法士、作業療法士又は言語聴覚士による訪問の場合（1回につき）**

＜現行＞		＜改定後＞
297単位	→	293単位
（介護予防）287単位	→	283単位

▶**1日に2回を超えて指定介護予防訪問看護を行った場合の評価**

＜現行＞		＜改定後＞
1回につき100分の90に相当する単位数を算定	→	1回につき100分の50に相当する単位数を算定

利用開始日の属する月から12月超の利用者に介護予防訪問看護を行った場合は、1回につき5単位を減算する（新設）

算定要件等

▶**理学療法士等が行う訪問看護については、その実施した内容を訪問看護報告書に添付することとする。**

▶**対象者の範囲**

理学療法士等が行う訪問看護については、訪問リハビリテーションと同様に「通所リハビリテーションのみでは家屋内におけるADLの自立が困難である場合」を追加。

出典：厚生労働省HP（https://www.mhlw.go.jp/stf/seisakunitsuite/bunya/0000188411_00034.html）
「令和3年度介護報酬改定における改定事項について」

15 通所介護の重要ポイント

自立支援に関する加算が充実しています。

生活機能向上連携加算

この加算の算定ポイントは、理学療法士等を3か月に1回外部から招くことと、3か月に1回の居宅訪問がないこと以外は、ほぼ個別機能訓練計画と同じ手間と作業が必要となることです。

算定要件に該当する介護事業所や医療提供施設と委託契約を結び、所属する理学療法士等を3か月に1回、事業所に招きます。あるいは、訪問ではなく、テレビ電話等を活用してアドバイスを受ける方法でも可能です。このとき、訪問看護の療法士等は対象外です。

デイサービスの職員が多職種共同で個別機能訓練計画を作成し、機能訓練を実施した上で、3か月ごとにモニタリングを実施して利用者に報告します。外部の理学療法士等は、デイサービスの職員に対して日常生活上の留意点、介護の工夫等に関する助言を行います。計画を作るだけでは加算は算定できず、計画に沿った機能訓練を実施し、日々の提供記録を作成するなどを行わないと返還指導となります。運営指導では、理学療法士等の来所と助言の記録、計画の説明同意、機能訓練の実施記録やモニタリングの記録等が重要になります。

ADL（日常生活動作）維持等加算

前年の1月から12月が評価対象期間となり、評価結果が算定要件を満たすことで、翌年の4月から1年間、すべての利用者に対して加算を算定します。バーセルインデックスを評価基準として用いた評価は、半年に1回の実施ではなく、研修等を受けた職員によって最初の1か月目と最後の7か月目に行うことに注意してください。評価した結果は利用者ごとにLIFEデータベースに提出する必要があります。

入浴介助加算

従来、入浴介助加算は利用者に入浴いただくことで算定できる実施加算で、実施する職員には資格も経験も求められませんでした。今回、その上位区分が設けられ、自宅において自分で入浴を続けるためのリハビリテーションの一環として提供します。利用者が自分でできることはすべてご自身でやっていただき、介護職は見守り的援助を行います。個別入浴という考えに発展させて、療法士や介護福祉士が利用者の自宅を訪問して、利用者の自宅での入浴環境を確認して個別入浴計画を策定します。その計画に基づいて個別入浴によるリハビリテーションを実施します。

入浴介助加算（新たな加算）のイメージ

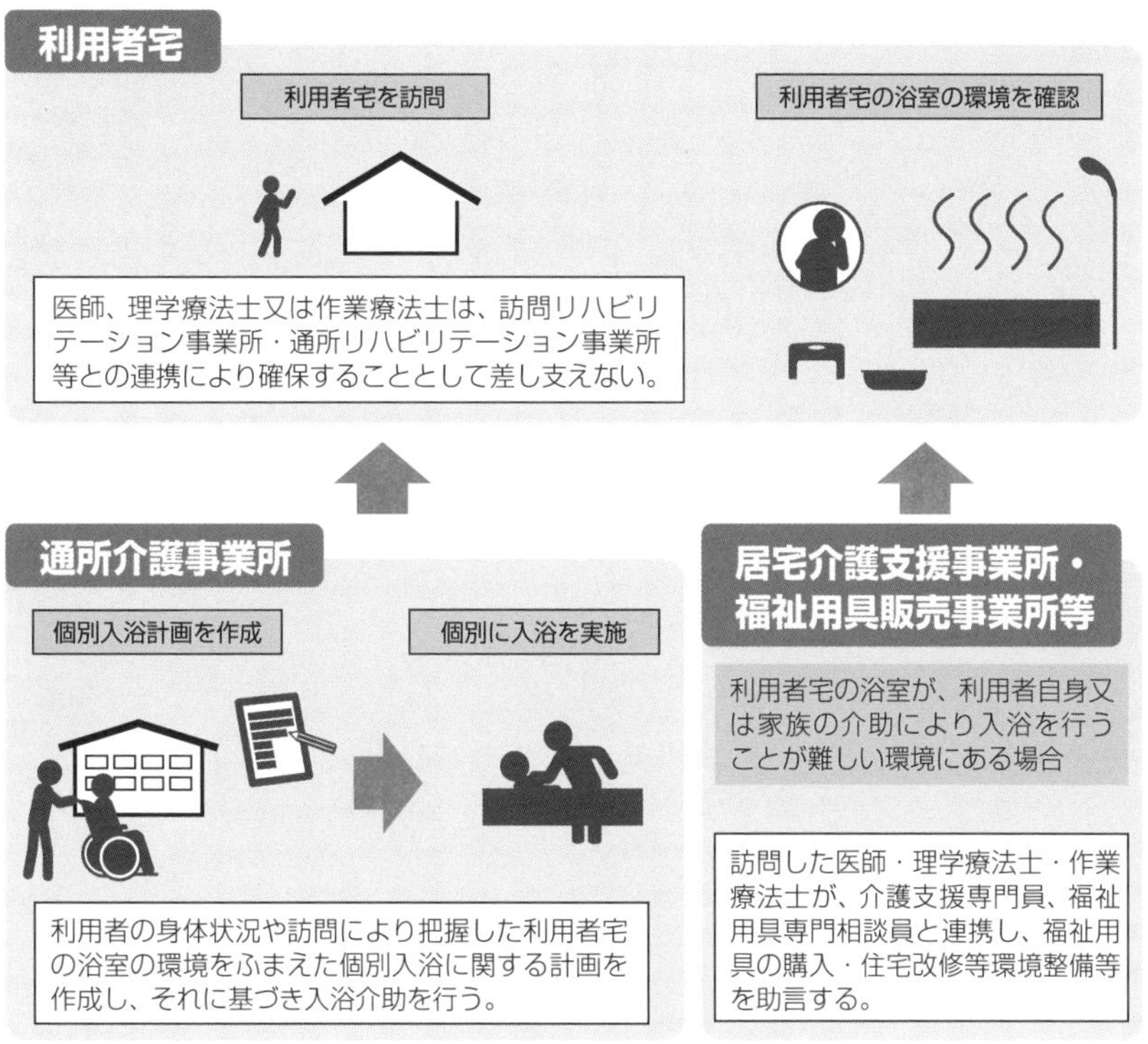
利用者宅
利用者宅を訪問
利用者宅の浴室の環境を確認
医師、理学療法士又は作業療法士は、訪問リハビリテーション事業所・通所リハビリテーション事業所等との連携により確保することとして差し支えない。
通所介護事業所
個別入浴計画を作成
個別に入浴を実施
利用者の身体状況や訪問により把握した利用者宅の浴室の環境をふまえた個別入浴に関する計画を作成し、それに基づき入浴介助を行う。
居宅介護支援事業所・福祉用具販売事業所等
利用者宅の浴室が、利用者自身又は家族の介助により入浴を行うことが難しい環境にある場合
訪問した医師・理学療法士・作業療法士が、介護支援専門員、福祉用具専門相談員と連携し、福祉用具の購入・住宅改修等環境整備等を助言する。

出典：厚生労働省 社会保障審議会（介護給付費分科会）第193回資料（令和2年11月16日）

16 訪問リハビリテーションの重要ポイント

リハビリ計画は事業所の医師の診察が基本です。

事業所の医師の診察で計画を作成する

訪問リハビリテーション計画の作成は、医師の診察に基づいて作成することが必要です。計画作成のための診察は、事業所の医師の診察に基づくもので、外部の医師の診察での計画作成は不可です。外部の医師の診察によるものは、計画自体が無効とされ、介護サービスの提供はできません。介護報酬を受けていた場合は返還指導となります。そのことを基本とした上で、特別な事情がある場合の特例が設けられています。

外部の医師の診察についての特例

訪問リハビリテーション計画作成のための医師の診察に関する特例として、その利用者が外部の医師から計画的な医学的管理を受けていて、事業所の医師がやむを得ない事情で診察できない場合に限っては、外部医師の診察による計画の作成を認めるとされています。その場合は、1回について50単位が基本報酬から減算されます。

この特例を使う要件として、その外部医師が日本医師会の実施する「日医かかりつけ医機能研修制度」の応用研修の指定講座を受講していることが前提条件となります。その研修の受講修了者以外の外部医師は特例の対象とはなりません。この場合、今後の運営指導対策として、外部の医師から研修修了証などの控えを受け取っておき、その事実確認が必要です。この研修要件は、未受講の外部医師でも2024年3月までに研修を受講予定であれば診察が可能です。

なお、外部の医師に必要な応用研修のうち、「応用研修会」の項目である、「フレイル予防・高齢者総合的機能評価（CGA）・老年症候群」「栄養管理」「リハビリテーション」「摂食嚥下障害」のいずれか1単位以上を取得した上で、事業所の医師に情報提供を行う日が属する月から前36月の間に合計6単位以上（前述の単位を含む）を取得していればよいとされています。

この特例に該当する場合以外は、事業所の医師の診察以外は計画自体が無効とされます。今後の運営指導などで報酬返還にならないように注意が必要です。

医師の配置は常勤専従

事業所に配置される医師は常勤専従が要件です。しかし、病院、診療所、介護老人保健施設の併設型の場合は、常勤医師との兼務は認められています。兼務の場合も、計画作成のための診察が必要です。

訪問リハビリテーションマネジメント加算

訪問リハビリテーションマネジメント加算は、基本的に通所リハビリテーションでの加算と同じ算定要件です。リハビリテーション会議は利用者の了解を得た上で、テレビ会議等の方法での開催ができます。

医療と介護におけるリハビリテーション計画の様式の見直し

医療保険　疾患別リハビリテーション

目標設定等支援・管理料
「目標設定等支援・管理シート」

- 算定要件：**要介護被保険者等**に対し、多職種が協働して、患者の特性に応じたリハビリテーションの目標設定と方向付け等を行った場合に算定
- 文書の内容：**発症からの経過**、**ADL評価**、**リハビリテーションの目標**、**心身機能・活動及び社会参加に関する見通し（医師の説明、患者の受け止め）**、介護保険のリハビリテーションの利用の見通し等

介護保険　通所リハビリテーション

リハビリテーションマネジメント加算
「リハビリテーション計画書」

- 算定要件：多職種が協働し、継続的にリハビリテーションの質を管理した場合に算定
- 文書の内容：利用者と家族の希望、健康状態（原疾患名、**経過**）、参加の状況、心身機能の評価、**活動の評価（改善の可能性）**、**リハビリテーションの目標**と具体的支援内容、他職種と共有すべき事項等

出典：厚生労働省 社会保障審議会（介護給付費分科会）第158回資料（平成30年1月26日）

17 通所リハビリテーションの重要ポイント

リハビリテーションマネジメント加算が変更されました。

リハビリテーションマネジメント加算の要件

加算の算定要件が大きく変わり、リハビリテーション計画書の記載欄が設けられていて、この欄が空欄の場合は、加算が算定できずに報酬返還となります。算定要件での記載項目は図の3点です。

リハビリテーション会議の開催頻度

事業所で、算定開始月の前月から起算して、前の24か月以内に介護保険または医療保険のリハビリテーション報酬の請求実績が合わせて6か月以上ある利用者は、加算算定の当初月から3か月に1回の頻度の会議開催でよいことになっています。この場合は最初から6か月超を算定します。また、会議はテレビ電話等を活用した参加も可能となっています。

LIFEデータベースにデータ提供して活用する場合には、各報酬区分の区分ロを毎月算定します。

リハビリテーション提供体制加算

リハビリテーションマネジメント加算を算定していることを条件として、その日の利用者数で25人に1人の割合で理学療法士等を配置した場合に算定できる加算です。この場合の利用者数は、予防通所リハビリテーションの利用者を含みますので注意してください。

利用者数が25人以下の日は、1人の配置で加算が算定できます。サービス提供時間の最初から最後まで、所定の人数が事業所内にいることが算定要件です。1日の中で、担当する理学療法士等が入れ替わることは可能です。地域によっては、理学療法士等が昼休みに外食に出た場合に他の理学療法士等を置くことを求めます。

リハビリテーションマネジメント加算の記載項目

① 医師が毎回のリハビリテーションの開始にあたって、理学療法士等に詳細に指示を行わなければならない。指示を受けた理学療法士等はその指示の内容をリハビリテーション計画書に記載する。指示は次の2点

1. リハビリテーションの目的
2. 開始前または実施中の留意事項、中止する際の基準、利用者に対する負荷等のうちいずれか1つ以上

② 事業所の医師は、利用者が3月以上のリハビリテーション継続利用を必要と判断する場合には、リハビリテーション計画書の特記事項欄に、継続利用が必要な理由を記載する

③ 事業所の医師は、リハビリテーション計画書に、利用者がリハビリテーションの目標を達成して、デイケアを卒業する時期の目処を記載する

訪問・通所リハビリテーションにおけるリハビリテーションマネジメント加算の見直しイメージ

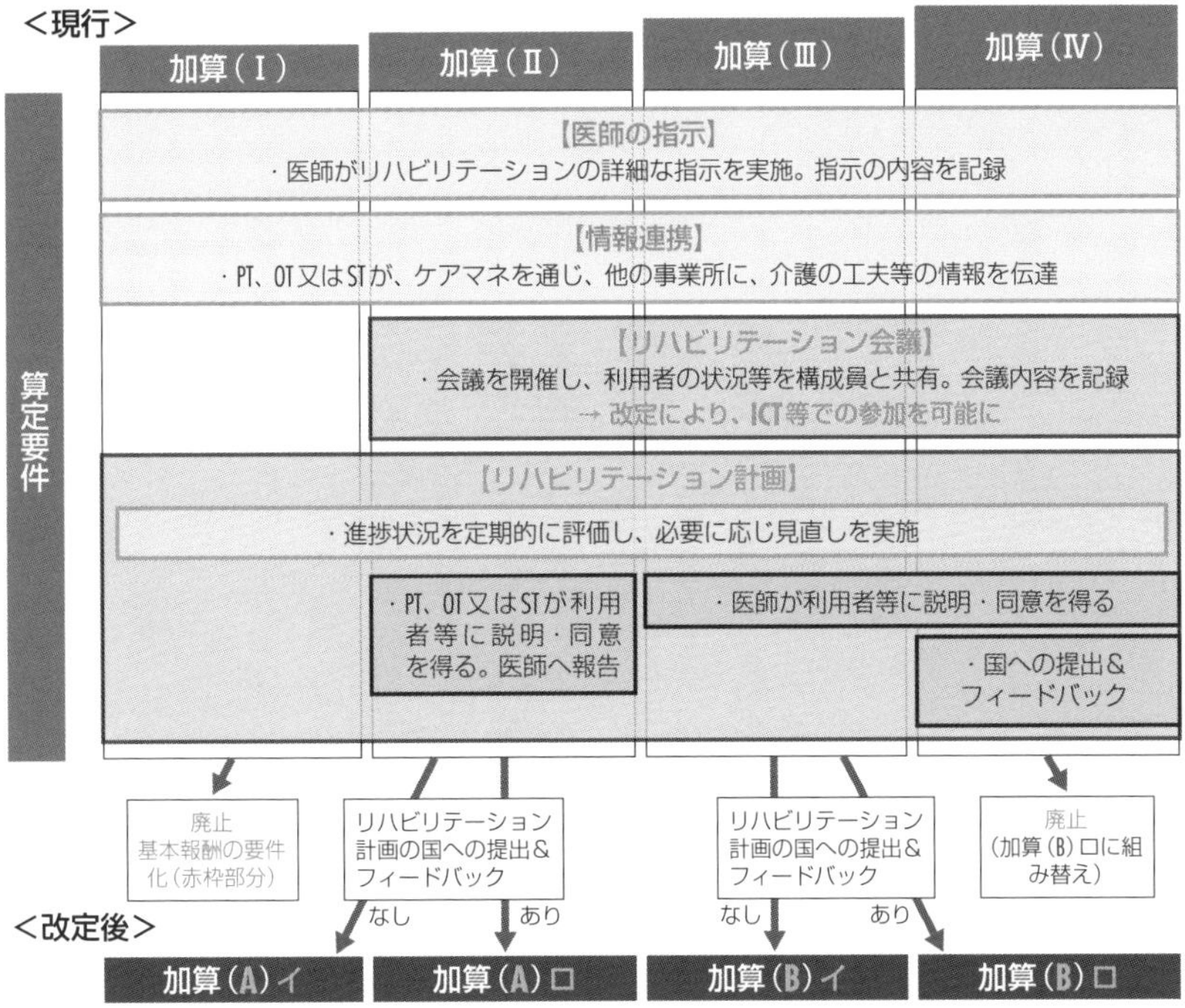

出典：厚生労働省HP（https://www.mhlw.go.jp/stf/seisakunitsuite/bunya/0000188411_00034.html）
「令和3年度介護報酬改定における改定事項について」

18 介護施設の重要ポイント その①

LIFEへのデータ提出と活用が算定要件に含まれました。

褥瘡マネジメント加算

入所者の褥瘡のリスク評価を行って、褥瘡ケア計画を作成します。評価は入所時に行いますが、既入所者については届け出た月に評価を実施します。

区分Ⅱは算定要件を満たしている施設等において、施設入所時等の評価の結果、褥瘡が発生するリスクがあるとされた入所者について、褥瘡の発生のないことが要件です。LIFEへのデータ提出とフィードバックの活用によるPDCAサイクルの推進・ケアの向上を図ることが必要です。

排せつ支援加算

排せつ介護が必要な入所者を施設入所時等に評価して、少なくとも6か月に1回の評価を行います。その評価の結果、適切な対応を行うことで要介護状態の軽減が見込まれる者に対し、排せつに介護が必要な原因を分析して支援計画を作成し、支援を継続します。少なくとも3か月に1回は支援計画を見直します。

区分Ⅱは、算定要件を満たした上で、要介護状態の軽減が見込まれる者に対して、施設入所時等と比較して排尿・排便の状態の少なくとも一方が改善するとともに、いずれにも悪化がない、またはおむつ使用ありから使用なしに改善していることが要件です。区分Ⅲは、両方を満たした場合に算定できます。

LIFEへのデータ提出とフィードバックの活用によるPDCAサイクルの推進・ケアの向上を図ることが必要です。

自立支援促進加算

医師は入所者ごとに、自立支援のために特に必要な医学的評価を入所時に行い、少なくとも6か月に1回その見直しを行い、自立支援にかかる支援計画等の策定等に参加します。

医学的評価の結果、特に自立支援のための対応が必要であるとされた者ごとに自立支援にかかる支援計画を策定し、支援計画に従ったケアを実施します。支援計画は、医学的評価に基づき、少なくとも3か月に1回は入所者ごとに見直します。こちらも、LIFEへのデータ提出とフィードバックの活用によるPDCAサイクルの推進・ケアの向上を図ることが必要です。

栄養マネジメント強化加算

管理栄養士を常勤換算方式で入所者の数を50（施設に常勤栄養士を1人以上配置し、給食管理を行っている場合は70）で除して得た数以上を配置します。低栄養状態のリスクが高い入所者に対し栄養ケア計画に従って、食事の観察（ミールラウンド）を週3回以上行い、入所者ごとの栄養状態、嗜好等を踏まえた食事の調整等を実施します。LIFEへのデータ提出とフィードバックの活用によるPDCAサイクルの推進・ケアの向上を図ることが必要です。

寝たきり防止等、重度化防止の取り組みの推進

介護老人福祉施設、地域密着型介護老人福祉施設、介護老人保健施設、介護医療院

自立支援促進加算300単位／月（新設）

取組の流れ

計画に従ったケアの実施

① 定期的なアセスメントの実施
- 全ての入所者について、リハビリテーション・機能訓練、日々の過ごし方等に係るケア等の実施により、利用者の状態の改善が期待できるか等の医学的アセスメントを所定の様式（※）に準じて実施する。

② ケアプランの策定・ケアの内容等に係る会議の実施
- 医師、ケアマネジャー、介護職員等が連携して会議を実施し、上記アセスメントを踏まえた、リハビリテーション・機能訓練、日々の過ごし方等について、所定の様式（※）に準じて計画を策定する。

③ CHASEを活用したPDCAサイクルの推進
- 厚生労働省（CHASE）にデータを提出し、フィードバックを受けることで、ケア計画の見直し等において活用し、PDCAサイクルを推進する。

※ 様式の具体的内容
- 医学的アセスメント
- リハビリテーション・機能訓練の必要性
- 日々の過ごし方（離床時間、座位保持時間、食事・排せつ・入浴の場所や方法、社会参加的活動等）

出典：厚生労働省HP（https://www.mhlw.go.jp/stf/seisakunitsuite/bunya/0000188411_00034.html）
「令和３年度介護報酬改定の主な事項」

19 介護施設の重要ポイント その2

介護施設において特に注意が必要なポイントを押さえましょう。

介護老人保健施設の注意点

介護老人保健施設の基本報酬算定で、指摘が増えているポイントをいくつか紹介します。

リハビリテーションマネジメントの実施においては、入所者の心身機能の維持回復を図るため、理学療法、作業療法等のリハビリテーションを計画的に実施し、適宜その評価を行う必要があります。医師は、リハビリテーション実施にあたり、理学療法士、作業療法士または言語聴覚士に対して、リハビリの目的に加えて、リハビリ開始前または実施中の留意事項、中止基準、リハビリにおける入所者に対する負荷量等のうちいずれか1つ以上の指示を行う必要があります。この記録が確認できない場合、基本報酬の基本型以上が算定できず、巨額の返還指導となります。

基本報酬で強化型、超強化型を算定する場合、入所者に対して、週3回以上の個別リハビリを提供する必要があります。この要件は、年末年始、ゴールデンウイーク、お盆休暇などを理由とする未実施は認められません。また、認知症短期集中リハビリテーション加算算定のリハビリとは別に実施する必要があります。

介護老人福祉施設の注意点

見守り機器を導入した場合の夜間における人員配置基準の緩和を受ける場合の注意点です。すべての入所者に見守りセンサーを導入し、夜勤職員全員がインカム等のICTを使用する場合で、職員の負担軽減や職員ごとの効率化のばらつきに配慮して、委員会の設置や職員に対する十分な休憩時間の確保等を含めた安全体制等の確保を行っていることを要件として、介護老人福祉施設（従来型）の利用定員26人以上の場合の夜間の配置基準が緩和されます。人員配置基準の緩和の申請にあたっては、以下を具体的要件とします。

①利用者の安全やケアの質の確保、職員の負担を軽減するための委員会を設置

②職員に対する十分な休憩時間の確保等の勤務・雇用条件への配慮

③緊急時の体制整備（近隣在住職員を中心とした緊急参集要員の確保等）

④機器の不具合の定期チェックの実施（メーカーとの連携を含む）

⑤職員に対するテクノロジー活用に関する教育の実施

⑥夜間の訪室が必要な利用者に対する訪室の個別実施

テクノロジー導入後、これらを少なくとも3か月以上試行して、現場職員の意見が適切に反映できるように、夜勤職員をはじめ実際にケア等を行う多職種の職員が参画する①の委員会において、安全体制やケアの質の確保、職員の負担軽減が図られていることを確認した上で届け出ます。

介護老人保健施設における在宅復帰・在宅療養支援機能の評価の充実

算定要件等

○ 下線部を追加

評価項目	算定要件
退所時指導等	**a: 退所時指導**　入所者の退所時に、当該入所者及びその家族等に対して、退所後の療養上の指導を行っていること。 **b: 退所後の状況確認**　入所者の退所後30日※以内に、その居宅を訪問し、又は指定居宅介護支援事業者から情報提供を受けることにより、在宅における生活が1月※以上継続する見込みであることを確認し、記録していること。
リハビリテーションマネジメント	a: 入所者の心身の諸機能の維持回復を図り、日常生活の自立を助けるため、理学療法、作業療法その他必要なリハビリテーションを計画的に行い、適宜その評価を行っていること。 b: 医師は、リハビリテーションの実施にあたり、理学療法士、作業療法士又は言語聴覚士に対し、リハビリテーションの目的に加えて、リハビリテーション開始前又は実施中の留意事項、中止基準、リハビリテーションにおける入所者に対する負荷量等のうちいずれか一つ以上の指示を行うこと。
地域貢献活動	地域に貢献する活動を行っていること。
充実したリハ	少なくとも週３回程度以上のリハビリテーションを実施していること。

出典：厚生労働省HP（https://www.mhlw.go.jp/stf/seisakunitsuite/bunya/0000188411_00034.html）「令和３年度介護報酬改定における改定事項について」

20 ハラスメント対策は運営基準の重要項目

全サービスが該当し、経過措置もありません。

2021年度介護保険法改正で義務化

介護人材の確保においては、介護職員が安心して働くことができるように、ハラスメント対策などの職場環境・労働環境改善を図ることが必要です。2021年度介護報酬改定においては、パワーハラスメントおよびセクシャルハラスメントなどの対策として、すべての介護サービス事業者に、男女雇用機会均等法等におけるハラスメント対策に関する事業者の責務を踏まえて、措置を講ずることが義務化されました。また、カスタマーハラスメントについても、その防止のための方針の明確化等の必要な措置をとることが大切です。

運営指導対策として必要な対応とは？

一般企業であれば、上司からのパワハラ、同僚からのセクハラなどの対策が求められます。介護福祉分野においては、利用者やその家族からのカスタマーハラスメントも重要な問題で、介護職の離職理由となっています。介護職の立場では、職業上で我慢すべき問題とハラスメントとして報告すべき問題の区別がつきにくい面があります。ハラスメントは次第に深刻化することから、早期の発見と対策が必要です。そのため、就業規則などでハラスメントへ厳重に対処する旨の方針を明確にするとともに、職員に対してハラスメント研修を定期的に実施する必要があります。

また、法人内に相談窓口を設置し、担当者を決めておきましょう。相談を受けた場合の記録として、相談シートを準備します。厚生労働省ホームページの「介護現場におけるハラスメント対策」では、マニュアル、研修の手引き、事例集、職員向けチェックシートや相談シートが提供されています。

ハラスメントの相談シート

基本情報	シート記入日	年　　月　　日
	相談者氏名	
相談内容	相談の概要	（必須記入事項：いつ、どこで、誰が、誰から、どんな言動を受けたのか）
	目撃者、同席者の有無	□いる ・　目撃者（　　　　　　　　　　　　） ・　同席者（　　　　　　　　　　　　） □いない／わからない
	（同席者がいる場合）同席者への行為の有無	□同席者に対する同様の問題を目撃した ・具体的な内容 （　　　　　　　　　　　　） □同席者に対する同様の問題は目撃していない／わからない
発生後の状況	本件を他に相談・報告した人の有無	□いる ・　相談相手（　　　　　）　相談日時（　　　　　） ・　その後の対応 （　　　　　　　　　　　　） □いない
	あなたの心身の状態	あなたの今の気持ちについて、最も近い段階に○を付けてください。 （数字に○を付けても、数字の間に○を付けても構いません。自由に○を付けてください。） 1　2　3　4　5　6　7　8　9　10 そこまでつらくない　　　とてもつらい（仕事に行くのもつらい）
		無理のない範囲で構いませんので、あなたの今の心身の状態、心配なこと、不安なこと等があれば記入してください。 （不眠等の不調がある、訪問するのが怖い、職場に来たくない等、）
	今後の対応に関するあなたの希望	□相談したかっただけ　□様子を見たい　□事実確認してほしい □行為者に注意してほしい　□担当変更等、今後の業務について相談したい □その他 （　　　　　　　　　　　　）
	共有の可否	今後の対応の検討にあたり、相談内容を施設・事業所内で共有してもよいですか。 □共有して問題ない □共有してよいが、対象を限定してほしい 共有してよい人（　　　　　　　　　　　　） □共有しないでほしい

出典：厚生労働省HP（https://www.mhlw.go.jp/stf/newpage_05120.html）
「介護現場におけるハラスメント対策」https://www.mhlw.go.jp/stf/newpage_05120.html

21 認知症介護基礎研修の受講義務

医療福祉の資格を持たない介護職員が対象です。

受講が義務となる対象は

2021年度の介護保険法改正において、医療福祉の資格を持たない介護職員に対する、認知症介護基礎研修の受講が義務化されました。訪問サービス、居宅介護支援、福祉用具貸与については、訪問入浴を除いて資格者のみが配置されているため対象外。それ以外の、通所サービス、多機能サービス、居住系サービス、介護施設の介護職員が対象となります。

外国人介護職員にも受講義務

EPA介護福祉士、在留資格「介護」等の医療・福祉関係の有資格者を除いて、人員基準上の介護職員として介護に携わる可能性がある者については、在留資格にかかわらず義務づけの対象となります。なお、認知症介護基礎研修は、技能実習計画への記載は不要です。外国人技能実習生は、入国後講習の期間中は業務に従事させないこととされているため、認知症介護基礎研修を受講させることはできません。

経過措置について

施行後3年間は努力義務となる経過措置がありますが、2024年3月31日までには医療・福祉関係の資格を持たないすべての介護職員に対して認知症介護基礎研修を受講させる必要があります。

また、新卒採用、中途採用を問わず、事業所が新たに採用した医療・福祉関係資格を持たない介護職員への義務づけは、採用後1年間の猶予期間が設けられています。採用後1年を経過するまでに認知症介護基礎研修を受講させることが必要ですが、これについても2024年3月31日までは努力義務となります。

義務づけの対象とならない者

■医師	■介護福祉士	■社会福祉士
■歯科医師	■介護支援専門員	■精神保健福祉士
■看護師	■実務者研修修了者	■管理栄養士
■准看護師	■介護職員初任者研修修了者	■栄養士
■薬剤師	■生活援助従事者研修修了者	■あん摩マッサージ師
■理学療法士	■介護職員基礎研修課程または訪問介護員養成研修一級課程・二級課程修了者	■はり師
■作業療法士		■きゅう師
■言語聴覚士		■柔道整復師　など

受講義務の免除対象者

- 卒業証明書と履修科目証明書で認知症科目の受講を確認できる養成施設の卒業生
- 卒業証明書で卒業を証明できる福祉系高校の卒業生
- 認知症介護実践者研修、認知症介護実践リーダー研修、認知症介護指導者研修等の認知症の介護等に係る研修を修了した者
- 送迎の運転手、厨房担当職員等、介護職員として介護に関わらない者

認知症サポーター等養成講座の修了者は免除の対象者とならない

22 地域包括ケアシステムの推進

認知症対策や看取り、ケアマネジメントが強化されました。

認知症への対応力向上に向けた取り組みの推進

２０２１年の改正で、訪問系サービスにおける認知症専門ケア加算が新たに創設されました。また、多機能系サービスについて、認知症行動・心理症状緊急対応加算が新たに創設されました。そして、介護に直接携わる職員には認知症介護基礎研修を受講するための措置が義務づけられ、２０２１年3月末時点で配置された職員は3年間の経過措置が設けられました。２０２１年4月以降の配置職員は1年以内です。

看取りへの対応の充実

基本報酬や看取りにかかる加算の算定要件において、「人生の最終段階における医療・ケアの決定プロセスに関するガイドライン」等の内容に沿った取り組みを行うことが算定要件に加わりました。特養、老健施設や介護付きホーム、認知症グループホーム（以下、認知症ＧＨ）の看取りにかかる加算について、現行の死亡日以前45日前からの対応が新たに評価されました。

介護付きホームについては、看取り期に夜勤または宿直により看護職員を配置している場合に５００単位を上乗せする区分が新設。看取り期の利用者に訪問介護を提供する場合、2時間ルールを適用しません。

在宅サービスの機能と連携の強化

訪問介護の通院等乗降介助は、居宅が始点または終点となる場合の目的地間の移送についても算定可能とされました。訪問入浴介護は、新規利用者への初回加算が新設。清拭・部分浴を実施した場合の減算幅が30%から10%に軽減されました。

訪問看護では、主治の医師が必要と認める場合に退院・退所当日の算定が可能とされました。看護体制強化加算の要件（特別管理加算の算定割合30％→20％）が見直され、職員に占める看護職員の割合を60％とする要件が追加されています。

認知症ＧＨ、短期療養、多機能系サービスでは、緊急時短期利用の受け入れ日数（家族の疾病などの理由で7日→14日）や人数の要件（1事業所1名→1ユニット1名）等が見直されています。

ケアマネジメントの質の向上と公正中立性の確保

特定事業所加算では、事業所間連携により体制確保や対応等を行う事業所を評価する区分Aが新設されました。また、逓減制では、ＩＣＴ活用または事務職員の配置を行っている場合の逓減制の適用を40件以上から45件以上としました（図参照）。

利用者が医療機関で診察を受ける際に同席して、医師等と情報連携を行うことを評価する通院時情報連携加算を新設。また、介護予防支援は、地域包括支援センターが居宅介護支援事業者との情報連携等を新たに評価する委託連携加算を新設しました。

事務の効率化による逓減制の緩和

■ 適切なケアマネジメントの実施を確保しつつ、経営の安定化を図る観点から、逓減制において、ICT活用又は事務職員の配置を行っている場合の適用件数を見直す（逓減制の適用を40件以上から45件以上とする）。

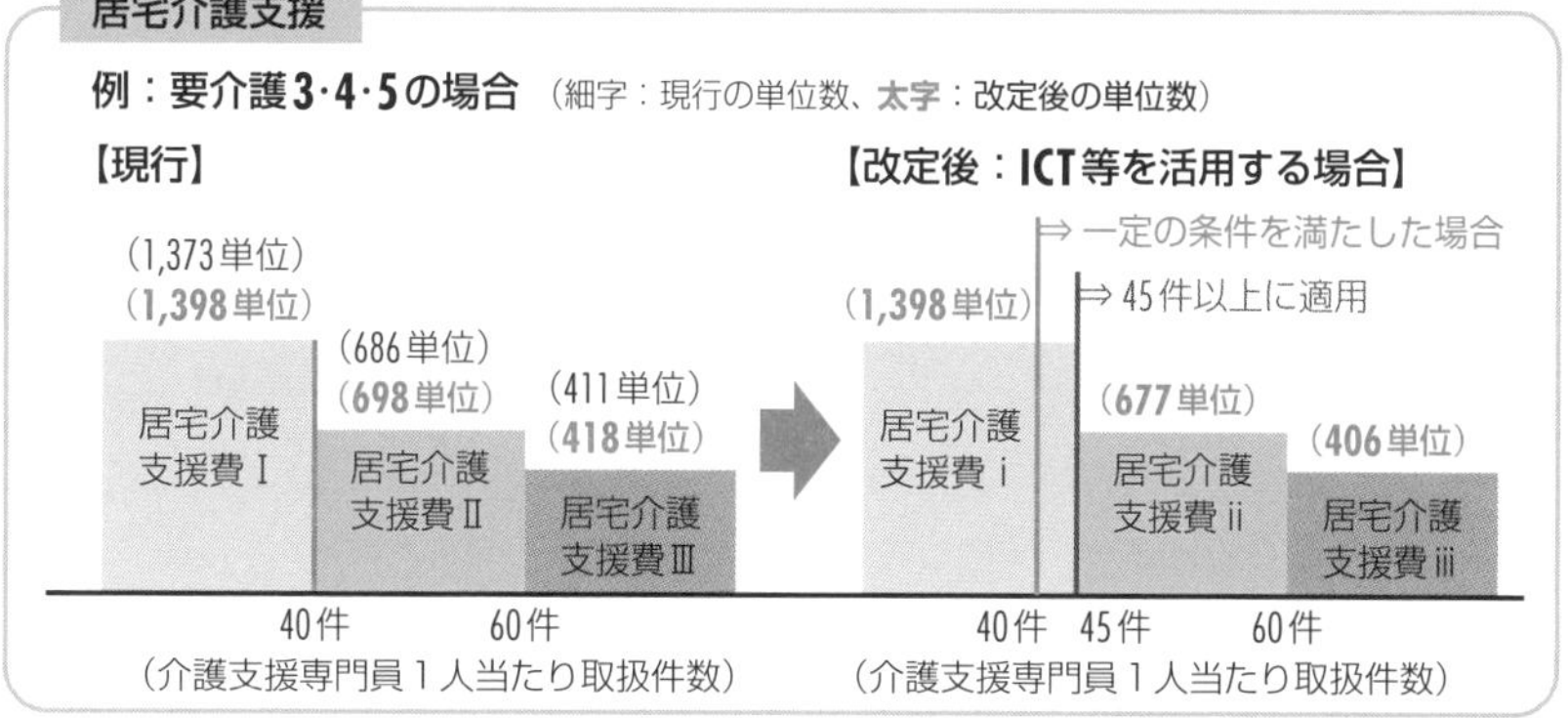

出典：厚生労働省HP（https://www.mhlw.go.jp/stf/seisakunitsuite/bunya/0000188411_00034.html）「令和３年度介護報酬改定の主な事項」

23 自立支援・重度化防止の推進のポイント

ＬＩＦＥへのデータ提出とフィードバックの活用が重要です。

リハビリテーション・機能訓練、口腔、栄養

訪問リハ・通所リハのリハビリテーションマネジメント加算（Ⅰ）を廃止して基本報酬の算定要件としました。週6回（2時間）を限度とする訪問リハでは、退院・退所日から3か月以内は週12回（4時間）まで算定可能です。生活機能向上連携加算では、訪問介護等と同様に、ＩＣＴの活用等により外部のリハ専門職等が事業所を訪問せずに助言する場合の評価区分を新たに設けました。通所介護の個別機能訓練加算は、加算区分Ⅰが廃止されてⅡに統合するなどの見直し。通所介護、通所リハの入浴介助加算では、利用者の自宅での入浴の自立を図るために個別の入浴計画に基づく入浴介助の区分が新設されました。

施設系サービスでは、口腔衛生管理体制加算を廃止して基本サービスとし、栄養マネジメント加算を廃止して基本サービスとして状態に応じた栄養管理の計画的な実施を求め、3年の経過措置期間後に実施がされない場合は減算とします。入所者全員への丁寧な栄養ケアの実施や体制強化等を評価する栄養マネジメント強化加算を新設しました。

通所系サービス等では、口腔スクリーニングの実施を評価する口腔・栄養スクリーニング加算、管理栄養士と介護職員等の連携による栄養アセスメントの取り組みを評価する栄養アセスメント加算を新設。栄養改善加算では、管理栄養士が必要に応じて利用者宅を訪問する取り組みを求めました。認知症ＧＨでは、管理栄養士が介護職員等へ助言・指導を行い栄養改善の体制づくりを進める栄養管理体制加算を新設しました。

科学的介護の取り組み推進

ＬＩＦＥの活用により、ＰＤＣＡサイクルの推進と

ケアの質の向上を図る取り組みを推進します（82ページ参照）。施設系・通所系・居住系・多機能系サービスは、事業所のすべての利用者にかかるデータ（ADL、栄養、口腔・嚥下、認知症等）をLIFEに提出しフィードバックを受けて、事業所単位でのPDCAサイクル・ケアの質の向上の取り組みを推進することを新たに評価する、科学的介護推進体制加算が創設されました。既存の加算等においても、LIFEを活用したさらなる取り組みを評価する区分が創設されています。

ADL維持等加算は算定要件を大幅に見直し、通所介護に加えて、認知症デイ、介護付きホーム、特養に対象を拡充。また、クリームスキミングを防止する観点や加算の取得状況等を踏まえて算定要件の見直しが行われ、ADLを良好に維持・改善する事業者を高く評価する評価区分を新設しました。

老健施設の在宅復帰・在宅療養支援等評価指標については、在宅復帰等をさらに推進する観点から、訪問リハビリテーションの併設とOT、PTSTの3職種の配置が高く評価されます。これは、6か月の経過措置期間が設けられています。

LIFEによる科学的介護の推進（イメージ）

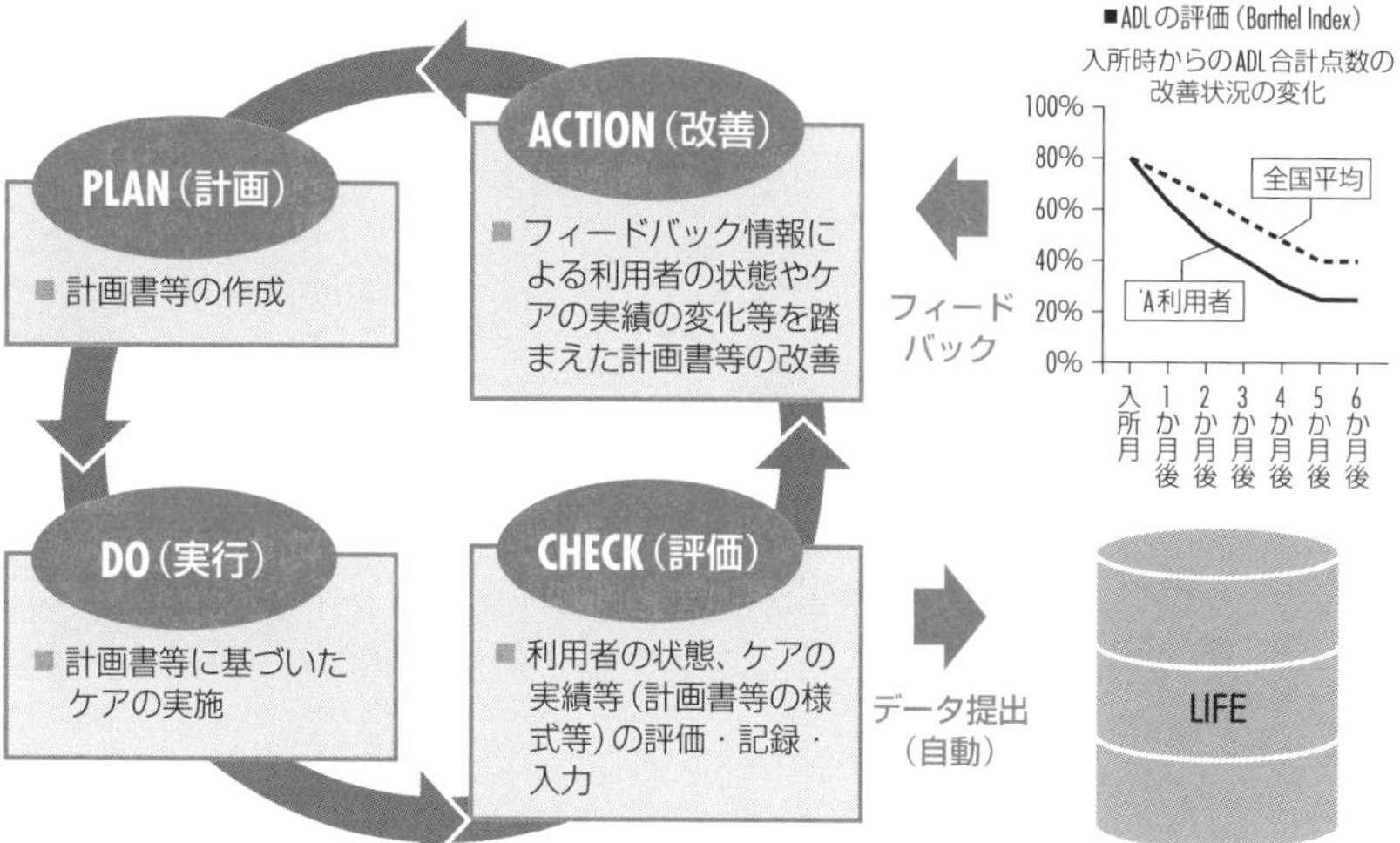

出典：厚生労働省 社会保障審議会（介護給付費分科会）第185回資料（令和2年9月14日）

24 介護人材の確保・介護現場の革新のポイント

仕事と育児や介護との両立が可能となる環境整備などがあります。

介護職員の処遇改善や職場環境の改善

処遇改善加算や特定処遇改善加算の職場環境等要件について、改善項目と実施要件が見直されました。

特定処遇改善加算では、平均の賃金改善額の配分ルールにおける「経験・技能のある介護職員」は「その他の介護職員」の「2倍以上とすること」について、「より高くすること」と見直します。サービス提供体制強化加算では、介護福祉士の割合や勤続年数10年以上の介護福祉士の割合が高い事業者を評価する新たな最上位区分を設けます。また、訪問介護、訪問入浴介護、夜間対応型訪問介護の特定事業所加算、サービス提供体制強化加算において、勤続年数が7年以上の職員の割合を要件とする新たな区分を設けました。

仕事と育児や介護との両立が可能となる環境整備を進め、職員の離職防止・定着促進を図るために、各サービスの人員配置基準や報酬算定において、育児・介護休業取得の際の非常勤職員による代替職員の確保や、週30時間勤務等を行う場合にも「常勤」として取り扱うことを可能とします。また、すべての介護サービス事業者に適切なハラスメント対策を求めました。

テクノロジー活用により介護サービスの質の向上

実証研究の結果等も踏まえて、特養等における見守り機器を導入した場合の夜勤職員配置加算で、見守り機器の導入割合が緩和されました(15%→10%)。利用者への見守り機器の100%導入や全夜勤職員へのインカム等のICTの使用、安全体制の確保や職員の負担軽減等を要件に、基準を緩和(0・9人→0・6人)した新区分を設けました。また、見守り機器100%の導入やインカム等のICTの使用、安全体制の確保や職員の負担軽減等を要件として、特養（従来型）の夜間の人員配置基準を緩和しました。

職員体制等を要件とする加算（日常生活継続支援加算やサービス提供体制強化加算等）においても、テクノロジー活用を考慮した要件を導入。運営基準や加算の要件等における各種会議等の実施についてテレビ電話等を活用しての実施を認めています。

夜間対応型訪問介護については、定期巡回と同様にオペレーターの併設施設等の職員や随時訪問の訪問介護員等との兼務、複数の事業所間での通報の受付の集約化、他の訪問介護事業所等への事業の一部委託を可能としました。認知症GHの夜勤職員体制（現行1ユニット1人以上）では、利用者の安全確保や職員の負担に留意しつつ、人材の有効活用を図る観点から、3ユニットの場合に一定の要件下で例外的に夜勤2人以上の配置の選択を可能とし、この場合は基本報酬から50単位減額します。そして、特養等の人員配置基準については、従来型とユニット型併設の場合の介護・看護職員の兼務、小規模多機能型と併設する場合の管理者・介護職員の兼務等の見直しを行いました。

ハラスメント対策の強化

概要

【全サービス★】

▶介護サービス事業者の適切なハラスメント対策を強化する観点から、全ての介護サービス事業者に、男女雇用機会均等法等におけるハラスメント対策に関する事業者の責務を踏まえつつ、ハラスメント対策を求めることとする。【省令改正】

基準

▶運営基準（省令）において、以下を規定（※訪問介護の例）
「指定訪問介護事業者は、適切な指定訪問介護の提供を確保する観点から、職場において行われる性的な言動又は優越的な関係を背景とした言動であって業務上必要かつ相当な範囲を超えたものにより訪問介護員等の就業環境が害されることを防止するための方針の明確化等の必要な措置を講じなければならない。」

出典：厚生労働省HP（https://www.mhlw.go.jp/stf/seisakunitsuite/bunya/0000188411_00034.html）
「令和3年度介護報酬改定における改定事項について」

25 制度の安定性・持続可能性の確保のポイント

高齢者住宅の囲い込み対策などが強化されています。

区分支給限度基準額の計算の変更

通所系、多機能系サービスについて、同一建物減算適用時等の区分支給限度基準額の計算では、減算適用前の報酬単位で行います。また通所系では、大規模型報酬を算定する場合、区分支給限度基準額の計算では、通常規模の報酬に置き換えて計算します。

制度維持のための変更と囲い込み対策の強化

2021年の改正では、訪問看護や介護予防訪問看護において、理学療法士・作業療法士・言語聴覚士によるサービス提供にかかる報酬を4単位減額し、1日3回以上の提供の場合に50％減額するなどの見直しを行いました。また、介護予防サービス（予防訪問看護、予防訪問リハ、予防通所リハ）におけるリハビリテーションについて、1年を超える長期利用の場合は減算となります。居宅療養管理指導については、サービス提供の状況や移動・滞在時間等の効率性を勘案して、単一建物居住者の人数に応じた評価が見直されました。介護療養型医療施設では、2023年度末の廃止期限までに介護医療院への移行等を進める観点から基本報酬が減額されています。

生活援助の訪問回数が多い利用者のケアプランについては、事務負担にも配慮して検証の仕方や届け出頻度をケアプラン提出の1年後とする見直しが行われました。区分支給限度基準額の利用割合が高く、訪問介護が大部分を占める等のケアプランを作成する居宅介護支援事業者を対象とした点検・検証の仕組みが2021年10月から導入されています。

サービス付き高齢者向け住宅等における適正なサービス提供を確保する観点から、事業所指定の際の条件付け（利用者の一定割合以上を併設集合住宅以外の利用者とする等）や家賃・ケアプランの確認などを通じて、自治体による、さらなる指導の徹底を図ります。

その他の事項

施設系サービスには、安全対策担当者を定めることを義務づけて、事故発生の防止等のための措置が講じられていない場合に、6か月の経過措置期間を設けた上で基本報酬を減算します。同時に、組織的な安全対策体制の整備を評価する安全対策体制加算を新設しました。

すべての介護サービス事業者を対象に、利用者の人権の擁護、虐待の防止等の観点から、虐待の発生・再発を防止するための委員会の開催、指針の整備、研修の実施、担当者を定めることを義務づけました。これには3年の経過措置期間が設けられています。

介護保険施設における食費の基準費用額について、2020年度介護事業経営実態調査結果から算出した額との差の状況を踏まえて、利用者負担への影響も勘案して、8月より1445円（プラス53円）とされました。

生活援助の訪問回数の多い利用者等のケアプランの検証

※**太字**部分：令和3年度見直し分

【イメージ図】　**訪問回数の多い訪問介護対策**

検証対象の抽出

- ▶訪問介護（生活援助中心型）の回数が「全国平均利用回数＋２標準偏差（２SD）」に該当するケアプランの保険者届出（※ 届出頻度：当該回数以上の場合は当該月ごと ⇒ **検証した場合は１年後**）
- ▶**区分支給限度基準額の利用割合が高く、かつ、訪問介護が利用サービスの大部分を占めるケアプランの保険者届出　＊令和３年10月１日施行**

検証方法の強化

市町村による検討のためのマニュアルの策定

検証の実施

保険者によるケアプランの検証

地域ケア会議や**行政職員等を派遣する形で行う**
サービス担当者会議等によるケアプランの検証

▼

必要に応じて、利用者の自立支援・重度化防止や地域資源の有効活用の観点から、サービス内容の是正を促す

出典：厚生労働省HP（https://www.mhlw.go.jp/stf/seisakunitsuite/bunya/0000188411_00034.html）
「令和３年度介護報酬改定における改定事項について」

26 業務継続に向けた取り組み（BCP）の強化

2024年度の運営指導から義務化されます。

すべての介護サービスに義務化

2021年度介護報酬改定において、すべての介護サービス事業者を対象に、業務継続に向けた取り組みの強化が義務化されました。業務継続に向けた計画等の策定（BCP）、研修の実施、訓練の実施等が必要です。定期的（在宅サービスは年1回以上、施設サービスは年2回以上）な研修と訓練を開催して、記録しなければなりません。

なお、感染症の業務継続計画研修は、感染症の研修と一体的に実施しても差し支えないとされました。1人で運営される居宅介護支援事業所などは、他のサービス事業者と連携してBCPの作成などを行う必要があります。

ハザードマップを入手しよう

ハザードマップとは、一般的に「自然災害による被害の軽減や防災対策に使用する目的で、被災想定区域や避難場所・避難経路などの防災関係施設の位置などを表示した地図」と定義されます。地震、洪水、液状化、土砂崩れ、津波、高潮、火山噴火などの自然災害ごとに作成されています。

ハザードマップは、各自治体のホームページで公開されています（その他、多くのポータルサイトで提供）。住所などで地域別に細分化されていますが、施設・事業所の所在地だけではなく、地域全体のハザードマップも入手しましょう。職員の出勤や、利用者の送迎を想定したリスクの確認も必要だからです。施設のある場所が比較的安全であったとしても、通勤や送迎で障害が起こり得ます。

また、食材や資材の搬入にも支障が想定されます。訪問サービスであれば、利用者の所在地でのリスク確認も必要です。河川の氾濫で橋が決壊し、移動が制限される地域もあるでしょう。まずは、地域全体のリスクを確認することから始めましょう。

一番ハードルが高いＢＣＰの作成

ＢＣＰは、インターネットなどを検索して、手頃な作成事例をダウンロードし、コピー＆ペーストで作成できるものではありません。自然災害や感染症のリスクは地域や施設によって異なりますし、併設する介護サービスも違います。

また、介護サービスに対する基本的な考え方（基本理念、クレドなど）も介護施設によって異なるのが一般的です。そのために事業者ごとに、オーダーメイドの作成が求められます。

２０２１年度介護報酬改定で全サービスに義務化されたものの一つが、ＢＣＰです。３年間の経過措置が設定され、２０２４年３月までは努力目標、４月からは義務化となります。すなわち、実施していない場合

・・・

は、運営基準違反として運営指導等において指導対象となります。

ハザードマップ提供サイト一覧

国土交通省 ハザードマップポータルサイト	https://disaportal.gsi.go.jp/
国土交通省 浸水ナビ	https://suiboumap.gsi.go.jp/
国土交通省 川の防災情報	https://www.river.go.jp/index
J-SHIS 地震ハザードステーション	https://www.j-shis.bosai.go.jp/
NHK ハザードマップ	https://www.nhk.or.jp/kishou-saigai/hazardmap/

作成に半年から1年を費やすことも

BCPは管理者が1人で作成するものではありません。現状を計画に落とし込むのではなく、現状の問題点を把握して、その解決策を皆で検討しながら作り込んでいくものです。

基本的に、BCP作成委員会を設けて定期的に開催していきますが、委員となる者は各拠点、各サービスの管理者や責任者であるため、全員の都合を合わせることは難しく、1回の開催時間も3時間が限界でしょう。また、検討テーマによっては、委員が各現場に戻って一般職員の意見を引き出し、取りまとめて、委員会に戻るといったプロセスも出てきます。そのため、長い時間を費やすことになります。

なお、拠点が一つまたは少数の場合は、各部署の責任者等で委員会を構成します。

BCPに基づく、研修と訓練も義務化

解釈通知においては、研修の実施、訓練（シミュレーション）の実施について、定期的に（在宅サービスは

施設内での対応シミュレーションの例（感染発生時）

1.想定

・利用者の50%が罹患持ち
・職員の50%が罹患持ち

2.隔離期間

・14日間実施する
・職員の感染者率が○%以下になるまで実施する

3.職員配置

・14日間、交代制を導入
・部署や担当関係なく業務を行う

4.備品

バスタオル、マスク、防護服、ゴーグル、キャップ、シールド

5.隔離エリア

1Fの救急隊搬送口

6.症状のない利用者への対応

隔離部屋以外で対応

年1回以上、施設サービスは年2回以上）開催して記録しなければならないとされています。訓練は、感染症や災害が発生した場合に実践するケアの演習等を定期的（在宅サービスは年1回以上、施設サービスは年2回以上）に実施します。

いくら優れた計画でも、いざというときに機能しなければ単なる絵に描いた餅です。被災時にBCPが発動されたとき、職員がその内容を理解し行動することで、被災リスクを大きく減少させることができます。

感染症についても、ゾーニングや衛生管理の方法を日頃から研修や訓練で身に付けておけば、クラスターが発生した施設においても、職員が自ら身を守ることができます。その意義を、すべての職員が理解することが重要です。

業務継続マネジメント（BCM）のサイクル

(1) 事業を理解する

BCPは基本的に、厚生労働省が用意したひな型の順に作成を進めます。「事業を理解する」とは、介護施設をアセスメント（評価・分析）して問題点をピックアップする作業のことです。たとえば、非常食や衛生用品の備蓄という項目であれば、現在の備蓄品を棚卸して一覧表を作成し、その品目ごとに作成委員会で検討します。

(2) BCPの準備、事前対策を検討する

このプロセスでは、(1)でピックアップした問題点に対する、事前準備や対策を検討します。たとえば、備蓄品という項目であれば、備蓄量の根拠の確認と修正の必要の有無の確認をします。不足すると判断された品目は、購入しておきます。

また、保管場所が適切かどうかも検討します。重量のある水のペットボトルなどを1階の倉庫に保管していた場合に、浸水被害が起こったらどうするか。停電が発生してエレベータが使えないとき、少ない出勤者で3階や4階にどうやって移動させるかなどを、実際に被害が起きたと想定して検討していきます。検討の結果、高層階には、事前に各部屋にペットボトルを2本配付しておくといった対策に行き着きます。

このプロセスでは、委員が各拠点に持ち帰って、一

般職を含めて検討することも必要になります。

(3) ＢＣＰを策定する

(2)でまとまった事前対策や被災時の対応策をＢＣＰに書き込みます。厚生労働省のひな型の項目に沿って、(1)〜(3)のプロセスを繰り返し実行していきます。

また、ＢＣＰを発動する基準を設定して、役割分担を明確にします。職員の参集基準や地域との連携も検討しなければなりません。それらをひな型に書き込んで文章化していきます。ＢＣＰは現状の分析、対策の検討を経た結果をまとめたものなのです。

(4) ＢＣＰの文化を定着させる

作成されたＢＣＰの役割は、非常時に発動して速やかに対策を実施することです。ＢＣＰの内容をすべての職員の身体に染みこませておく必要があるため、定期的な研修と訓練を実施します。これを繰り返すことで組織にＢＣＰが定着していきます。

(5) ＢＣＰの維持、更新を行う

研修と訓練を実施すると、頭の中で考えた対策や方法とのギャップが出てくるでしょう。ＢＣＰは研修と訓練を終えるたびに見直し作業を行います。そして、(1)の事業を理解するに戻ります。これが、ＢＣＭのマネジメントサイクルの意味です。

BCM（BCP作成・運用のサイクル）

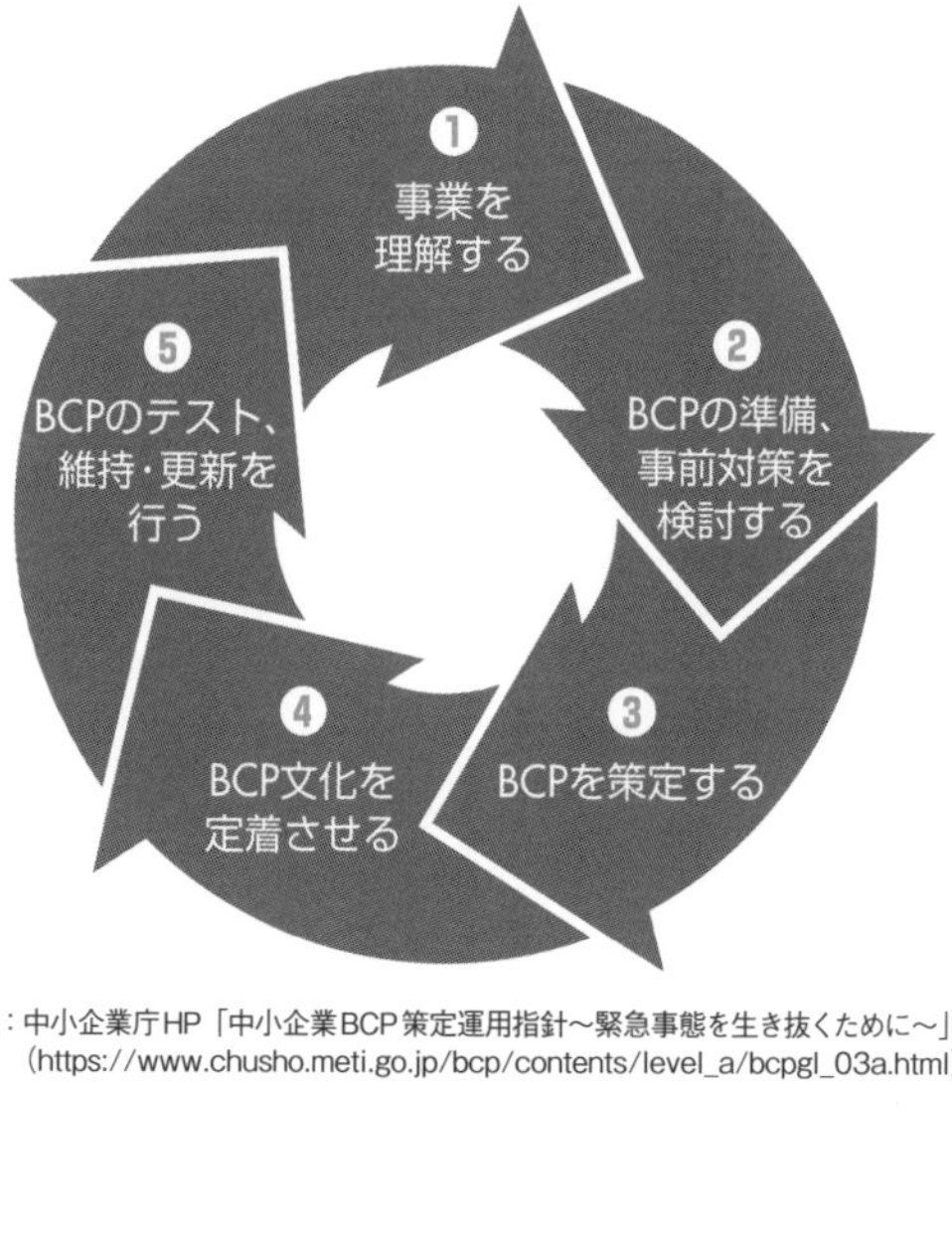

出典：中小企業庁HP「中小企業BCP策定運用指針〜緊急事態を生き抜くために〜」
（https://www.chusho.meti.go.jp/bcp/contents/level_a/bcpgl_03a.html）

訓練シミュレーションの事例

感染防護具

【問題】

マスク、ガウン、手袋を着用してケアに当たることになりましたが、施設に残っているマスクの数が残り少なくなっているとの報告がありました。どうしますか?

【解説】

- 都道府県では、衛生担当部局に加え、福祉担当部局においても、いざというときのために感染防護具（マスク、ガウン、プラスチック手袋等）を備蓄していますので、早めに相談しましょう。
- また、支援を依頼しても、実際に届くまでには時間がかかることもあります。普段から施設の中でも数日分は備蓄できることが望ましく、必要であれば備蓄計画を見直しておきましょう。
- 急に多くの職員がマスク・ガウンを使い始めると、施設内の備蓄の減るスピードが速くなります。備蓄が残り少なくなっているという情報を誰がどうやって把握するかも事前に検討しておきましょう。

ゾーニングの周知

【問題】

保健所の指導により、施設の中をゾーニング（感染の疑いがある入所者及び職員と、そうでない入所者及び職員の普段の活動場所をそれぞれ区切って分けること）することになりました。職員が間違って別のエリアに入らないように、また入所者や家族が混乱しないように周知が必要です。

▶職員への周知はどのように行いますか?

▶入所者・家族への周知はどのように行いますか?多く質問が出て、その場で回答できなかったらどうしたらよいですか?

【解説】

- 職員への周知は、事前に連絡網を作っておき、シフトで休んでいる人も含めてきちんと情報が伝わるようにしておくことが大切です。
- 入所者・家族への周知は、電話や書面などでの連絡が考えられます。連絡する前に、何を伝えるべきかのポイントをまとめ、誰が連絡したとしても組織としてワンボイスで情報発信出来るようにしましょう。質問事項が出てその場で回答できない場合には、改めて確認してから連絡をします。
- ゾーニングについては、見取図を用いた机上でのシミュレーションや、実際に動線等を確認するシミュレーションを行ってみることが重要です。
- また、感染が疑われる入所者、濃厚接触者、その他の入所者について、可能な限り担当職員を分けるにはどうすればよいか、検討してみましょう。

出典：厚生労働省老健局「新型コロナウイルス感染症感染者発生シミュレーション～机上訓練シナリオ～」

27 感染症の発生およびまん延等に関する取り組み

2024年4月から運営指導において確認されます。

感染症防止対策の義務化

2021年度介護報酬改定において、全サービスに感染症の発生およびまん延等に関する取り組みとして、感染対策委員会の開催、感染症の予防およびまん延の防止のための指針、研修と訓練が義務化されました。

これらも3年間の経過措置が設けられ、2024年4月から運営指導において確認されます。未実施の場合は、運営基準違反の指導を受けることになります。なお、介護施設については、訓練以外はすでに義務化されています。

感染対策委員会の開催

感染対策委員会は、おおむね6か月に1回以上の定期的開催とともに、感染症が流行する時期等に必要に応じて随時開催しなければなりません。委員会のメンバーは外部を含めて感染対策の知識を有する者を含み、幅広い職種により構成することが望ましいとされています。構成メンバーの責任および役割分担を記した委員会名簿を作成し、専任の感染対策担当者を決めておく必要があります。

感染症の予防およびまん延の防止のための指針

指針には、平常時の対策および発生時の対応を規定します。平常時の対策は、事業所内の衛生管理（環境の整備等）、ケアにかかる感染対策（手洗い、標準的な予防策）等、発生時の対応としては、発生状況の把握、感染拡大の防止、医療機関や保健所、市町村における事業所関係課等の関係機関との連携、行政等への報告等を記載します。

また、発生時における事業所内の連絡体制や関係機関への連絡体制を整備して明記しておくことも必要です。なお、各記載内容については、「介護現場における感染対策の手引き」を参照します。

感染対策の研修と訓練の実施

研修の内容は、感染対策の基礎的な内容等の知識、指針に基づいた衛生管理の徹底や、衛生的なケアの励行を行うものです。年1回以上、定期的に開催するとともに、新規採用時にも感染対策研修を実施することが望ましいとされています。また、終了後は研修記録を作成します。

実際に感染症が発生した場合を想定して、発生時の対応についての訓練（シミュレーション）を年1回以上、定期的に行う必要があります。感染症発生時に迅速に行動できるように、指針と研修内容に基づいて、事業所内の役割分担の確認や、感染対策をした上でのケアの演習などを実施します。

訓練は、机上のシミュレーションを含めて、実施手法は問われませんが、シミュレーションと実地訓練を組み合わせて行うことが適切とされています。業務継続計画（BCP）における研修、訓練とあわせて実施することができます。

介護現場における感染対策の手引き等

介護現場における感染対策の手引き【第1版】

【ポイント】

介護職員等が、感染症の重症化リスクが高い高齢者等に対して介護保険サービスを安全かつ継続的に提供するため、さらには職員自身の健康を守るため、感染対策の知識を習得して実践できるように、

- 着実な感染対策を実践できるよう基礎的な情報から、感染症発生時におけるサービス提供時の注意点等を掲載
- 感染管理体制を整備するために必要な基礎的な情報から感染管理体制の在り方および感染症発生時の対応等について掲載

【主な内容】

「第Ⅰ章総論」「第Ⅱ章新型コロナウイルス感染症」「第Ⅲ章感染症各論」「第Ⅳ章参考」の４部構成

- 感染症の基礎知識
- 日頃からの感染対策と感染症発生時の対応
- 新型コロナウイルス感染症への対応
- 各種感染症における対応　等

介護職員のための感染対策マニュアル

- 手引きの概要版として、介護職員向けにポイントを掲載（施設系・通所系・訪問系ごとに作成）

感染対策普及リーフレット

- 手洗いや排泄物・嘔吐物処理の手順等をわかりやすく掲載
- 「見てすぐ実践！」ができるように、ポスターとしても利用可能

出典：厚生労働省 社会保障審議会（介護給付費分科会）第194回（令和2年2月26日）

28 高齢者虐待防止の推進

全介護サービスを対象に2024年4月より義務化。

未実施の場合は運営基準違反

高齢者虐待防止の推進も、2021年度介護報酬改定において、全サービスに義務化されました。障害福祉サービスにおける対応も踏まえて、虐待の発生またはその再発を防止するための委員会の開催、指針の整備、研修の実施、専任の担当者を定めることが義務づけられました。2024年3月までは経過措置期間ですが、同年4月より義務化され、未実施の場合は運営基準違反として指導対象となります。

虐待の防止のための対策を検討する委員会

虐待防止検討委員会は、虐待等の発生の防止・早期発見に加えて、虐待等が発生した場合はその再発を確実に防止するための対策を検討する委員会です。管理者を含む幅広い職種で構成します。役割分担を明記した委員会名簿を作成し、定期的に開催しなければなりません。また、虐待防止の専門家を委員として積極的に活用することが望ましいとされています。

指針の作成と研修の実施

虐待の防止のための指針は、左図に示した内容を盛り込みながら作成します。研修の内容は、虐待等の防止に関する基礎的内容等の適切な知識、指針に基づいて虐待の防止の徹底を行うことなどです。職員教育を組織的に徹底させるために、指針に基づいた研修プログラムを作成し、年1回以上の定期的な研修を実施するとともに、新規採用時には必ず虐待防止のための研修を実施します。研修記録の保存も必要です。専任の担当者を置く必要がありますが、虐待防止検討委員会の責任者と同一の従業者が務めることが望ましいとされています。

虐待防止検討委員会の検討事案

イ　虐待防止検討委員会その他事業所内の組織に関すること

ロ　虐待の防止のための指針の整備に関すること

ハ　虐待の防止のための職員研修の内容に関すること

ニ　虐待等について、従業者が相談・報告できる体制整備に関すること

ホ　従業者が高齢者虐待を把握した場合に、市町村への通報が迅速かつ適切に行われるための方法に関すること

ヘ　虐待等が発生した場合、その発生原因等の分析から得られる再発の確実な防止策に関すること

ト　前号の再発の防止策を講じた際に、その効果についての評価に関すること

出典：厚生労働省老認発0319第2号
「介護保険法施行規則第140条の63の6第1号に規定する厚生労働大臣が定める基準について」（令和3年3月19日）

虐待の防止のための指針に盛り込む内容の一例

イ　事業所における虐待の防止に関する基本的考え方

ロ　虐待防止検討委員会その他事業所内の組織に関する事項

ハ　虐待の防止のための職員研修に関する基本方針

ニ　虐待等が発生した場合の対応方法に関する基本方針

ホ　虐待等が発生した場合の相談・報告体制に関する事項

ヘ　成年後見制度の利用支援に関する事項

ト　虐待等に係る苦情解決方法に関する事項

チ　利用者等に対する当該指針の閲覧に関する事項

リ　その他虐待の防止の推進のために必要な事項

出典：厚生労働省老認発0319第2号
「介護保険法施行規則第140条の63の6第1号に規定する厚生労働大臣が定める基準について」（令和3年3月19日）

29 科学的介護情報システム（LIFE）の活用

LIFEに提出するだけでは、加算算定ができません。

科学的介護提供体制加算の算定が基本

LIFE活用の基本は科学的介護推進体制加算にあります。その他の加算は、その上乗せに過ぎません。効果的なリハビリテーションの成果を得るためには、ADLやIADLの推移だけを検討するのではなく、栄養改善や口腔ケアなどの幅広い情報を活用して、原因分析や解決策の検討をする必要があります。

たとえばLIFE関連加算において、個別機能訓練加算やリハビリテーションマネジメント加算を算定してフィードバックされる資料は、ADLとIADLの時系列の比較と項目別のレーダーチャートだけです。これだけであれば、何もLIFEを活用する必要はありません。BMIや栄養状態、口腔、DBD13などのデータと総合的に検討することが大切です。それらの情報は、科学的介護推進体制加算を算定することで得られます。

同加算でもADL値の分析結果は提供されますが、さらに個別機能訓練加算などを算定することで、IADL関連情報が追加され、より深掘りした解析が可能となります。他の加算も同様で、栄養改善加算などを算定することで、食事量や栄養状態の情報が上乗せされます。

LIFE関連の加算は毎月の算定である

LIFE関連の加算単位は、決して高くはありません。多くの場合、20～60単位／月程度です。しかし、この報酬単位は毎月算定できます。それに対して、データ提出の頻度は、多くの加算で3か月ごと。創設された科学的介護推進体制加算は6か月ごとです。1回に換算すると、40単位×6か月で240単位の加算となっています。これまでは1回の報酬単位での算定であっ

LIFEの活用等が要件として含まれる加算一覧（施設・サービス別）

	科学的介護推進加算(Ⅰ) 科学的介護推進加算(Ⅱ)	個別機能訓練加算(Ⅱ)	ADL維持等加算(Ⅰ) ADL維持等加算(Ⅱ)	リハビリテーションマネジメント計画書情報加算	理学療法、作業療法及び言語聴覚療法に係る加算	褥瘡マネジメント加算(Ⅰ) 褥瘡マネジメント加算(Ⅱ)	褥瘡対策指導管理(Ⅱ)	排せつ支援加算(Ⅰ) 排せつ支援加算(Ⅱ) 排せつ支援加算(Ⅲ)	自立支援促進加算	かかりつけ医連携薬剤調整加算	薬剤管理指導	栄養マネジメント強化加算	口腔衛生管理加算(Ⅱ)
介護老人福祉施設	○	○	○			○		○	○			○	○
地域密着型介護老人福祉施設入所者生活介護	○	○	○			○		○	○			○	○
介護老人保健施設	○			○		○		○	○	○		○	○
介護医療院	○				○		○	○	○		○	○	○

	科学的介護推進加算	個別機能訓練加算(Ⅱ)	ADL維持等加算(Ⅰ) ADL維持等加算(Ⅱ)	リハビリテーションマネジメント加算Ⓐロ リハビリテーションマネジメント加算Ⓑロ	褥瘡マネジメント加算(Ⅰ) 褥瘡マネジメント加算(Ⅱ)	排せつ支援加算(Ⅰ) 排せつ支援加算(Ⅱ) 排せつ支援加算(Ⅲ)	栄養アセスメント加算	口腔機能向上加算(Ⅱ)
通所介護	○	○	○				○	○
地域密着型通所介護	○	○	○				○	○
認知症対応型通所介護（予防を含む）	○	○	○ （予防を除く）				○	○
特定施設入居者生活介護（予防を含む）	○	○	○ （予防を除く）					
地域密着型特定施設入居者生活介護	○	○	○					
認知症対応型共同生活介護（予防を含む）	○							
小規模多機能型居宅介護（予防を含む）	○							
看護小規模多機能型居宅介護	○				○	○	○	○
通所リハビリテーション（予防を含む）	○			○ （予防を除く）			○	○
訪問リハビリテーション				○ （予防を除く）				

出典：厚生労働省事務連絡「科学的介護情報システム（LIFE）」の活用等について（令和3年2月19日）

たものが月額に変更されたために、低い報酬に見えているだけなのです。

データ提供の頻度とその方法

実務面では、LIFEへのデータ提供は、基本的に3か月または6か月ごとの頻度ですが、新規利用者は提供開始月にデータを提出しなければなりません（その後は、通常のサイクルでのデータ提出月）。

科学的介護推進体制加算では、サービスの利用終了者は、最終のサービス提供月のデータを提出します。個別機能訓練加算やリハビリテーションマネジメント加算では、データの提出は個別機能訓練計画の新規作成時と変更時で、少なくても3か月に1回です。

よく見られるのが、LIFEへのデータ提出のたびに計画も見直さなければならない、ケアプラン見直しのたびにLIFEへのデータ提供が必要、といった誤解です。LIFEへのデータ提出は、計画書を見直した場合に提出しますが、3か月の間で見直しがない場合は、その時点での計画書の提出のみでかまいません。

LIFEには多くのプラス効果がある

LIFEの目的の一つが、ケアの質の向上です。また、リハビリテーションなどの成果や結果を求めることも大きな目的です。

LIFEで科学的介護提供体制加算を算定する中で、バーセルインデックスでADLを評価し、DBD13で認知症ケアを測定し、BMIや口腔ケアを評価する。これまで、こうした評価を実施してこなかった事業者も多いと思います。たとえLIFE加算の算定が目的であったとしても、定期的に利用者の状況を評価する習慣が付くことは、確実に担当者のスキルアップや、介護施設のケアの質の向上につながります。また担当者が、直接LIFEに入力することで、新たな気づきが生まれることも大切な相乗効果です。

フィードバック票に依存しないLIFE活用方法

グラフ化されたフィードバック票が不完全な現状でのLIFE活用方法があります。科学的介護提供体制加算を2021年4月から算定したとすると、（2022年末時点で）2021年4月と10月、2022年4月と10月の計4回の評価シートが利用者ごとに存在しているはずです。それらを時系列に横に並べてみてください。

高齢者ですから、多くの項目に変化はないかもしれません。しかし、一部の項目に変化が見て取れたら、それを他の評価指標も含めて多職種で検討していきます。比較すべき全国値は、暫定版の数値を活用することで足ります。そうして頭の中で時系列のグラフを描くと、個人別のフィードバック票をイメージすることができます。

このとき、多職種が共同して評価項目を総合的に見ていくことがLIFE活用のポイントです。この方法により、サービス担当者会議、リハビリテーション会議、定例会議などで個人データを活用し、多くの情報を共有して検討できるようになります。

LIFEへの提出だけでは加算は算定できない

事業所は加算を算定するために、PDCAサイクルによって、質の高いサービスを実施する体制を構築しなければなりません。したがって、情報を厚生労働省に提出するだけでは、加算の算定対象とはなりません。PDCAサイクルとは、具体的には以下を実行することです（67ページの図も参照）。

Plan	利用者の心身の状況等に係る基本的な情報に基づき、適切なサービスを提供するためのサービス計画を作成する
Do	サービスの提供にあたっては、サービス計画に基づいて、利用者の自立支援や重度化防止に資する介護を実施する
Check	LIFEへの提出情報およびフィードバック情報等も活用し、多職種が共同して、事業所の特性やサービス提供の在り方について検証を行う
Action	検証結果に基づき、利用者のサービス計画を適切に見直し、事業所全体として、サービスの質の更なる向上に努める

コラム

コロナ禍特例措置を使っている場合

感染者数に左右されない指導が可能に

実地指導の名称であったころから、コロナ禍の中であっても指導は行われていました。ただし、感染者数の変動で中止や延期となることも多く、感染者数が減ったタイミングを見ながら行われていました。しかし、運営指導に変わり、オンライン会議システムを活用した指導が可能になった今後は、感染者数の増減に左右されずに実施されることでしょう。

都合のよい法解釈は厳禁

注意しておきたいのは、コロナ禍特例措置などの法令解釈です。

特例措置では、コロナ禍の影響で人員基準が満たせない場合には、介護報酬の人員基準減額を行わない取扱いが可能であるとされています。しかし、コロナ禍を理由とすれば、何事も人員基準減額が行われないかというと、それは違います。その経緯や事情が業務日誌などに記録されていることが大前提となります。根拠となる記録が特に重要であるということです。

ワクチン接種が普及した現在においては、クラスターの発生などが理由でない場合は、特例が適用されないケースもあります。特例はあくまでも特例。日常的に実施しなくてもよいのではなく、やむを得ない場合にのみ認められるものです。

実際に、クラスターの発生がなかったことを指摘され、介護報酬の返還指導となったケースが増えています。コロナ禍特例措置を使っている場合は、その根拠となる記録を再チェックをしておきましょう。

第2章

運営指導とはなんだろう

介護保険サービスを営む事業者は、役所から許認可を受けてサービスを提供していることを軽く考えている傾向があります。介護事業は制度ビジネスです。一般の商売での常識が全く通じないことも数多くあります。定期的に実施される運営指導で慌てないために、「運営指導とは何か」を知ることからスタートしましょう。

30 コロナ禍で運営指導が激減?! 反動に注意！

介護サービス事業の最大の経営リスクは指定取消処分です。

「指定取消」で、事業所は閉鎖

介護サービス事業を経営する上で最大の経営リスクは、行政処分で「指定取消」を受けることです。指定取消によって、その事業所は介護保険を利用したサービスの提供ができなくなります。そうなると、利用者はサービスを利用しても、全額が自己負担となるため、他の事業所に移ります。結果として、事業所は閉鎖に追い込まれます。その法人の役員は、それから5年間は介護保険サービスを営む法人の役員や責任者などに就くことができない罰則を受けます。

複数の事業拠点を持つ事業者には連座制が適用されて、問題を起こした事業所だけではなく、法人全体が行政処分を受けます。利用者のためにも職員のためにも、行政処分を受けるような経営上のミスは決して犯してはいけません。

近年は「効力停止」処分が増加傾向

2000年に介護保険法が施行されて以来、行政処分の件数は毎年100件前後でしたが、2013年以降は年間200件超に倍増しています。また、効力停止処分となるケースが増加傾向にあります。

効力停止としては、「3~6か月の業務停止処分」が多いようです。業務停止期間中は、指定取消同様に、介護保険サービスの提供ができないため、別の介護事業所に利用者を移すことになります。

2018年度は居宅介護支援の運営指導権限が市町村に移行し、さらに2019年度以降はコロナ禍の影響で、運営指導件数が減少。それに伴って行政処分件数も大きく減少しています。しかし、2020年度以降は半日型の運営指導が増えており、コロナ禍が終息した後には行政処分件数が元に戻る懸念があります。

指定取消・効力の停止処分のあった介護保険施設・事業所数

過去20年の推移

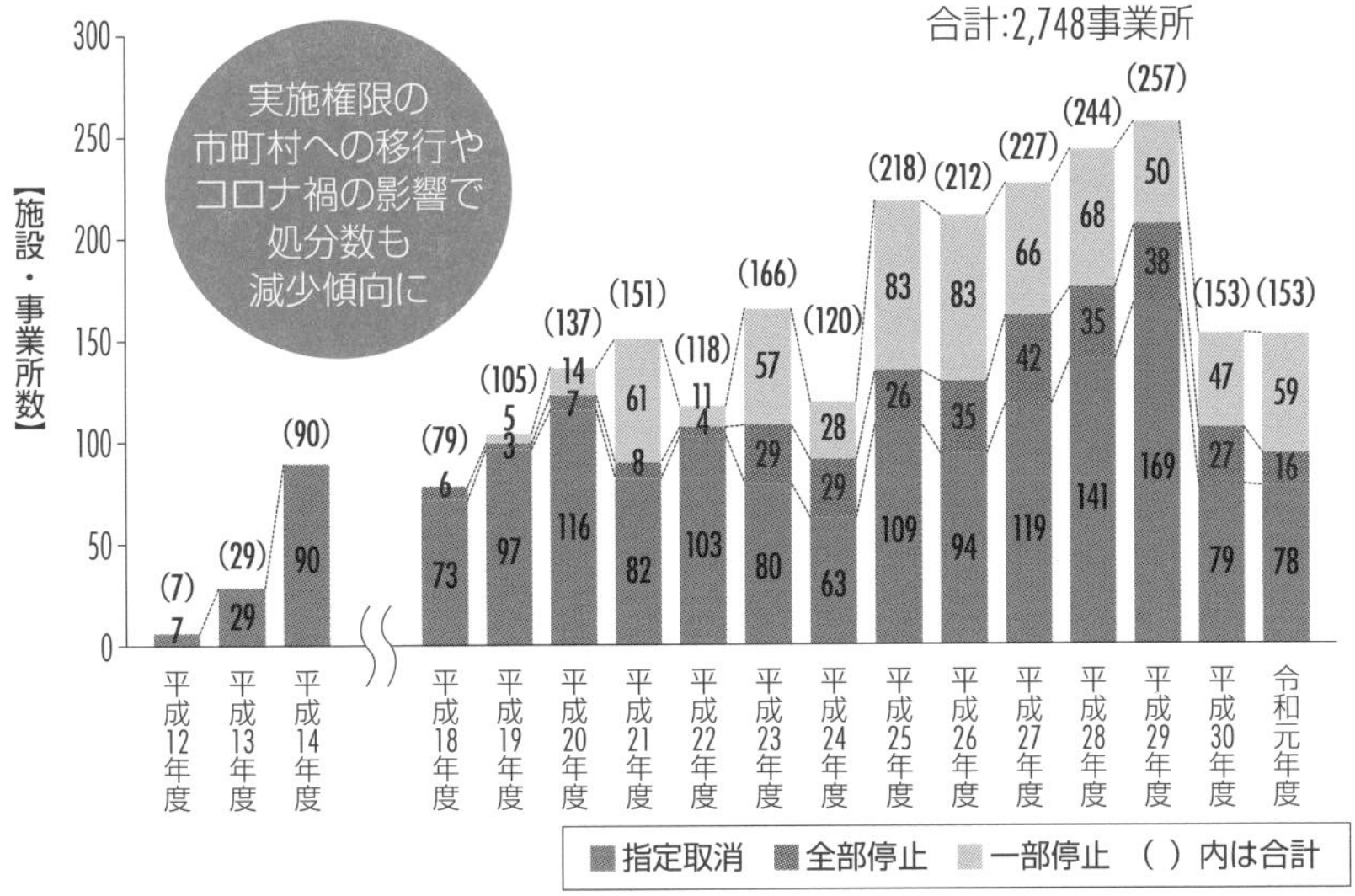

指定取消理由の変化

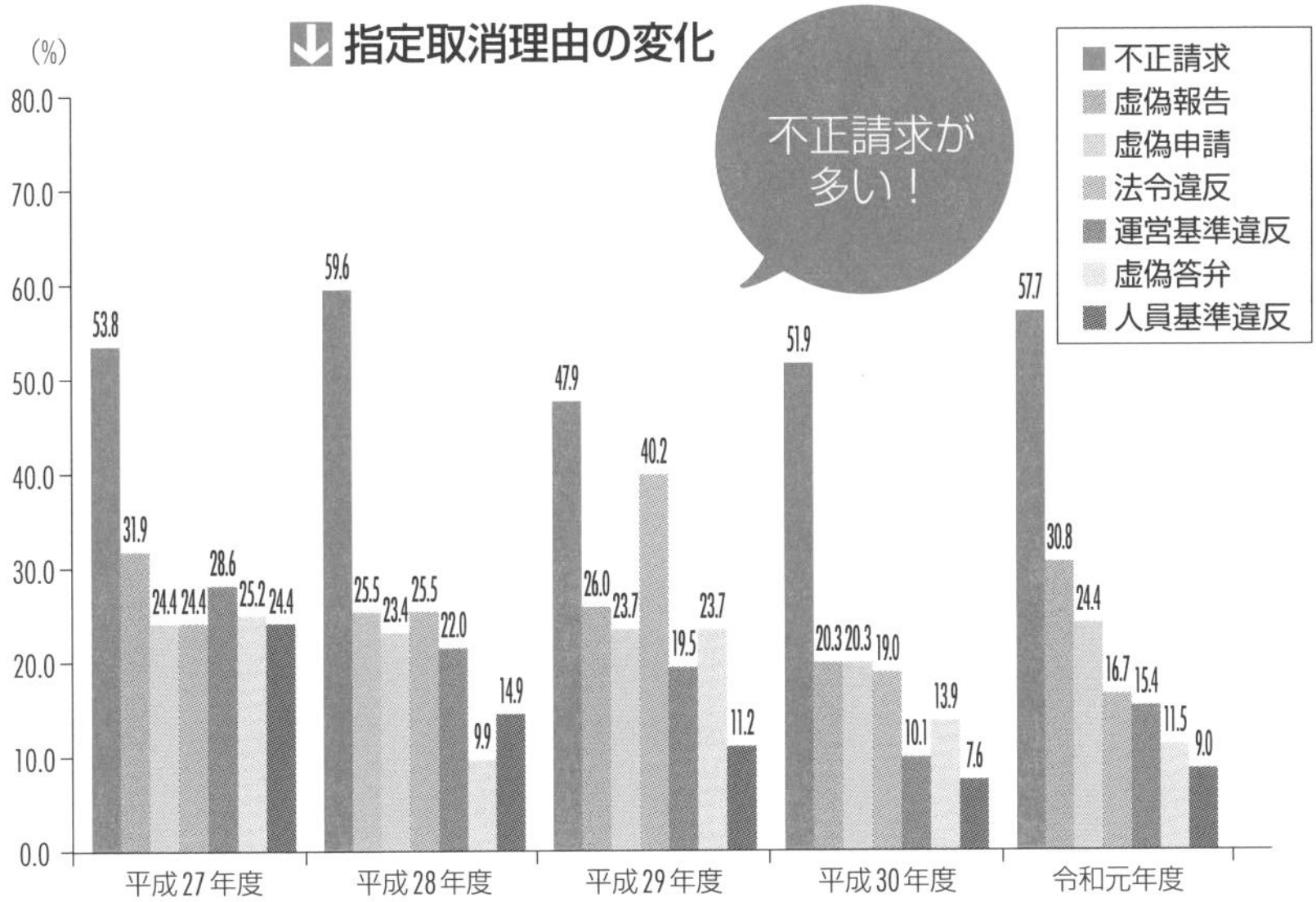

出典：厚生労働省 全国介護保険・高齢者保健福祉担当課長会議 資料（令和3年3月9日）

31 運営指導の種類と頻度を知ろう

介護事業所への訪問指導は、通常は6年に1回程度の割合で行われます。

集団指導はただの説明会に過ぎない

集団指導は「指導」という名称はつきますが、実際は役所主催の「説明会」という位置づけです。集団指導に参加しても、運営指導が終わったことにはなりません。しかし、参加しない事業所には運営指導を行いますので欠席は避けましょう。

運営指導には3つの種類がある

運営指導は通常、実施の1か月前に事前通知書が郵送されます。指導当日は、丸1日か、小規模事業所では半日程度で終了します。複数日にわたる場合は、運営指導ではなく、特別指導や監査です。運営指導は必ず複数の担当者で行われ、施設や事業所の規模によって人数が変わります。

「特別指導」は、前回の運営指導で大きな不正が発覚した場合や、法令違反などの改善を長期間行わなかった場合に、処分の年から3～5年の間、毎年定期的に実施される運営指導のことです。

「書面指導」は、小規模な事業所に対して人員の配置状況や利用者の状況、事前チェックリストなどを書面で提出させ、その書類上で審査を行います。

時期は「開業時」と指定の「更新前後」が多い

運営指導の頻度は、在宅サービスでは5～6年に1回が多いようです。介護事業の許認可の指定期間が6年であるため、役所としては、運営指導を行ってから更新したいという意向があるためです。施設サービスは、施設数が少ないことから2～3年の間隔での実施となります。また、新規の許認可指定を行った後、1年前後に最初の運営指導を実施して指定後の運営状況を確認する自治体も増えています。

運営指導の種類と流れ

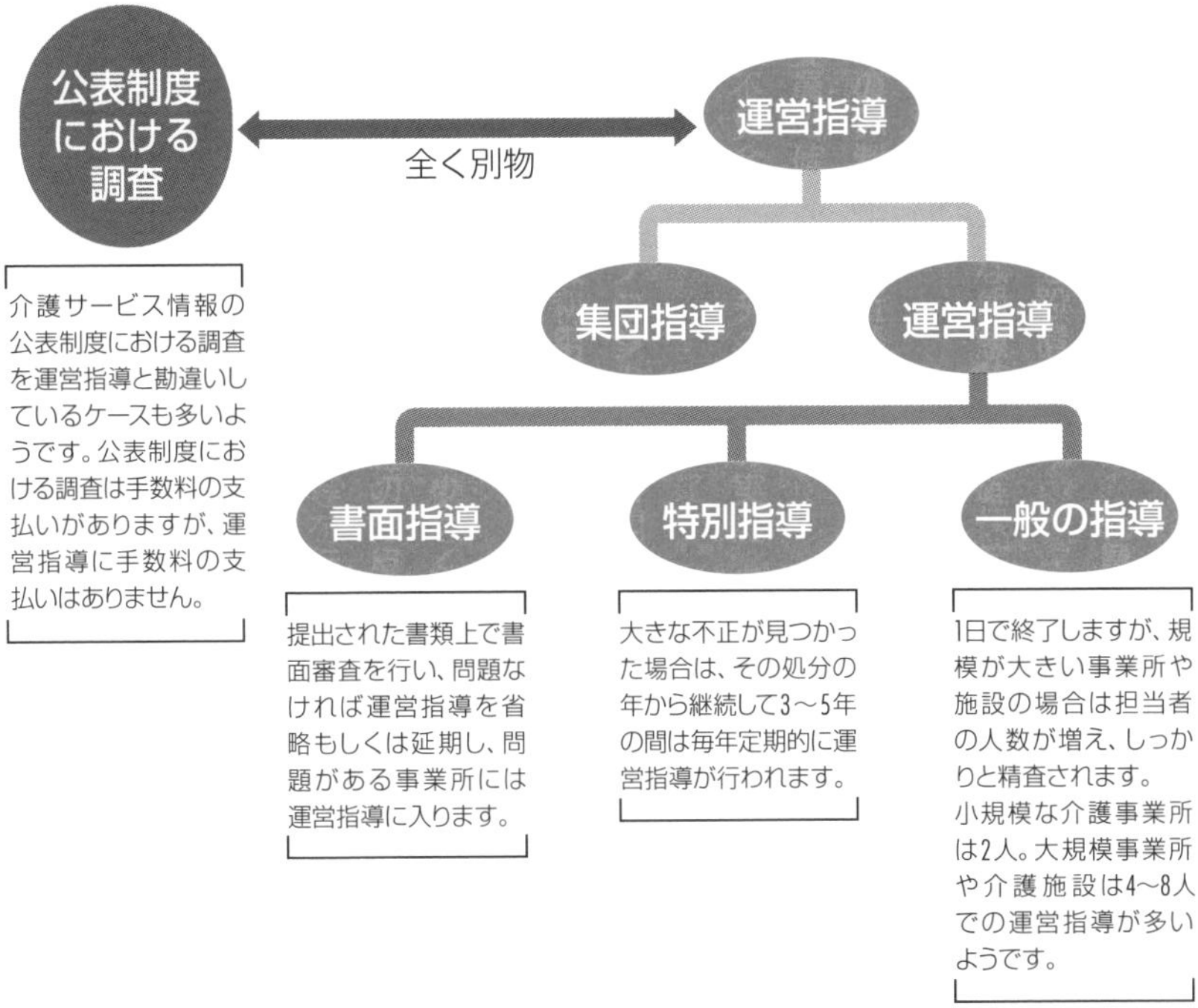
公表制度における調査
全く別物
運営指導
集団指導
運営指導
書面指導
特別指導
一般の指導
介護サービス情報の公表制度における調査を運営指導と勘違いしているケースも多いようです。公表制度における調査は手数料の支払いがありますが、運営指導に手数料の支払いはありません。
提出された書類上で書面審査を行い、問題なければ運営指導を省略もしくは延期し、問題がある事業所には運営指導に入ります。
大きな不正が見つかった場合は、その処分の年から継続して3～5年の間は毎年定期的に運営指導が行われます。
1日で終了しますが、規模が大きい事業所や施設の場合は担当者の人数が増え、しっかりと精査されます。
小規模な介護事業所は2人。大規模事業所や介護施設は4～8人での運営指導が多いようです。

運営指導が最も多く実施される時期（在宅サービス）

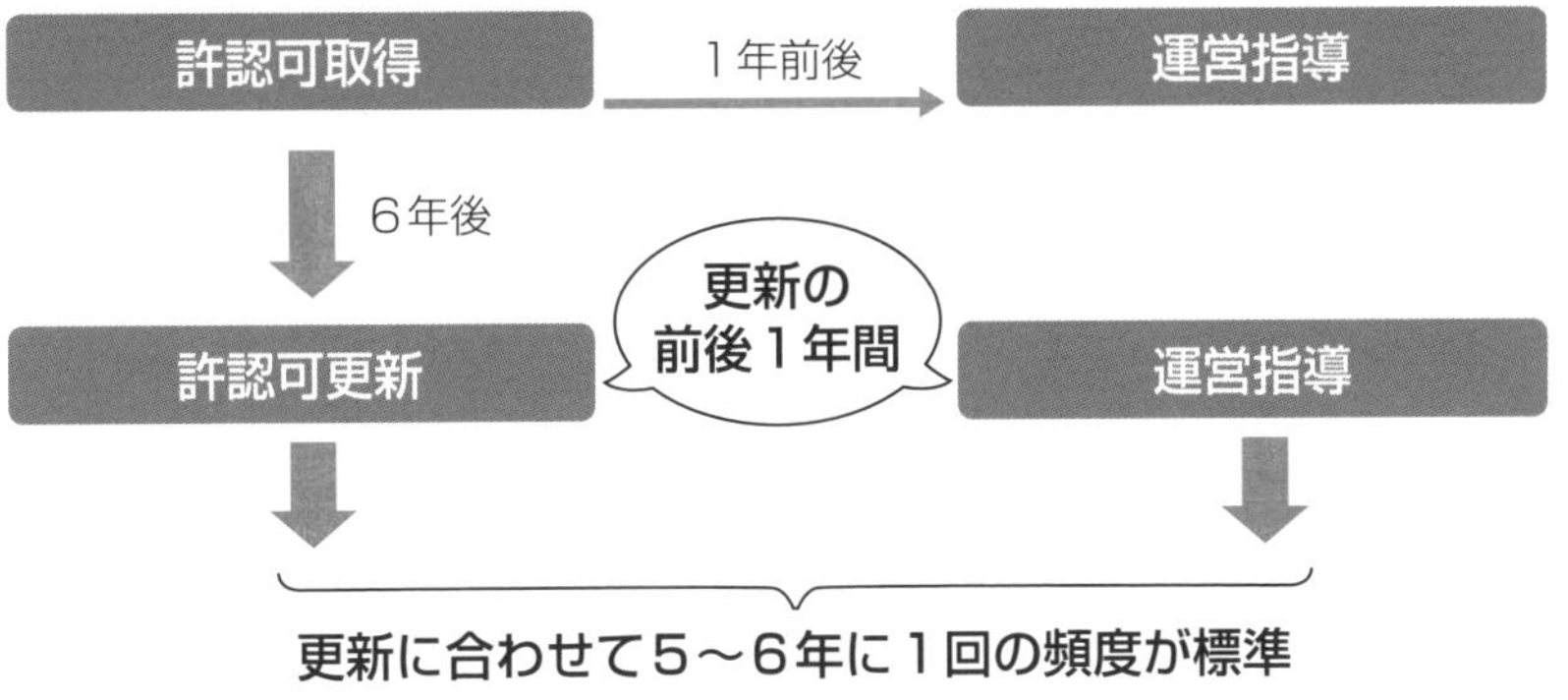
許認可取得
1年前後
運営指導
6年後
更新の前後1年間
許認可更新
運営指導
更新に合わせて5～6年に1回の頻度が標準

32 「知らず知らずの違反」と「悪質な違反」

うっかり不正は起こりがち。悪質な「虚偽・偽装」は、最も重い行政処分になります。

介護給付の請求に関する指摘や不正が多い

行政処分のニュースで「サービスを提供していないのに○○万円を不正請求した」と詐欺的な行為として報道されることが多い不正請求。詐欺をしたのだから指定の取り消しも当然と思いがちです。しかし、実は不正請求は運営指導でも指摘が多い項目です。「うっかりした」「知らなかった」では済まされません。

「人員基準」「設備及び運営基準」違反も頻繁に

保険外利用者と一般の利用者が一体的にサービス提供を受けている場合に、その日の利用人数として〝保険外利用者を含めず〟に集計したら、定員超過と人員基準違反を指摘された。介護報酬の定員超過減算の基準が月平均利用者数であることを拡大解釈して、「昨日の利用者が定員の半分の5人、今日が15人、平均が10人だから定員超過ではない」と勝手に判断したところ、運営基準違反を指摘された。これらは、一般的な運営指導でも頻繁に遭遇する違反事例です。

とても多い介護報酬の返還指導

全国的に頻繁に発生する指導事例として、算定要件を満たしていないことでの介護報酬の返還指導があります。せっかく苦労して得た介護報酬が返還となっては元も子もありません。これは加算の算定要件を日頃から、職員の中で確認するなどして十分に防げる問題です。

悪質な「虚偽・偽装」は最も重い行政処分に

「虚偽」とは運営指導時に嘘をつくこと、「偽装」は書類の改ざん、嘘の書類を作成することです。悪質な場合は「指定取消」処分が下されます。

起こり得る不正請求

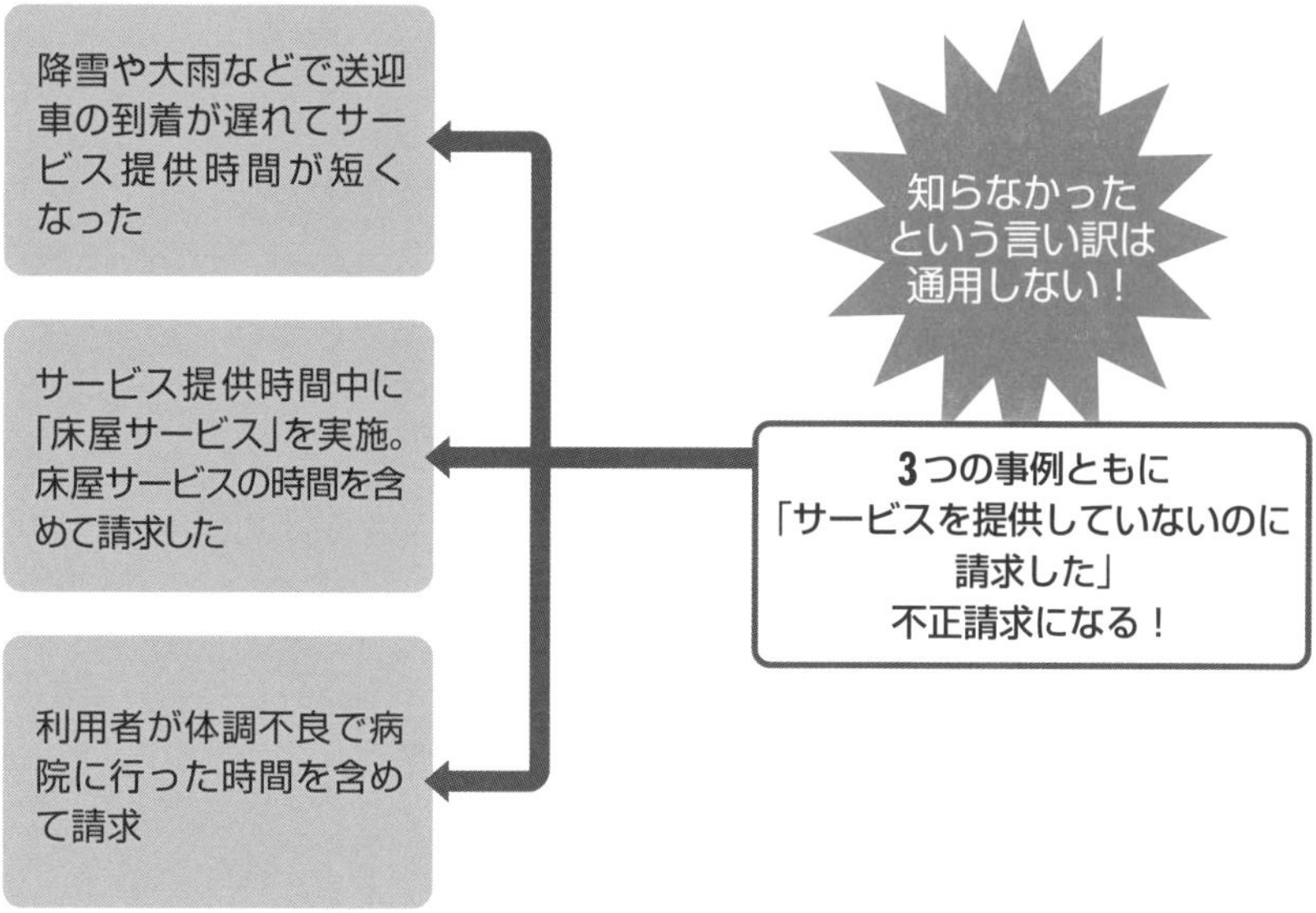
降雪や大雨などで送迎車の到着が遅れてサービス提供時間が短くなった
サービス提供時間中に「床屋サービス」を実施。床屋サービスの時間を含めて請求した
利用者が体調不良で病院に行った時間を含めて請求
知らなかったという言い訳は通用しない！
3つの事例ともに「サービスを提供していないのに請求した」不正請求になる！

「虚偽・偽装」は最も重い行政処分に！

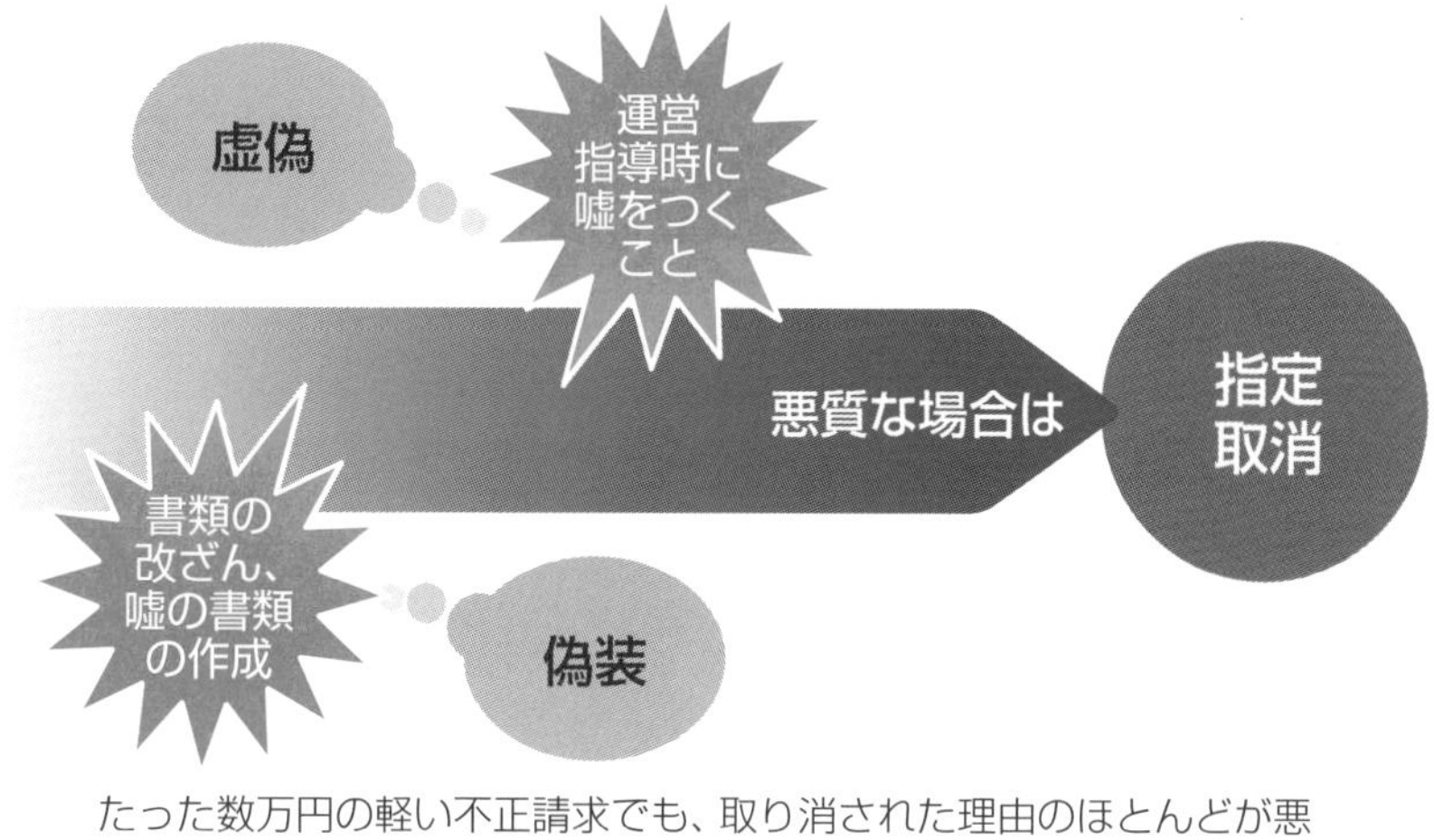
虚偽
運営指導時に嘘をつくこと
悪質な場合は
指定取消
書類の改ざん、嘘の書類の作成
偽装

たった数万円の軽い不正請求でも、取り消された理由のほとんどが悪質な虚偽や偽装！　違反行為の内容や不正請求の金額以上に、最も重い行政処分が課せられる！

33 「コンプライアンス知識」不足が原因

まず諸法令を知ることから始まります。これは誰も教えてくれません。自ら学ぶ努力が必要です。

介護事業は役所の許認可事業！

一般の商売と介護サービス事業との違いは、介護は「役所の許認可事業」という一点に尽きます。許認可事業は、日々の業務全般に対して制度上での規制や基準が多くあり、その一つでも守らないと処罰されます。

このため、定期的に許認可を行った役所による「運営指導」が行われます。重大な違反が発覚した場合は、指導は「監査」に移行します。書類はダンボールに詰めて押収され、管理者、責任者は何度も役所に呼び出されて事情聴取されます。結果が出るのに半年から1年かかることも珍しくありません。最後に聴聞会が開かれて行政処分が下されます。その一番重い処分が指定取消です。

介護事業者は関連する法令を知ることから始めなければなりません。知らないでは済まされないのです。

これは、誰かが教えてくれるものでもなく自ら学ばないといけません。

介護計画書は誰が作る？

たとえば通所介護計画書は誰が作るのでしょうか。答えは管理者です。では、すべてを管理者が作らないといけないのでしょうか。

通所介護計画書は、サービスの提供に関わる従業者が「共同」して作成することが認められています。ここで必要となるのが、共同して作成したことがわかる「記録」です。記録で確認できない場合は、介護計画書の作成の過程が適正と認められず、計画のないサービス提供として介護報酬の返還指導を受けた事例があります。「介護計画書は誰が作るのか」は制度の基本中の基本です。しかし、そのことすら知らずに業務を続けている事業者も多いのが現実です。

加算と算定要件

コンプライアンス知識の中でも、加算と算定要件は、面倒でも必ず省令通知の確認が基本!

介護報酬返還の大部分は加算の算定要件を満たしていないから!

算定要件を一つでも満たさないと加算算定は付加されない!

- ➡ 介護報酬は運営指導で重点指導項目
- ➡ 運営指導での指摘は不正請求として全額返還指導
- ➡ 悪質な場合は監査となり、保険者から返還請求(罰金40%)

- ▶厚生省告示第二十号
- ▶厚生労働省告示第百二十六号~第百二十八号
- ▶老計発0317001号・老振発0317001号・老老発0317001号
- ▶老振発第0331003号・老老発0331016号
- ▶老計発第0331005号・老振発第0331005号・老老発第0331018号
- ▶老企第36~40号
- ▶老企第22~25号
- ▶厚労省Q&A
- ▶保険者Q&A　等

確認すべき省令通知はこんなにたくさん!

必ず原文を確認する癖をつける。わからなければ、役所や専門家に確認すること!

34 ローカルルールとインターネットリスク

介護保険法は地方分権の法律ですので、地域によって運用が異なっています。

ローカルルールとは何?

介護保険法は、「国は法律を作るだけ。運用するのは市町村」という「地方分権制」を取り入れた法律です。同じ制度ですが、役所ごとに運用についての異なるQ&Aが出されています。つまりローカルルールが存在し、これが介護経営の中でのコンプライアンス管理を複雑にしています。

運営指導でも、A市で認められていることが隣のB市では認められない、などと指導内容に地域差があります。たとえば、お泊まりデイサービスは、厚生労働省からガイドラインが出されて公的に認められたサービスですが、一部の地域では制限があります。

ローカルルールの問題とは

地方分権制度の結果として、さまざまなローカルルールが存在する一方で、介護事業者に対する運営指導の現場では、法令を過度に解釈した指導がされて介護報酬の返還などに偏っている事例も見受けられます。ローカルルールがあることを理解して、不明点は役所に事前確認することも必要です。

インターネット利用にもリスクがある

現代はインターネットの時代です。介護事業所の職員も、普通に不明点や疑問点があるとインターネットを利用して回答を探すことが一般的になりました。しかし、介護保険制度にはローカルルールという厄介な問題があります。また、時間の経過の中で制度もどんどん変わります。年度によって役所の指導内容に変化が出る事例も多くあります。インターネットを使うなといっているのではありません。一つの参考情報として使いこなしてほしいと思います。

地域の独自ルール（ローカルルール）がある！

A市	お泊まりデイサービス ➡ ○ 許認可までの期間 ➡ 1か月かかる 生活相談員は担当者会議に ➡ 出席しない
B市	お泊まりデイサービス ➡ × 許認可までの期間 ➡ 事前協議があり4か月かかる 生活相談員は担当者会議に ➡ 出席する

同じ法律なのになぜ違うんだろう？

インターネットで調べたことが100%正しいと信じてはいけない！

インターネット上で求めた回答の情報提供者が、質問者と同じ地方の人であればよいが、地域が違っている場合に正解が異なる危険性がある！

行政側の指導内容を鵜呑みにせず、しっかり確認する「癖」をつけること！

納得できない行政の指導や発言には必ず根拠を確認する。法律など根拠を明確にして発言、確認、意見する癖をつける

インターネットの活用に要注意！

インターネット情報

それは誰の情報か？
- ネットには信頼できない情報も多い

それは、いつの情報か？
- 制度は6年に1回変わる
- 報酬は3年に1回変わる

それは、どの地区の情報か？
- 地域によって指導内容は変わる

35 悪質な場合は監査と行政処分に

行政処分を受けると官報や行政のホームページなどに公示され、地域に知れ渡ることになります。

運営指導とは全く別物の監査

よく運営指導のことを「来月、監査がある」「監査は○年前に入った」など、監査と混同している方がいます。運営指導と指導と監査は全く違います。運営指導と指導は、その名の通り「指導」が目的です。監査は、運営指導や苦情・告発などから得た情報から、重大な違反である疑いが強いときに行われます。介護保険法上で「立入」の権限が役所にありますので、超過定員の場合など、違法の実態を確実に把握する必要があるときは、立入検査が行われます。監査の結果として違反が確定した場合に行政処分が行われます。

行政処分の種類を知っておこう

行政処分は、図に示した「報告等」「改善勧告」「改善命令」の比較的軽いものから、「指定の効力の全部または一部停止」と「指定取消」の最も重い処分まであります。

「指定の効力の全部または一部停止」とは、たとえば在宅サービス対象の処分として、執行の猶予期間を設けて別の事業所に利用者を移した上で、一定期間の業務がすべてできなくなる「業務停止処分」があります。介護施設では、新規入所契約が一定期間できなくなる「一部停止処分」などがあります。

最も重い行政処分「指定取消」は、改善命令や指定の効力停止の措置を取っても是正されない場合や、改善の余地のない著しい不正があった場合に下されるもので、介護サービス事業を継続することが不適切と判断された場合に行われます。基準違反が指定の申請段階から行われている場合は、指定時点にさかのぼっての指定取消処分が行われることもあります。これらは介護報酬の返還請求が同時に実施されます。

指導から行政処分に至るまでには段階がある

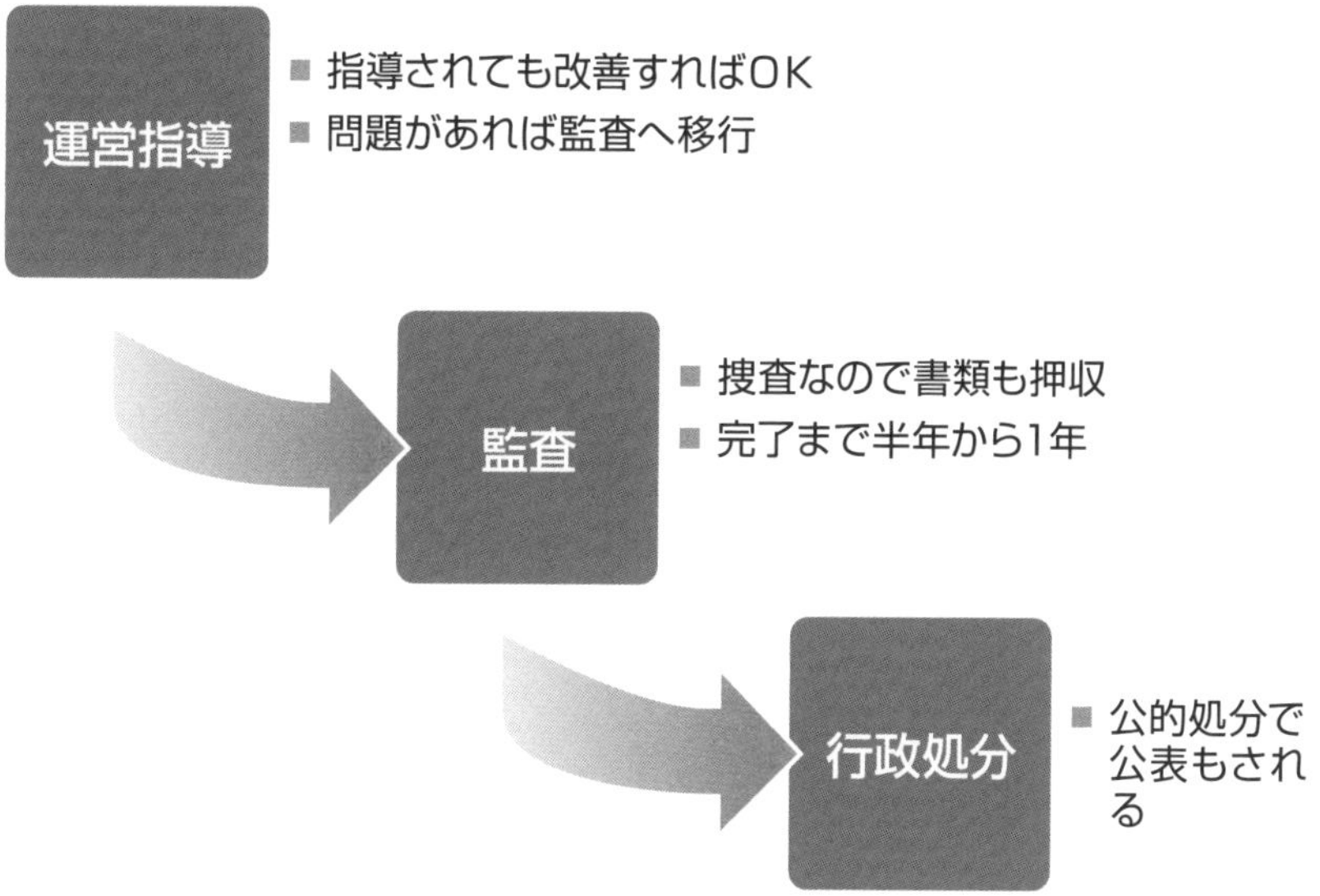
運営指導
■ 指導されても改善すればOK
■ 問題があれば監査へ移行
監査
■ 捜査なので書類も押収
■ 完了まで半年から1年
行政処分
■ 公的処分で公表もされる

行政処分の種類には何がある？

行政処分	内　容
報告等	文書による改善を求め、介護サービス事業者等から文書による改善報告を求める
改善勧告	改善勧告の対象となった指定基準違反に係る項目を明示し、適切、妥当な期限を設けて行う
改善命令	勧告による改善措置の状況に応じて、適宜判断の上、改善の可能性を考慮し、期限を設けて行う
指定の効力停止	新規利用者・入所者へのサービス提供に対する指定の効力の停止を行う
指定取消	引き続き指定を行うことが制度上看過できない場合に指定が取り消される

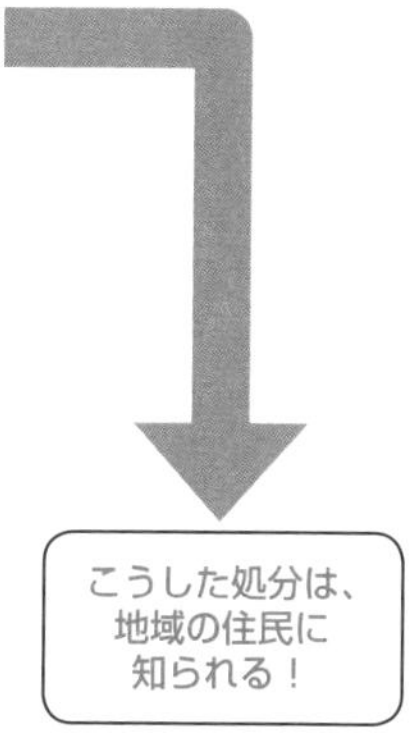
こうした処分は、
地域の住民に
知られる！

36 業務管理体制と連座制って何？

連座制が適用されると、同一法人の他の事業所やグループ企業にもペナルティがおよびます。

業務管理体制に関する届け出が義務

介護事業者は事業所の数に応じて、①法令遵守責任者の選任、②法令遵守規程の整備、③業務執行の状況の監査の定期的実施の3点が義務づけられています。その基準となる事業所数は指定を受けたサービスの種類ごとに1事業所と数えて、役所へ届け出ます。

業務管理体制の整備状況や、事業者の不正行為への組織的な関与を確認するために、事業所の本部などへの立入検査が行われます。複数の事業所への一斉検査も行われます。

連座制とは何か

一つの事業所が指定取消となり、本部であるA社がその不正に関与して指示を出していたことが判明した場合には、連座制が適用されます。「連座制」とは、不正を行った事業所だけではなく、A社が運営する同一サービス事業所や、他のサービスを行う関連事業所に対しても包括的に新規指定や更新手続きができなくなる行政処分を下すことをいいます。この場合、事業所が他の都道府県にまたぐ場合も同様の処分となります。

グループ企業への連座制の適用

連座制の適用は、不正を指導したA社だけではありません。A社の持株会社で、議決権の半分以上を持つ同一法人のグループ企業にも、重要な意思決定への関与など密接な関係が明らかな場合は、新規指定や更新手続きができなくなる行政処分が下されます。この場合も、運営する同一サービス事業所や、他のサービスを行う関連事業所に対しても適用となります。近年は連座制を適用されるケースも目立ってきました。グループ法人全体へのコンプライアンス対策も重要です。

業務管理体制整備の内容と事業所数の関連

内容	事業所数			ポイント
	1〜19	20〜99	100〜	
法令遵守責任者の選任	○	○	○	資格要件は特にない。ある程度、介護保険法に精通した者を選ぶ
法令遵守規程の整備		○	○	日常の業務運営での、法および法に基づく命令の遵守を確保するための注意事項や標準的な業務プロセス等を記載したものなど、事業者の実態に即したものでかまわない
業務執行の状況の監査の定期的実施			○	事業者の監査部門等による内部監査または監査法人等による外部監査のどちらの方法でもかまわない

「新規指定・更新不可」となった事例

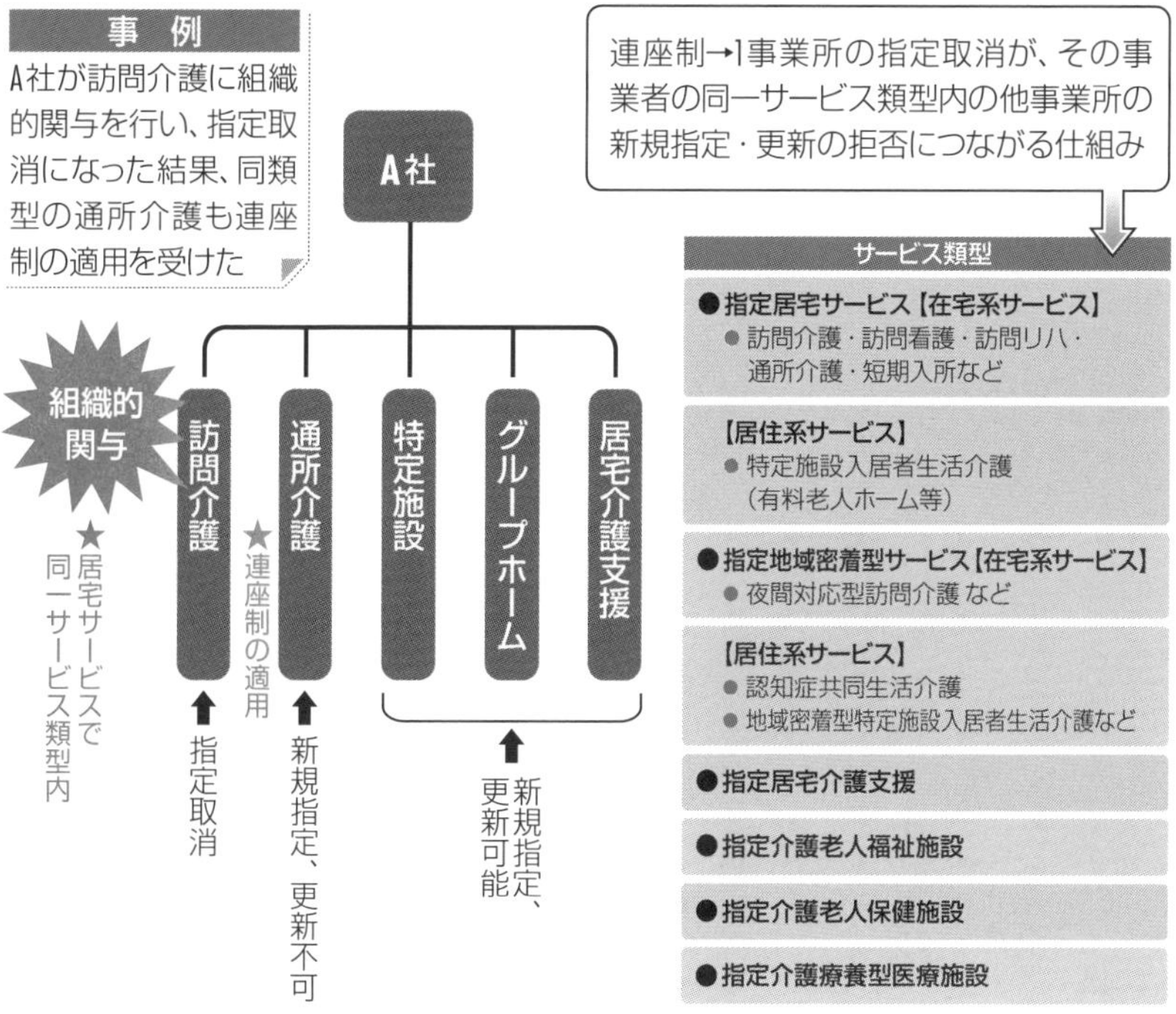

コラム

コロナ特例措置にはどのようなものがあるか？

自治体による対応の差に注意

まず、コロナ禍でやむを得ない場合は、訪問介護で、医療福祉の有資格者以外の職員を担当させることができます。デイサービスに勤務する訪問介護員の資格のない職員も、訪問介護員として従事して差し支えないとされました。

デイサービスが利用者の居宅を訪問して清拭による介助を行った場合、デイサービスとして介護報酬を算定して入浴介助加算も算定できます。この場合、1日に算定できる報酬はケアプランでの提供時間の報酬が上限となります。ただし、この点については行政の対応に温度差があり、全く認めていない自治体も存在します。

感染拡大だけでは不可？

居宅介護支援のモニタリングについては、交通手段の寸断等によって、利用者の居宅を訪問できないなど、やむを得ない理由がある場合については、月1回以上の実施ができないケースでも柔軟な取り扱いが可能です。しかし、単純にコロナウイルスの感染が拡大しているだけでは対象にはなりません。

全サービスにおいて、コロナ禍を原因として、配置すべき職員が休んだなどで一時的に人員基準等を満たせなくなる場合には、介護報酬の人員基準減額を行わない取り扱いが可能です。しかし、「コロナ禍」を理由とすれば、何事も人員基準減額が行われないわけではありません。その経緯や事情が業務日誌などに記録されていることが大前提です。特例が適用されないケースもあります。

第3章

通知が来た！当日の流れと事後の手続き

「運営指導は1か月前に事前通知が来るから、通知が来たら準備を始めれば大丈夫、と考えていたら、役所の職員が無通知のまま突然やって来た。そのまま運営指導に突入。次々に問題が発覚し、行政処分と多額の報酬返還が申し渡された」

考えたくもないケースですが、虐待などが疑われる場合は、無通知での指導が行われます。当日に慌てないためにも、1日の流れを追ってみましょう。

37 事前通知のタイミングとその内容

通常は、実施日の1か月から2週間前に通知されます。勤務実績表は指導当日の最も重要な書類の一つです。

運営指導の事前通知書はいつ届く?

通常は、運営指導の実施日の1か月前を目安に通知書が郵送されます。しかし、利用者などのクレームや第三者からの告発情報の中に、虐待、身体拘束、不正な医療行為などの内容が含まれていると、間を置かずに数日後を実施日として通知されることがあります。虐待の疑いがある場合は、事前通知なしの無予告指導も行われます。

事前通知書に記載される項目は?

送付される運営指導実施通知書に記載される事項は、①運営指導の根拠規定と目的、②運営指導の日時・場所、③役所の担当者、④事業所の出席者、⑤準備すべき書類等(事前提出書類、当日準備物等)となっています。

指導日の1～2週間前までに提出が求められる書類は、①自己点検表、②各種加算等自己点検シート、③事前提出書類などです。自己点検表と各種加算等自己点検シートは、役所のホームページから自由に取得できることが多く、運営指導の有無にかかわらず、定期的に事業所内の事前準備に活用していれば慌てなくて済みます。

勤務実績表は日常的に作成すべき書類

必ず提出を求められる書類として、勤務実績表があります。制度上、必ず日常的に作成する書類とされていますので、「ない」では済まされません。勤務予定表では代用できませんので注意してください。

欠勤や遅刻早退、また利用者都合での日時の変更などがありますので予定表では実績の確認には不適切です。運営指導では必ず、タイムカードや出勤簿から作成された〝実際の〟勤務状態が記入された勤務実績表が必要となります。

運営指導当日は、タイムカードや出勤簿と突き合わせて、職員ごとの勤務実態と配置基準の実施状況が確認されます。勤務実績表の作成を怠ると大変な労力を要します。定期的に作成して、日常的にタイムカードや出勤簿との整合性の確認を確実に行いましょう。

誤りがあっても問題ない書類も

重要事項説明書、運営規程、契約書などは、事前に提出が求められる書類です。これらの書類は、許認可時に役所のチェックをすでに受けていますので誤りがあっても大きな問題とはなりません。

しかし、制度改正などで記載事項に変更がありますし、人員配置などの人数の記載が現状を表しているかなどが事前に確認されます。必要事項が漏れている場合などは、運営指導当日に付箋つきで差し戻され、後日、修正の上、改善報告書とともに再提出が求められます。

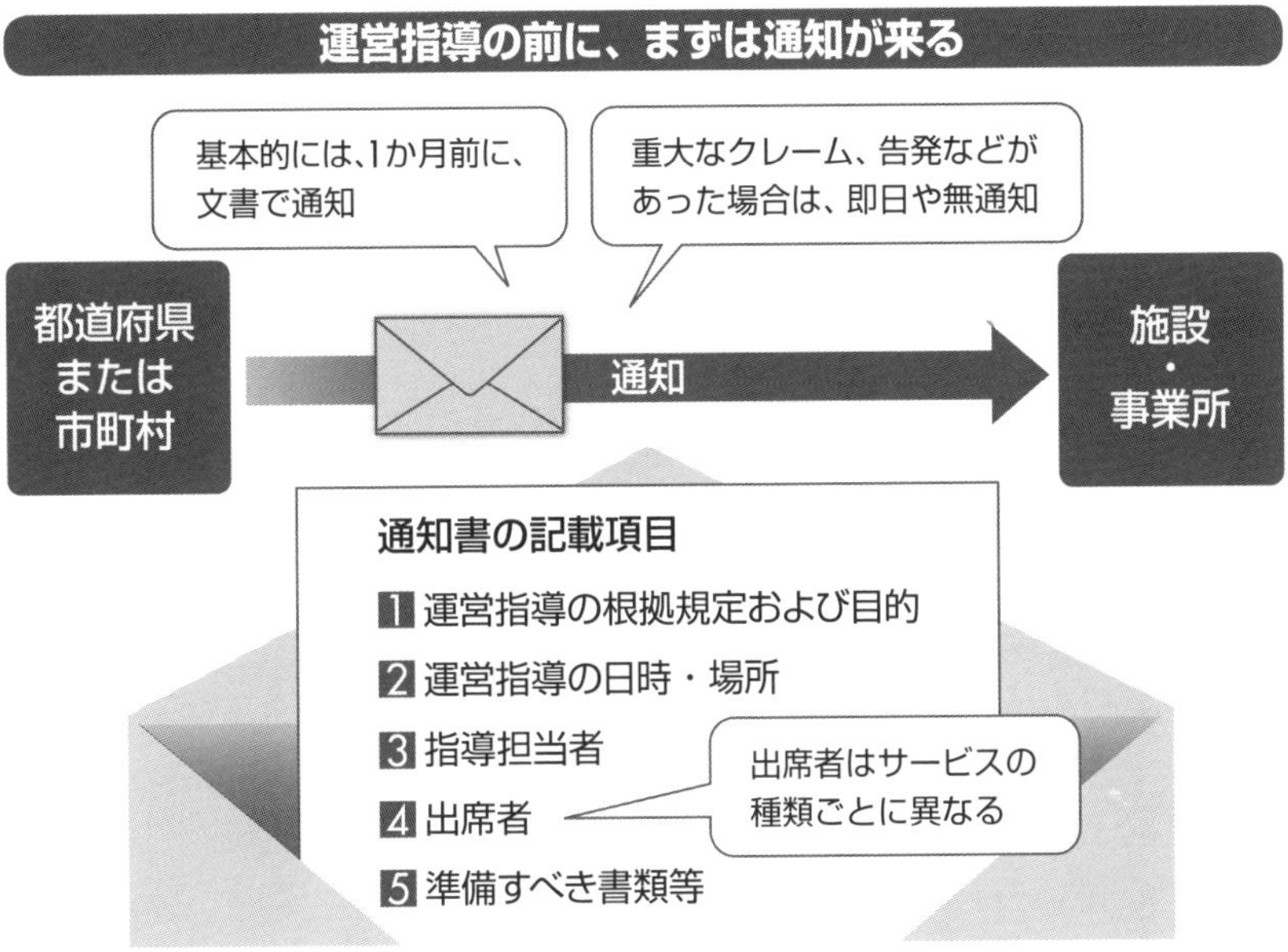
運営指導の前に、まずは通知が来る
基本的には、1か月前に、文書で通知
重大なクレーム、告発などがあった場合は、即日や無通知
都道府県または市町村
通知
施設・事業所
通知書の記載項目
1 運営指導の根拠規定および目的
2 運営指導の日時・場所
3 指導担当者
4 出席者
5 準備すべき書類等
出席者はサービスの種類ごとに異なる

38 運営指導当日の流れ その①

個人情報の書類管理は鍵のかかるロッカーを使用するなど十分な注意を払いましょう。

事業所内の視察からスタート

運営指導当日は、最初に事業所内を案内（視察）します。設備の現状確認とともに、施設等の場合はカーテンの防炎生地の確認、消火器の設置状況、避難経路の確認、段差がある部分へのスロープの設置状況、配膳室の状況や衛生管理等をくまなく見て回られます。同時に、入所者の顔色や目に怯えがないかなど、身体拘束や虐待の可能性も視認されます。前日のサービス終了後に事業所全体を一度確認しておきましょう。

重要事項説明書の設置状況が確認される

視察の際に、重要事項説明書の設置状況が確認されます。重要事項説明書は事業所内の見やすい場所に貼って掲示するか、ファイルなどにとじて相談室などに設置することが必要です。これについては、2021年度介護報酬改定でファイルでの設置が認められました。また、複数の事業を営んでいて、重要事項説明書の枚数が多くなる場合は、要点を記した要約版を貼ることでも問題はありません。掲示方法については、一部でローカルルールがあります。

重要な書類の保管状況が確認される

利用者の個人情報が記載された書類は、鍵のついたロッカーなどに保管する必要があります。個人ファイルや書類を机の上に出しっ放しにしていたり、積み上げていたりすることは厳禁です。また、ロッカーの鍵の保管状況や鍵をかけるタイミングなども運営指導において確認されます。施設等で利用者のマイナンバーカードなどを預かる場合は、金庫に保管して一定の者しか開けることができないなどの保管体制が必要です。

運営指導当日の一連の流れ

1 事業所内の視察

- 入口付近にポンプ式の消毒液などが設置されているか
- サービス提供スペースに、業務以外の備品が置かれていないか

2 重要事項説明書の設置の確認

- ファイルにとじる、相談室に置く
- 見やすい場所に貼ることも可能

3 個人情報に関わる書類の保管状況の確認

- 個人ファイルなどは鍵のかかるロッカーに保管
- マイナンバーに関するものは金庫などで注意して保管

4 衛生管理の状況の確認

- お手洗いには使い捨ての紙タオルを設置
- リネン庫は清潔なリネン以外、保管不可

5 防災対策の確認

- 避難訓練の実施状況と防災マニュアルの確認
- 段差にスロープの設置、防炎カーテン、消火器の設置など

6 許認可時との変更の確認

- 許認可申請時の図面と、用途が変わっていないか
- 図面に変更がある場合、変更届けは提出されているか

7 個別項目の確認の開始

施設などの24時間サービスでは、視察の中で各部屋の入所者の顔色や怯えが確認され、虐待や身体拘束の有無がチェックされる

39 運営指導当日の流れ その2

衛生管理と防災対策の確認は、事業所内視察の重点ポイントです。

衛生管理の状況が確認される

ノロウイルスなどは毎年、新型コロナウイルスは2020年から猛威を振るっています。利用者へのサービス提供については、衛生管理も重要な位置を占めるため、毎回厳格な確認がされる事項です。

まず、玄関の入口付近や手洗い場などにはポンプ式の消毒液の設置が必要です。ノロウイルスなどの感染症対策としては、嘔吐物などの処理用に、使い捨てエプロンや手袋などが保管されているかが確認されます。トイレは、布タオルは不可で、紙タオルを設置しているかも重要なポイントです。

また、宿泊を伴うグループホームや施設等の場合、シーツなどを保管するリネン庫が重点ポイントです。清潔なリネン以外を入れていないかが確認されます。リネン庫には棚などが設置されているため、一緒にティッシュペーパーや紙おむつなどを入れがちですが、これも不可です。実際に、リネン庫にバケツやほうきが入っていて、非常に厳しい指導となった事例もあります。調理場などでは、検食の保管や、配膳台の床からの距離などが細かく確認されます。

防災対策についてもチェックされる！

近年は地震、大雨などの天災が続いているため、防災対策には非常に厳しい確認がされます。避難訓練の場合の避難経路や、段差のある場所でのスロープなどの設置状況は職員の誰もが返答できるようにします。24時間体制の事業所や施設では、防炎カーテン等の取り付け状況や、消火器やスプリンクラーの設置距離、暖房器具周りに可燃物の有無、地震などで倒れやすい設備や備品などの転倒対策などが確認されます。避難訓練記録も非常に重要な確認書類です。

一般的な運営指導の全体の流れ

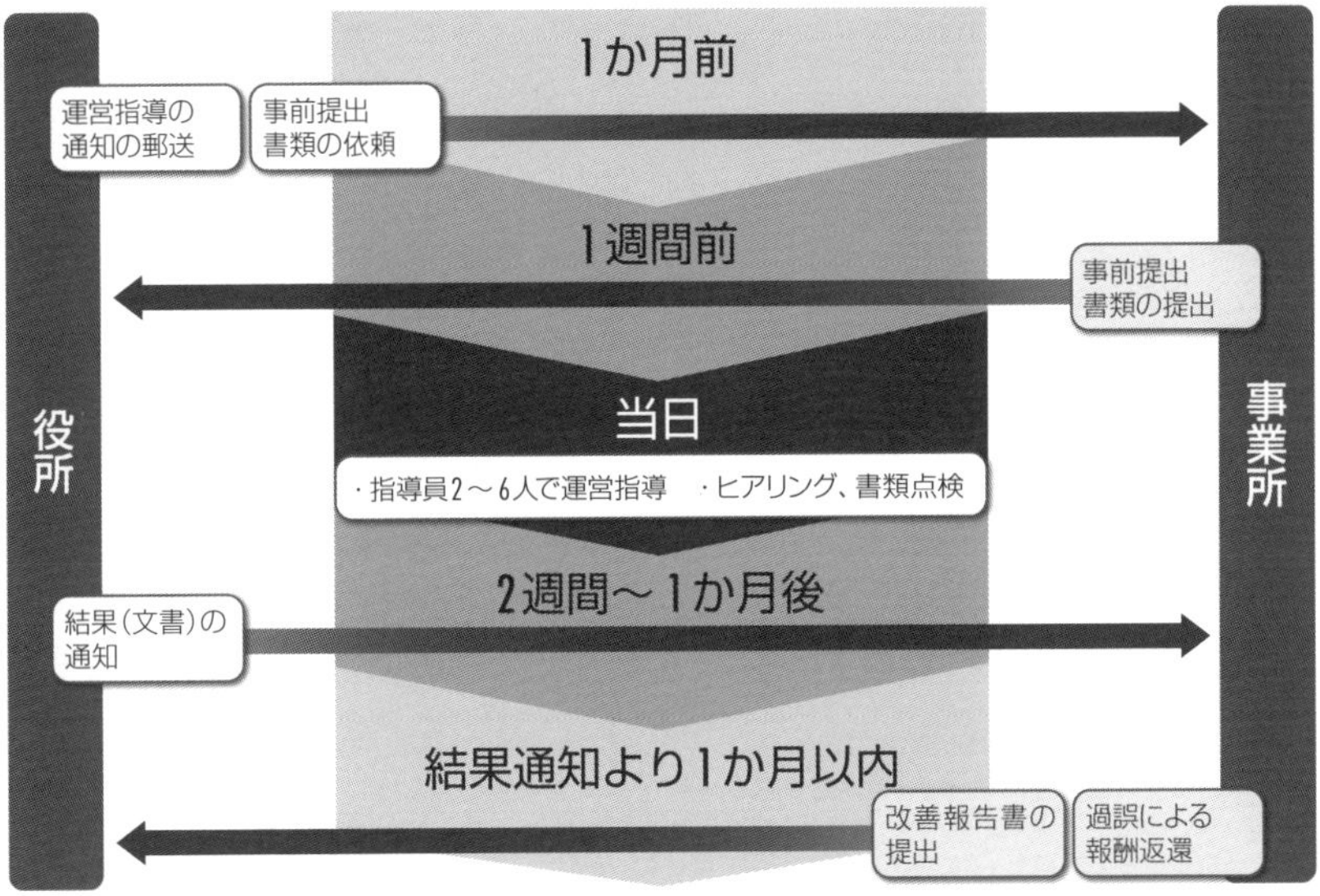

衛生管理・感染対策について要確認

衛生管理

＜労働安全衛生規則＞

従業者の健康管理は、労働安全衛生規則第43条及び第44条を遵守し、採用時と年1回の健康診断の実施を徹底する

↓

＜運営指導時で確認されること＞

- 従業者等の健康診断の結果について、把握した内容を確認される
- 全従業者の受診日一覧表を作成するなどして、誰が未受診かがわかるよう保管すること

感染対策

従業者が感染源となることを予防し、感染の危険から守るため、次の対策を講じることが必要

①共用タオルの廃止、手洗い・うがいの励行など
②手指を洗浄するための設備や使い捨ての手袋等感染を予防するための備品等を備える
③感染症のBCP、感染対策の指針を整備し、従業者に周知する
④感染予防に関する研修を行う（新型コロナウイルス、ノロウイルス、食中毒など）

40 運営指導当日の流れ その3

許認可時との変更箇所が出た場合は、速やかに変更届けを提出しておきましょう。

許認可時との変更点が確認される

視察では、許認可時に提出した事業所の見取り図や施設の図面と、現在の施設内の配置との相違が確認されます。たとえば、許認可時に「事務所」として届け出た部屋が、現在はベッドを搬入して「静養室」として使用しているなどの用途変更をした場合は、役所への変更届けの提出が必要となります。未提出を運営指導で指摘されると、運営基準違反に問われることになります。

事業所が有料老人ホームなどに併設されている場合は、住宅部分と明確に区分されているか等が確認されます。また、事業所内に、サービスに直接関係のない備品を置くことも厳禁です。設置場所の専有面積によっては、事業所の届け出面積として認められずに、設備基準違反に問われる場合があります。

運営指導を行う担当者の人数は？

運営指導は、役所の担当者が1人で訪問することはありません。必ず複数人で行われます。小規模な介護事業所の場合は、2人体制で半日での実施が多いようです。その場合、2人が協力して書類などを確認することはありません。1人は人員基準と運営基準関連の確認、もう1人は介護報酬関連の確認などに分かれる完全分業制で実施されます。施設等はその規模に応じて、4～6人体制で1日がかりの運営指導となります。この場合も役割を分担して、確認作業を行うことが基本です。早めに確認を終えた担当者が、他の担当者の作業を手伝うこともありません。早めに担当箇所の確認を終えた場合は、自分の担当部分の見直しや、事前の役割分担がされていない規定関係や会計区分などの箇所のチェックなどに時間を費やします。

変更届けの提出の判断は？

許認可申請時の図面：事務室 → 現在の図面：静養室

ベッドを入れて、**用途**変更

変更届けの提出が必要

許認可申請時の図面：事務室 → 現在の図面：事務室

机の向きを変えたり、コピー機の位置を変えたり、**配置**変更

届けは不要

運営指導時の役所の来所人数は？

大規模事業所
介護施設
↓
4～6人で1日がかり

小規模事業所
↓
2～3人で半日～1日

事業所の規模にかかわらず、運営指導は半日～1日で終了！

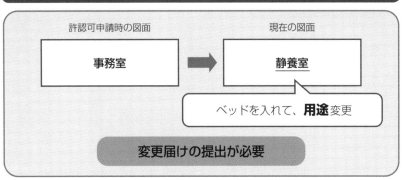

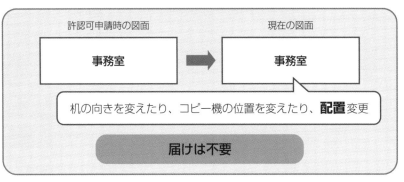

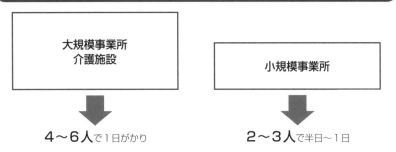

41 勤務実績表と証憑資料の確認対策

管理者であっても、必ずタイムカードなどで勤務状態を確認されます。

タイムカードと勤務実績表は一致させておく

運営指導の当日は、勤務実績表をタイムカード（または出勤簿）と突き合わせて、双方の記載が一致しているかどうかが確認されます。その上で、日々の勤務実態と配置基準に問題がないかを確認。その結果、人員基準を満たしていない場合は、状況によっては人員基準減算30％の対象となって介護報酬の返還指導が行われます。

また、介護職員処遇改善加算やサービス提供体制強化加算、夜勤職員配置加算などの体制加算を算定している場合も、突き合わせ結果によっては介護報酬の返還指導となります。

これらの事前対策として、勤務実績表は必ず毎月作成しましょう。定期的にタイムカードなどと突き合わせて、整合性を取っておくことが重要です。これは、後でまとめてやろうとしても時間がかかり、なかなかできるものではありません。

なお、許認可申請時に提出する勤務予定表は「4週28日」の表記ですが、日常的に作成する勤務実績表は「1日から月末まで」の記載が必要です。また、保険外サービスや併設事業の業務で勤務した時間を勤務実績表に含めて勤務時間とすることはできません。

社長や医師もタイムカードは必要！

管理者は、規定によって常勤専従での配置が定められています。このため、タイムカードの記録などで実際の勤務状況が確認できない場合は、「管理者不在」と判断され、人員基準違反の指摘を受けることになります。法人の社長や役員は職務上、勤怠管理は不要です。しかし、介護事業所の管理者である場合は、勤務実績表への記載と、出勤状況の記録としてタイムカードや出勤簿などが必要。これは医師の場合も同様です。

管理者の兼務には注意が必要

管理者は「常勤専従」であるため、他の職種と兼務ができません。しかし、特例として、管理者の業務に支障がない場合は、同一敷地内において他の職種との兼務が認められます。しかし、兼務できるのではなく、一定の条件を満たした上での特例であることを認識しなければなりません。

管理者が、サービス提供責任者、生活相談員、介護職員などの職種と兼務となっている事業所は多数存在します。しかし、あくまでも主たる業務は管理者です。兼務している職種の業務で、1日中外勤に出ていたり、かかりきりだったりする場合は、管理者の執務時間が確認できないとして管理者不在との指導を受けて、それ以降の兼務は認められません。一般的には、管理者業務と兼務業務が、1日で半々程度までは認められるようです。また、運営指導で多数の指摘を受けた場合も、管理者の業務に支障が出ているとして兼務はできなくなります。

勤務実績表とタイムカードを突き合わせて確認

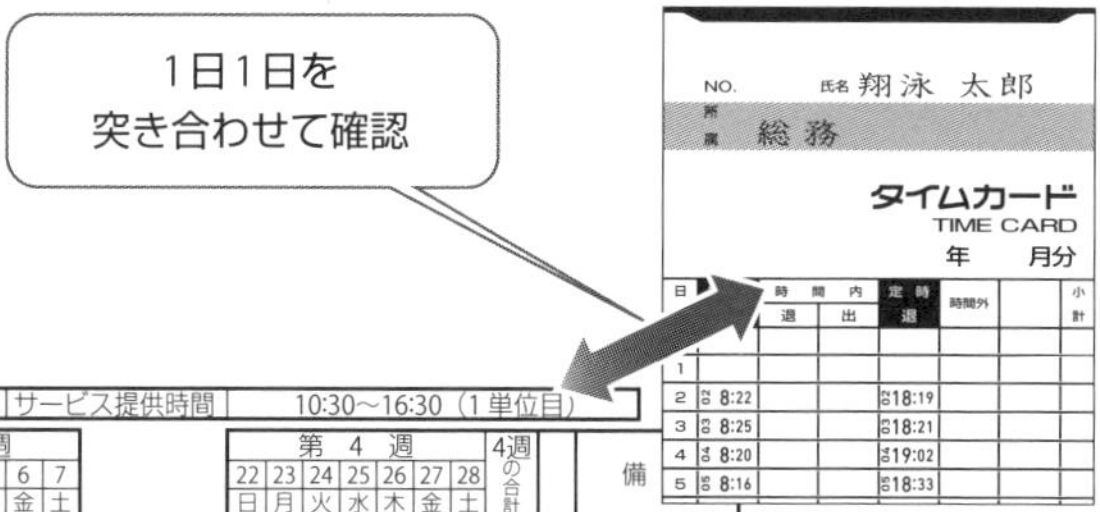

営業時間	8:30〜17:30	サービス提供時間	10:30〜16:30（1単位目）

職種	勤務形態	氏名	第1週 1 日	2 月	3 火	4 水	5 木	6 金	7 土	第4週 22 日	23 月	24 火	25 水	26 木	27 金	28 土	4週の合計		備
管理職	A	翔泳太郎		①	①	①	①	①			①	①	①	①	①		160		
生活相談員	B	翔泳太郎		①							①						92		介護職員兼務
看護職員	D	看護しのぶ							④							④	24		機能訓練指導員兼務 同一敷地内老健業務
介護職員	B	生活次郎			①	①	①	①				①	①	①	①		128	1	生活相談員兼務
介護職員	C	介護花子		②		②		②	②		②		②		②	②	64		
機能訓練指導員	D	看護しのぶ							⑤							⑤	8		同一敷地内老健業務

A：常勤で専従
B：常勤で兼務
C：非常勤で専従
D：非常勤で兼務

①8:30〜17:30（8時間）
②9:00〜13:00（4時間）
③13:00〜17:30（4.5時間）
④8:30〜10:00、12:00〜16:30（6時間）
⑤10:00〜12:00（2時間）

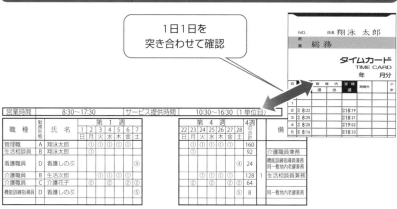

42 日々の配置基準は特に厳格に確認

常勤専従職員の兼務の不正や職員の水増しの有無は、特に厳しく確認されます。

常勤専従の職員は、兼務はあくまで特例

たとえば訪問介護におけるサービス提供責任者は、少なくても1名は常勤での専従配置が必要です。病院の付き添いといった保険外サービスの担当は業務に支障がない場合は可能ですが、有料老人ホームの夜勤業務や食事の配膳準備などを担当することは認められません。常勤専従のサービス提供責任者が、長期間にわたり夜勤業務を担当していたことで、日常的に兼務状態にあったと認定されて、指定取消などの行政処分となった事例も多く存在します。

有料老人ホームの併設型は特に兼務に注意を

訪問介護に限らず、有料老人ホームに併設する介護事業所の場合は、介護保険サービスと有料老人ホームの業務を明確に区分する必要があります。有料老人ホームでの勤務時間は、介護サービスの常勤換算時間に含めることができません。通所介護の生活相談員や提供時間を通じて配置が必要な常勤の介護職員なども、サービス提供時間中に有料老人ホームの業務を行った場合は中抜けとなり、その時間帯は職員が不在となります。人員基準に満たない配置で業務を続けた場合は、人員基準減算で30％の介護報酬カットとなります。

職員の水増しや、成りすましもチェックされる

職員の勤務時間の水増しや、実際に勤務していない成りすましによる不正も多いのが現状です。状況に応じて給与明細、銀行の給与振り込み書類、源泉徴収票、一人別徴収簿などが確認されます。いかにタイムカードや勤務表において出勤しているかのように偽装しても、1日4時間しか働かない者に8時間分の給与は払

いません。通常は銀行振込で給与を支給する中で、数名だけが現金支給という場合も不正が疑われます。時給者の場合は給与明細に給与の計算根拠として1か月の勤務時間が記載されます。これと勤務実績表の時間を突き合わせることでも、不正が確認できます。

仮に給与明細や振り込みを偽装できても、本人の扶養控除や住民税に関係してくるため、年末調整の役所への提出書類までは偽装できません。会社保管の住民税の特別徴収の書類からも偽装が確認できるのです。

不正事例は増加している

不正の多くは、運営指導で把握されます。判明した発端が、勤務する職員からの告発である事例も増えています。悪質な不正事例として、半日勤務の職員にいったん8時間勤務としての給与を支払い、後で実際の勤務時間との差額分を返還させていた事例もあります。この辺りは税金の脱税手口と同じで、ますます巧妙になりますが、証拠資料との整合性の維持は難しく、どこかに綻びが生じてしまうことは否めません。不正は必ず見つかることを肝に銘じてください。

給与の渡し方も細かくチェックされる

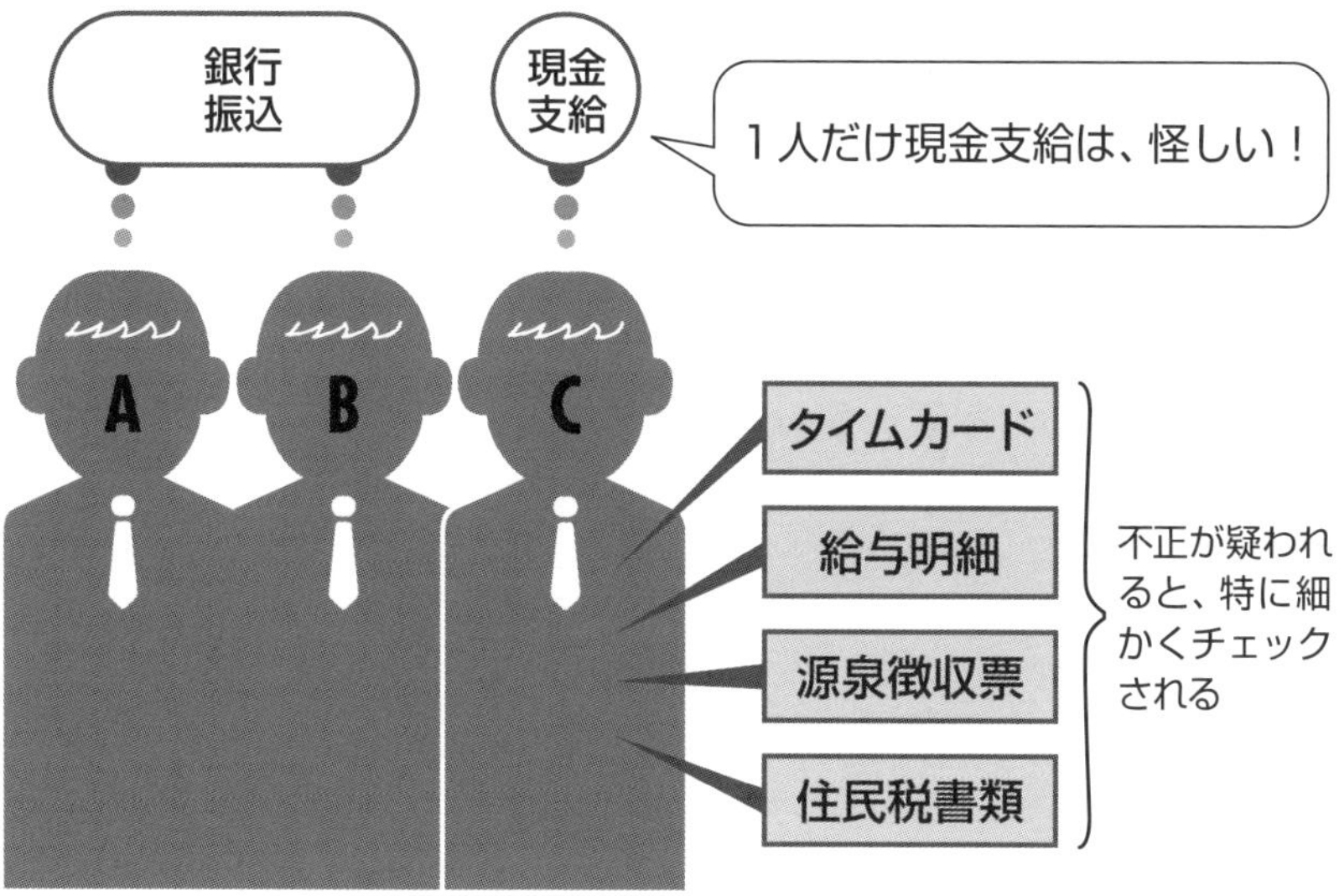

43 常勤、非常勤、常勤換算の理解

非常勤職員の人数は常勤換算で計算されます。

常勤者と正社員とは異なることを理解する

「常勤」とは、雇用契約における勤務時間が、就業規則で定められている勤務時間数（週32時間を下回る場合は32時間）に達している職員をいいます。この場合は、雇用形態が正社員以外であっても「常勤扱い」となります。雇用契約が正社員であっても、契約上の勤務時間が就業規則に定められた勤務時間に達していない場合は「非常勤」となります。ただし、管理者が他の職務を兼務することが認められる場合の取り扱いでは、複数の職種の勤務時間の合計が就業規則などに定められた勤務時間に達していれば「常勤」とされます。

常勤職員が休んだ日は、別の職員を配置する

常勤職員は休暇や出張の期間が1か月を超えない限り、常勤職員となります。非常勤職員は、休憩や出張はサービス提供に従事した時間とはいえず、勤務延べ時間数には含めることができません。常勤職員は、月の中で1日でも出勤していれば人員基準では1人と計算され、非常勤職員は、休憩などの時間は常勤換算での延べ勤務時間には含まずに計算されます。ただし、扱いは常勤職員でも、日々の配置職員とは扱われませんので注意が必要です。体調不良や有給休暇などで休みを取った日は、所定の資格を持った別の職員を代わりに配置させる必要があります。

常勤換算の計算方法は？

非常勤職員は常勤換算で人数計算します。計算方法は、毎月1日から月末までの勤務実績表を用いて1か月分の延べ勤務時間を集計して、常勤者が勤務すべき時間で割って算出します（小数点第2位以下は切り捨て）。

たとえば、1日4時間・週5日勤務する非常勤職員の4週の勤務時間は4時間×5日×4週で80時間。常勤職員の勤務すべき時間が1日8時間・週5日勤務とすると、同じ4週の勤務時間は8時間×5日×4週で160時間となります。したがって、この場合の非常勤職員の常勤換算人数は、80時間÷160時間＝0・5人となります。その職員が複数の職種を兼務している場合は、集計する職種の勤務時間だけを算入します。

常勤換算の計算結果で人員不足になった場合

常勤換算で計算した結果、人員基準での必要人数を満たしていないケースがあります。利用者のキャンセルなどで延べ勤務時間が減少したり、常勤換算の勤務時間に含めることのできない保険外サービスの提供時間や有料老人ホームでの業務時間を含めたりしたのが原因の一つです。やむを得ない事情で職員数が一時的に1割の範囲内で減少した場合は、1か月を超えない期間内に職員が補充されれば職員数が減少しなかったものとみなされます。それ以外の場合で人員基準減算の要件に合致した場合は、請求額の30％を減額します。

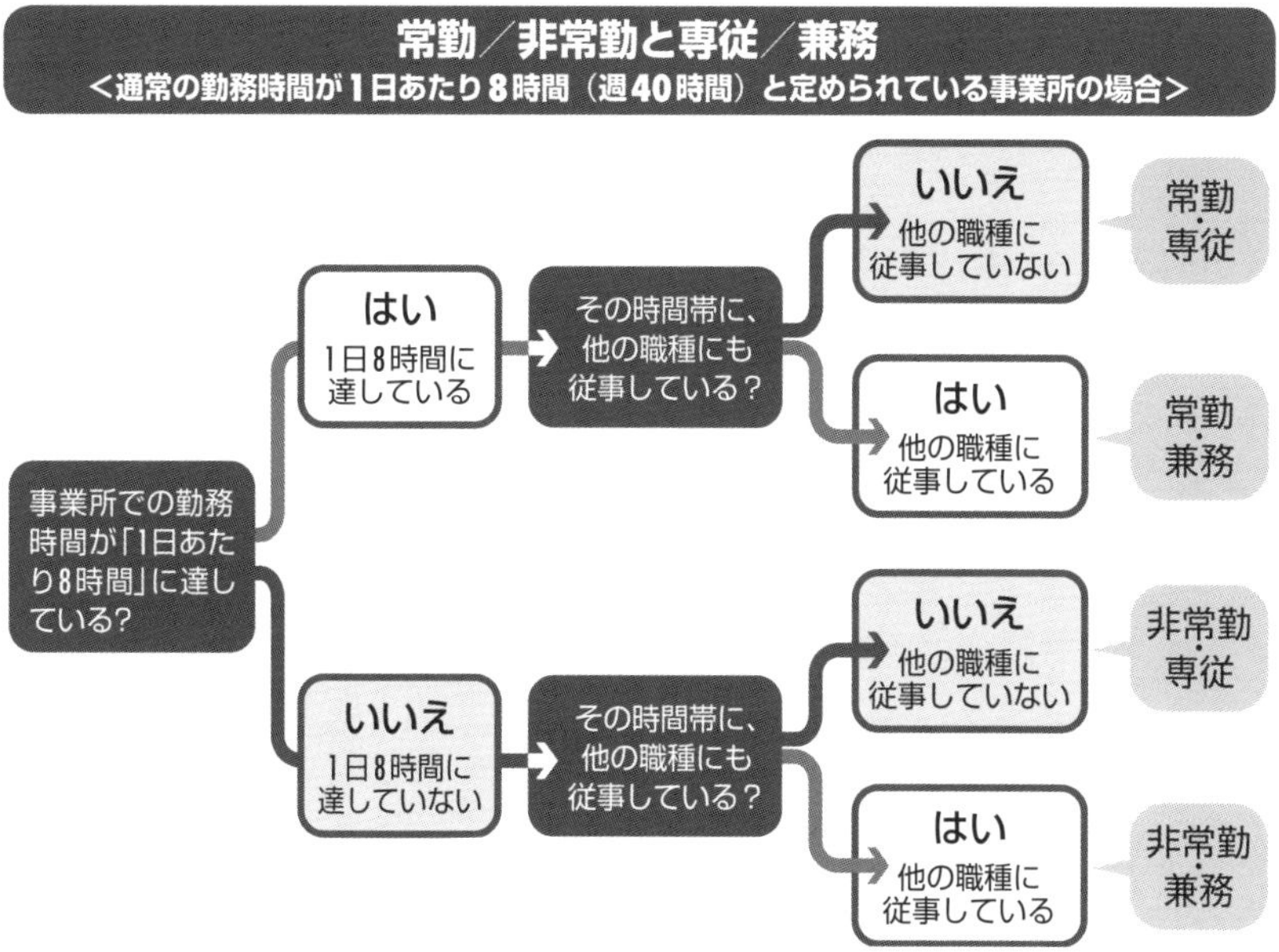
常勤／非常勤と専従／兼務
<通常の勤務時間が1日あたり8時間（週40時間）と定められている事業所の場合>
事業所での勤務時間が「1日あたり8時間」に達している?
はい 1日8時間に達している
いいえ 1日8時間に達していない
その時間帯に、他の職種にも従事している？
いいえ 他の職種に従事していない
はい 他の職種に従事している
常勤・専従
常勤・兼務
非常勤・専従
非常勤・兼務

44 職員の勤務状況の確認対策

専従とは勤務時間を通じて、その役割以外の職務や、当該サービス以外の職務に従事しないことです。

「専従」の考え方とは？

「専従」とは勤務時間を通じて、その定められた役割以外の職務に従事しないことです。その拘束時間は事業所の勤務時間全体であって、サービス提供時間ではありません。管理者などの例外を除いて、専従配置が求められる職種では、勤務時間を通じて他の職種の業務を兼務することはできません。

なお、常勤専従規程のある職種以外は、専従する職員は、配置が必要な時間帯の中で他の職員との交代勤務は可能です。ただし、無計画な交代は認められず、事前に勤務予定表で定めていることが必要です。

職員の資格者証が確認される

職員の資格者証は必ず確認されます。全職員の資格者証のコピーはファイルなどにまとめて保管しましょう。たとえば「履歴書だけで資格を確認して、実際の資格者証の提示を求めないまま業務に就かせた結果、数年後の運営指導で、実際は無資格であったことが判明した」など、嘘のような話も実際にあります。採用した職員の資格者証を必ず確認して、コピーを保管するようにしてください。

雇用契約書と就業規則が確認される

介護サービスで人員基準に定められた職種に従事する場合は、老企第25号の規程によって、雇用契約があり管理者の指揮命令下にあることが条件です。雇用契約書と就業規則は、職員の全員分について、運営指導で必ず確認されます。介護施設などで、部署間での職員異動をした場合は、辞令も確認されます。それらの書類によって、常勤・非常勤などの確認作業が行われます。介護職員処遇改善加算を算定している場合も、重要な確認書類の一つです。

職員の開業時点での勤務状況が確認される

新規で許認可を受けた後、最初の運営指導で必ず確認される事項が、許認可申請書に記載された勤務予定の、開業時点での実際の勤務状況です。許認可申請書には、雇用予定である職員の雇用契約書または雇用確約書を添付しますが、この事実確認が行われます。

これまでの不正として「許認可申請時に届け出た職員が、実際には他の施設に勤務していて退職予定はなく、明らかに開業時点で勤務できる状況になかった」「開業時には、全く別の人間が勤務していた」という事例が多く存在します。この場合は、明らかな名義借りで「虚偽申請」となります。多くは許認可時にさかのぼって指定が取り消され、当然、介護報酬は全額返還で、罰金が請求総額の40％上乗せされます。ただし、申請時には実際に勤務する予定であったが、開業までの間に諸事情によって退職または勤務できなくなった場合は何も問題ありません。

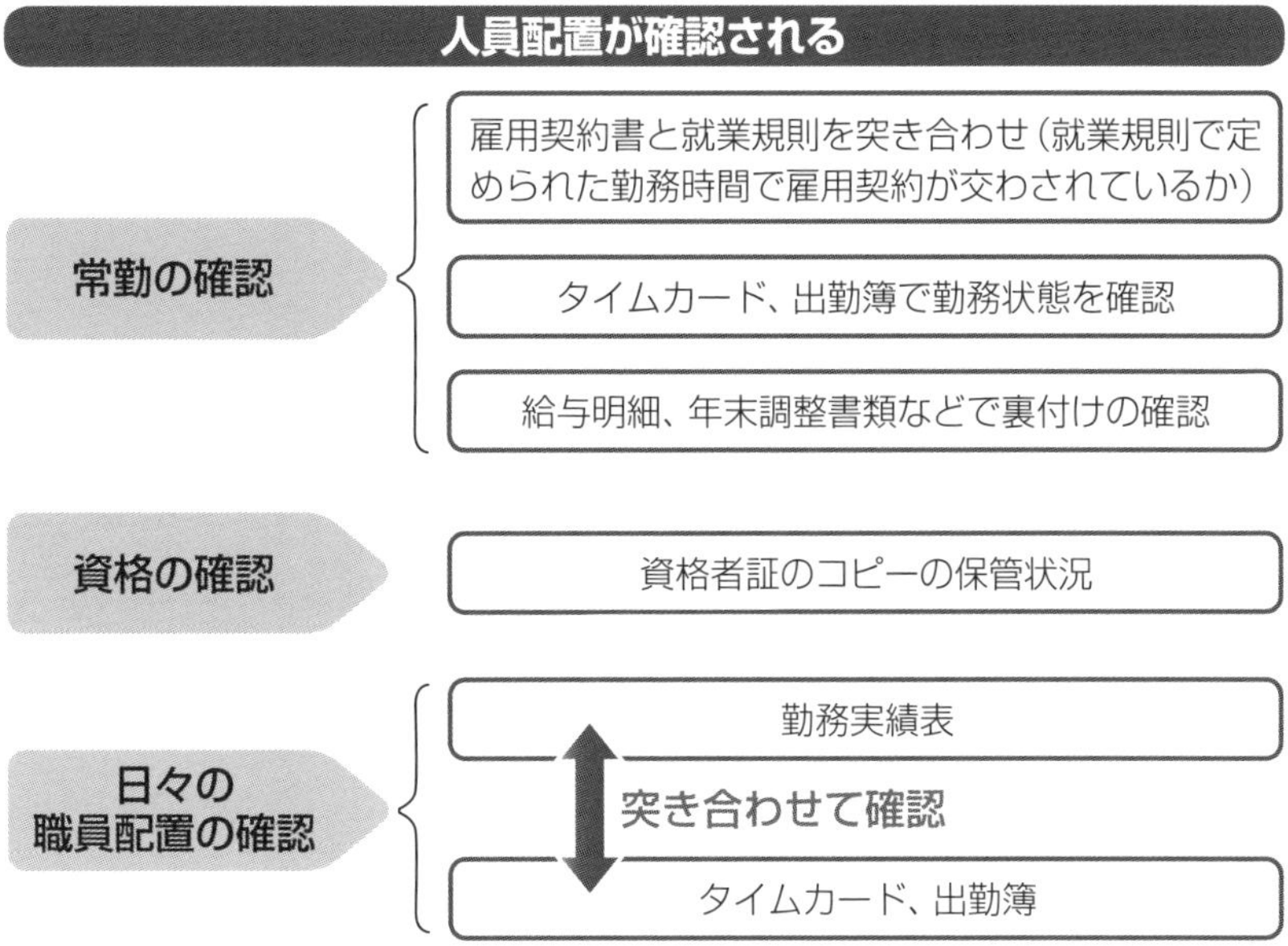

45 防災訓練と衛生管理対策

24時間体制の事業所では、年2回の防災訓練の実施が義務となっています。

防災訓練は年1〜2回以上の実施が必要

防災訓練は、デイサービスなど日中だけサービスを提供する事業所は年1回、介護施設など24時間体制の施設は年2回の実施が義務となっています。防災訓練は、サービス提供時間の中で、利用者も参加して行うことが原則です。利用者が参加した防災訓練の時間は、サービスに必要な対策のため、提供時間に含めることができます。

年2回の防災訓練で、うち1回は夜間を想定した防災訓練を行います。これは、深夜に非常ベルを鳴らして就寝中の入所者を起こし、寒い夜空の下に長時間放置することではありません。夜間は、夜勤職員や宿直のみとなります。その夜勤者が、いかに災害時に入所者を避難させるかを想定した訓練を行います。

基本的に、防災マニュアルの記載に沿う訓練を、夜間を想定した昼間に実施します。これは義務であり、「忙しい」は未実施の理由となりません。

防災訓練は具体的な計画を立てて実施すること

防災訓練の具体的な計画では、火災など災害の具体的な種類と発生時間、避難する場所、職員間の連絡方法、利用者家族との連絡方法、ライフラインが機能しない場合などを想定します。その計画に基づいて、シミュレーションの訓練を実施。実際に避難訓練を行うとともに、消火設備や備品関係、配電盤などのチェック、バリアフリーの再点検を行います。

運営指導の当日には、防災訓練の実施状況を訓練記録で確認されます。また、カーテンは防炎難燃性のものを使用しているか、消火器の使用期限なども各部屋を視察する時点で確認されます。

防災訓練実施の記録は写真添付がお勧め

防災訓練の実施後は必ず訓練記録を作成して保管します。運営指導では、記録に基づいて、当日の様子を詳細に確認されます。お勧めの方法は、訓練の様子を写真に撮ってプリントし、記録とともにファイルしておくことです。写真はスマホでも撮れますし、カラープリンターを使ってコピー用紙に印刷すればコストも最小限で抑えられます。何よりも見ればわかる記録となり、余計な説明が不要です。写真の活用は、運営指導にはとても有効な方法です。

衛生管理の状況確認はマニュアルや研修があるかどうか

安全衛生管理においては、ノロウイルス、新型インフルエンザなど感染症に関する「マニュアルの整備状況」や、感染症の流行時期までにマニュアルを職員間で周知するための職員の研修記録などが確認されます。感染症対策については、厚生労働省から「高齢者介護施設における感染対策マニュアル」が公表されています。

衛生管理の状況確認のポイント

- □ 服薬管理の状況、消毒用品、洗剤、刃物などの収納状況
- □ 手の消毒のためのポンプ式消毒液の設置の状況。トイレでの紙ナプキンの設置の状況
- □ リネン庫に清潔なリネン以外を置いていないか
- □ 汚れ物や汚物の処理や保管状況。事業所内の清掃の状況
- □ 事故防止の観点から、画鋲などの使用状況
- □ 感染症対策の常備品として、次亜塩素酸ナトリウムや消毒用エタノールの消毒液の備えの状況
- □ 使い捨てマスク、使い捨ての手袋、使い捨ての布、使い捨てのビニールエプロンなどの設置状況

46 運営規程と重要事項説明書対策

運営基準に記載された項目に従わない場合は、違反として指導もしくは行政処分が下されます。

運営規程に変更が反映されているか

運営規程は、介護事業所の「法律」ともいえます。運営指導では、記載された内容が確実に実施されているかを確認します。また、制度改正などで記載内容に変更の必要が生じたり、項目の追加が必要になったりした時点で、修正されているかが確認されます。介護報酬の時間区分が変更された場合などで、事業所の営業時間やサービス提供時間に変更がないかも重要なチェックポイントです。また、防災訓練、健康診断の実施回数と、記載内容との整合性も確認しておきます。

重要事項説明書に変更が反映されているか

重要事項説明書は、介護サービスの開始時点までに利用者や家族に対して内容を説明して同意を得なければなりません。控えは利用者に渡します。運営指導では、その同意日とサービス開始日が前後していないかを確認します。同意の記録も重要です。記載内容について重要な変更があったり、介護報酬改定により報酬料金が変わったりした場合は、必ず再作成して、その変更日までに利用者から再び同意を得て、控えを交付する必要があります。

事前準備と対策のポイント

これらの書類は、許認可時に一度、役所の確認が終わっている書類です。運営指導だからといって、重大に考える必要はありません。たとえば職員数に変更があれば、大規模な変更以外は、通常は年に1回、毎年3月時点での実職員数を記載して変更届けを出せば大丈夫です。その他の部分での重要度も高くはありません。事前に完全に対応できることがベストですが、修正漏れがあった場合は、役所からの指摘があります。

運営規程と重要事項説明書の規定、また掲示に必要な項目

●＝掲示、重要事項説明書、運営規程　◎＝重要事項説明書、運営規程（掲示は任意）
○＝掲示、重要事項説明書　△＝掲示

掲示項目／サービス	運営方針 事業目的	利用料 介護内容	勤務内容 勤務体制	営業時間 営業日	事業の実施地域	入所利用定員及び居室数	緊急時等の対応方法	事故発生時の対応	苦情処理体制	非常災害対策	秘密保持	施設利用に関する留意事項	協力病院	第三者評価の実施状況	食事提供の内容	一時介護室取扱い	その他運営に関する留意事項
訪問介護	●	●	●	●	●		●	○	○					○			◎
訪問入浴介護	●	●	●	●	●		●	○	○					○			◎
訪問看護	●	●	●	●	●		●	○	○					○			◎
訪問リハビリ	●	●	●	●	●			○	○					○			◎
居宅療養管理指導	●	●	●	●				○	○					○			◎
通所介護	●	●	●	●	●	●	●	○	○	●				○			◎
通所リハビリ	●	●	●	●	●	●		○	○	●				○			◎
短期入所生活介護	●	●	●		● 送迎	●	●	○	○	●				○			◎
短期入所療養介護	●	●	●		● 送迎			○	○	●		●		○			◎
特定施設入居者生活介護	●	●	●			●	●	○	○	●		●				● ※	◎
福祉用具貸与	●	●	●	●	●			○	○					○			◎
特定福祉用具販売	●	●	●	●	●			○	○					○			◎
介護老人福祉施設	●	●	●			●		○	○	●		●	△	○	○		◎
介護老人保健施設	●	●	●			●		○	○	●		●	△		○		◎
介護療養型医療施設	●	●	●			●		○	○	●		●			○		◎
介護医療院	●	●	●			●		○	○	●		●	△		○		◎

※"一時介護室"の設置がない場合は不要。

出典：沖縄県庁資料「運営規程及び重要事項説明書の規定並びに掲示が必要な項目（再掲）」

47 契約書と個人情報利用の同意書対策

個人情報利用の同意書には利用者の同意欄とともに家族の同意欄が必要です。

契約書の確認は利用者保護の観点から

介護保険法第2条第3項において、介護サービスは「被保険者の選択に基づき」行われるとされました。ここに民法上の契約の概念が発生しています。

実は契約書は、介護保険の基準で求められている必要書類ではありません。しかし、後日トラブルや裁判などになったときには契約書の記載事項によって判断されるために、利用者と事業者双方を保護する意味で、文書による契約書の作成が求められます。

そのために運営指導では、利用者保護の観点から必ず契約書取り交わしの状況と内容が確認されています。契約書は、各ページに割印もしくは袋とじで正副2通を作成し、双方が自署捺印（自筆でサインして実印を押印）が基本ですが、電子契約なども有効です。

契約書の記載事項に特に定めはありませんが、不適切および利用者に著しく不利な契約内容の場合は是正の指導がなされます。高齢者を対象とした介護サービスの提供では、事故や法的なトラブルも起こりがちです。契約書の文言一つで係争となった場合の有利不利が起こりますので、可能な限り弁護士などの法律の専門家の確認を得ておくのが安心です。同時に十分な損害賠償保険にも加入しておくべきでしょう。

また、介護事業者と利用者との契約書は、原則として民法上の請負契約に該当しませんので、収入印紙の貼り付けの必要はありません。

個人情報の利用の同意書もしっかり管理

介護サービスを行う会社および職員には守秘義務があります。個人情報の利用の同意書は、ケアマネジャーが招集するサービス担当者会議に限って、利用者の個人情報を共有してよいというものです。サービス担当者会議では、同居家族の個人情報も共有する必要があります。利用者本人の同意だけではなく、家族の代表者の同意も必要となりますので、事前に同意書のひな形に家族の同意欄を設けておきます。ただし、独居などで家族の情報が不要の場合は、家族の同意の必要はありません。

同意の場合の印鑑、サインはどうする

代理人欄を家族が記載するので家族欄は不要ではないかとの質問もいただきますが、代理人はあくまでも「利用者本人の代理」であり、家族の同意にはなりません。代理人が同意する場合は、代理人がまず本人欄を代筆して、代理人欄に代理人自身の記載をします。

同意書は契約ではないので、署名捺印は必要ありません。署名または記名押印で十分です。署名とは空欄にサインをもらうことです。記名押印は最初から名前などを印字しておき印鑑をもらうことをいいます。２０２１年度介護報酬改定で押印が不要となり、メール等での同意も可能となりました。電子署名を使う場合は押印も署名も付与されます。しかし、地域によってはローカルルールがあるため注意が必要です。

個人情報使用同意書の例

個人情報使用同意書

私及びその家族の個人情報については、次に記載するとおり必要最小限の範囲内で使用することに同意します。

記

1　使用する目的
事業者が、介護保険制度に関する法令に基づき私に行う　○　○　　サービスを円滑に実施するため、担当者会議において、又は私が利用する他のサービス事業者等と情報の共有が必要な場合に使用する。

2　使用にあたっての条件
①個人情報の提供は、1に記載する目的の範囲内で、必要最小限に留め、情報提供の際には関係者以外には決して漏れることのないよう細心の注意を払うこと。
②事業者は、個人情報を使用した会議、相手方、内容等を記録しておくこと。

3　個人情報の内容（例示）
・氏名、住所、健康状態、病歴、家庭状況等、事業者がサービスを提供するために最小限必要な利用者や家族個人に関する情報
・その他の情報

○○○○年○○月○○日
○○　○○　事業所　○○　○○　様

（利用者）　住所　○○○○○
　　　　　　氏名　○○　○○
※代筆の場合、代筆者の住所・氏名を併記すること。

（代理人）　住所　○○○○○
　　　　　　氏名　○○　○○

（利用者家族）　住所　○○○○○
　　　　　　　　氏名　○○　○○　（続柄：　　　）

48 介護計画対策 その①

計画のないサービス提供は、実際にサービスを提供していたとしても介護報酬を請求できません。

介護計画書の作成は誰でもいいわけではない

介護計画書は、サービス提供を行うためにはなくてはならない書類です。介護サービスは介護計画に基づいて提供するのが大原則です。計画のないサービス提供は、実際に提供していたとしても介護報酬の請求はできません。利用開始時に作成するだけではなく、モニタリングの評価で目標が達成されたとき、更新・区分変更など利用者の状態に変化があったときも作成します。

介護計画の作成者は、介護サービスの種類ごとに決められています。他の者が作成しても、その介護計画は認められません。たとえば、訪問介護計画はサービス提供責任者が作成し、通所介護計画は管理者が作成することになっています。

ただし、通所介護の場合は管理者のもと、共同で作成することが認められるので、一般的には管理者と生活相談員が共同で作成することが多くなっています。この場合も、生活相談員が一人で作った介護計画書は認められません。共同で作成したことが確認できるように、各職種が確認印を計画書に押印します。打ち合わせの度に業務日誌や支援経過記録などにその旨を記載します。

ケアプランに沿った計画を立てる意味は？

介護計画はケアプランに沿ったものを作ることになっています。これはケアプランの内容を丸写しすることではありません。ケアプランに「入浴」が位置づけられていた場合は、「入浴」に関する個別介護計画を作成します。勝手に「清掃」などケアプランにないサービスを付け加えてはいけません。

介護計画には目標、日課、提供時間、具体的なサービスの内容などを漏れなく記載します。作成者、作成日、サービスの所要時間と具体的な提供内容が記載されていることが必須で、これらがサービス提供の所要時間の請求の根拠になります。

介護計画の目標設定

介護計画の目標は、アセスメントで得た利用者の希望を反映しなければなりません。ケアマネジャーが作ったケアプランの目標を、そのまま転記すると指導対象となります。「利用者が目標とする生活」にできるだけ近づくように、明確な目標を設定します。

運営指導では、目標の表現などの指導を受けることがあります。その多くは、「安全に生活できる」「楽しく過ごせる」など、目標が漠然とした表現であることが理由です。目標はできるだけ具体的に、個別性のある目標にします。利用者が一定期間で達成が可能であり、利用者の達成感や自信を強化して意欲向上につながる目標でなければなりません。長期間、達成できない目標は、見直し対象となり、再作成が必要です。

アセスメントを計画に反映させる

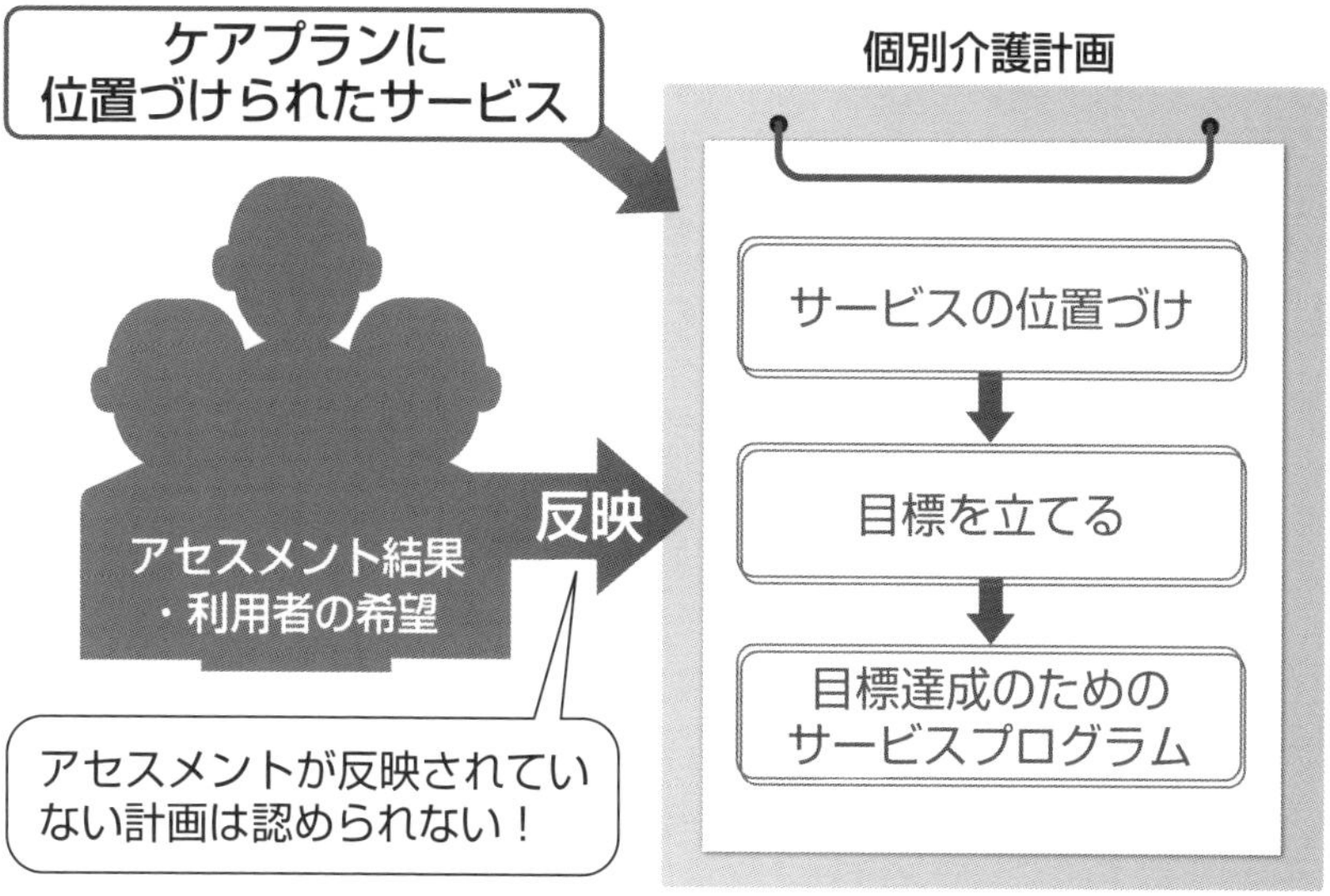

49 介護計画対策 その2

介護計画は、利用者に対して説明・同意を得て、控えを交付してからサービスを開始します。

計画に位置づける
サービスの標準的な時間とは

6時間以上とは、6時間ピッタリで大丈夫か、10分は余裕を持たせるのか。介護計画に位置づけるサービスの標準的な時間は、ローカルルールで地域ごとに異なりますので事前に役所に確認しましょう。サービスの所要時間には、送迎時間を含めません。送迎時間とは、車の乗降、事業所内への移動時間、身支度の時間、帰宅のための待ち時間などのことです。

介護計画への同意はサービス提供前が必須

介護計画は、必ず利用者に対して説明・同意を得て、控えを交付してからサービスを開始します。同意は本人が原則です。本人に同意能力があるのに家族から同意を得ている場合は「不適切」として指導されます。いかなる理由があっても、説明・同意の前に介護サービスを開始することは認められません。同意日以前の日付のサービス提供は請求できず、返還指導となります。介護計画書は作成時点では「原案」であり、同意によって「本プラン」となります。介護サービスは本プランがあって初めて提供できます。

同意の記録としての署名や記名捺印に漏れがあった場合は、「原案」で介護サービス提供を行ったとして介護報酬の返還指導となります。印鑑の漏れや、提供開始日との日付のズレなどは事業所内で定期的にチェックが必要です。

ケアプランの到着が遅れている場合

「ケアマネジャーからのケアプランが遅れているために、個別介護計画が作成できない」旨の質問をお受けします。ケアプランが未着の場合は、事業所が行ったアセスメントとサービス担当者会議の内容に沿って個別介護計画を作成し、利用者に説明・同意・控えの交付を行ってからサービス提供を開始します。その後、ケアプランが到着した時点で個別介護計画と突き合わせを行います。修正の必要がない場合はそのままで、修正の必要がある場合はその時点で再作成を行います。

ケアプランの写しが保管されていない場合

ケアプランの写しが保管されていないとの理由で、介護報酬の返還指導を受けた事例もあります。理由は、「介護計画はケアプランに沿ったものである。ケアプランの写しがないのなら、ケアプランに沿った介護計画ではない。正規の介護計画とは認められないので報酬返還」との指導です。そこでケアプランの写しは必ずケアマネジャーから受け取って時系列で保管します。

どうしてももらえない場合は、担当のケアマネジャーに控えの交付を請求する都度、業務日誌などにその日付、時間、方法を記録することで事業所側の責任は回避できます。控えの未交付はケアマネジャーにとっても運営基準違反として処分対象となります。

ケアプランが遅れた場合、到着後に突き合わせる

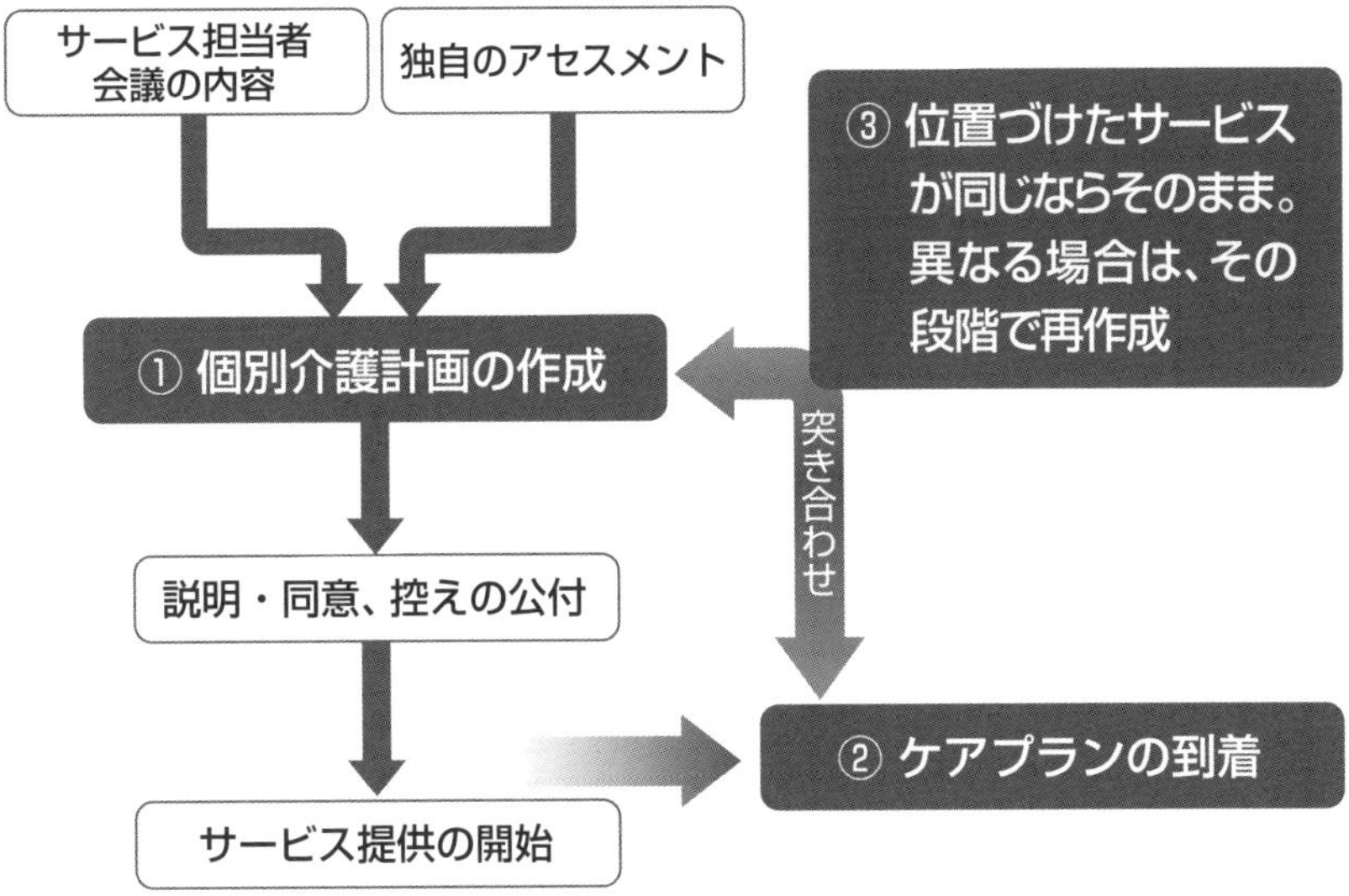

50

アセスメントとモニタリング対策

記録として、介護計画書の枚数分だけアセスメントシートが揃っていることが正常です。

アセスメントシートと介護計画書は必ずペアに

介護計画書の作成前に、必ず利用者の心身や生活の状況把握と分析のためにアセスメントを実施して、その記録としてアセスメントシートを作成します。アセスメントシートと介護計画書は必ずペアになり、片方だけということはありません。つまり、介護計画書と同じ枚数のアセスメントシートが保管されているはずです。

しかし、アセスメントが初回しか行われていないとの指導事例はとても多いのです。また、アセスメント結果と介護計画とのバランスも大切です。たとえばアセスメントで、「身の回りのことは自分でできる」と判断して、介護計画では「身の回りを清潔に保つため、掃除・洗濯を提供する」という計画はあり得ません。アセスメントは、利用者が自立した生活をするためには何が問題であるかを分析して、支援ニーズを明確にします。利用者の希望を聞いてできないことを補うだけでなく、できていることをやり続けるための支援など専門職としての視点が重要です。

モニタリングでは目標の達成評価が重要

モニタリングの重要な役割は、介護計画書に記された目標の達成状況を評価し、サービスが適切に行われているかを確認することです。評価内容は、利用者に説明した上で記録します。記録は、介護計画書の中に評価欄を設けて、次の計画説明のときに前回の評価について説明して、確認の印鑑などをもらう形で十分です。

モニタリングでは、目標の達成状況の評価が重要ですので、ここが抜けては意味がありません。「達成」「一部達成」「未達成」などで評価し、その評価となった理由の記載も必要です。

「達成」評価の場合は、現在の介護計画における目標が達成されたのですから、その介護計画は終了です。改めてアセスメントを行って新しい目標を立て、新たな介護計画を作成します。「未達成」評価の場合は、目標が達成されていないのですから、今の計画は継続して使用します。ただし、目標の未達成状態が長期間続く場合は、現状の目標は実現可能な現実的な目標とはいえず、目標そのものを見直して、介護計画を作り直す必要があります。

モニタリングを行う頻度は、加算関連の計画に関する評価以外では、明確な規定はありません。目標の達成状況の評価という観点から、事業所内に合理的な規程があればそれに従います。少なくても介護計画書に記された短期目標の期間ごとにモニタリング評価を行うべきです。そのため、短期目標の期間ごとにモニタリングシートが作成されているかという視点での指導も多くあります。

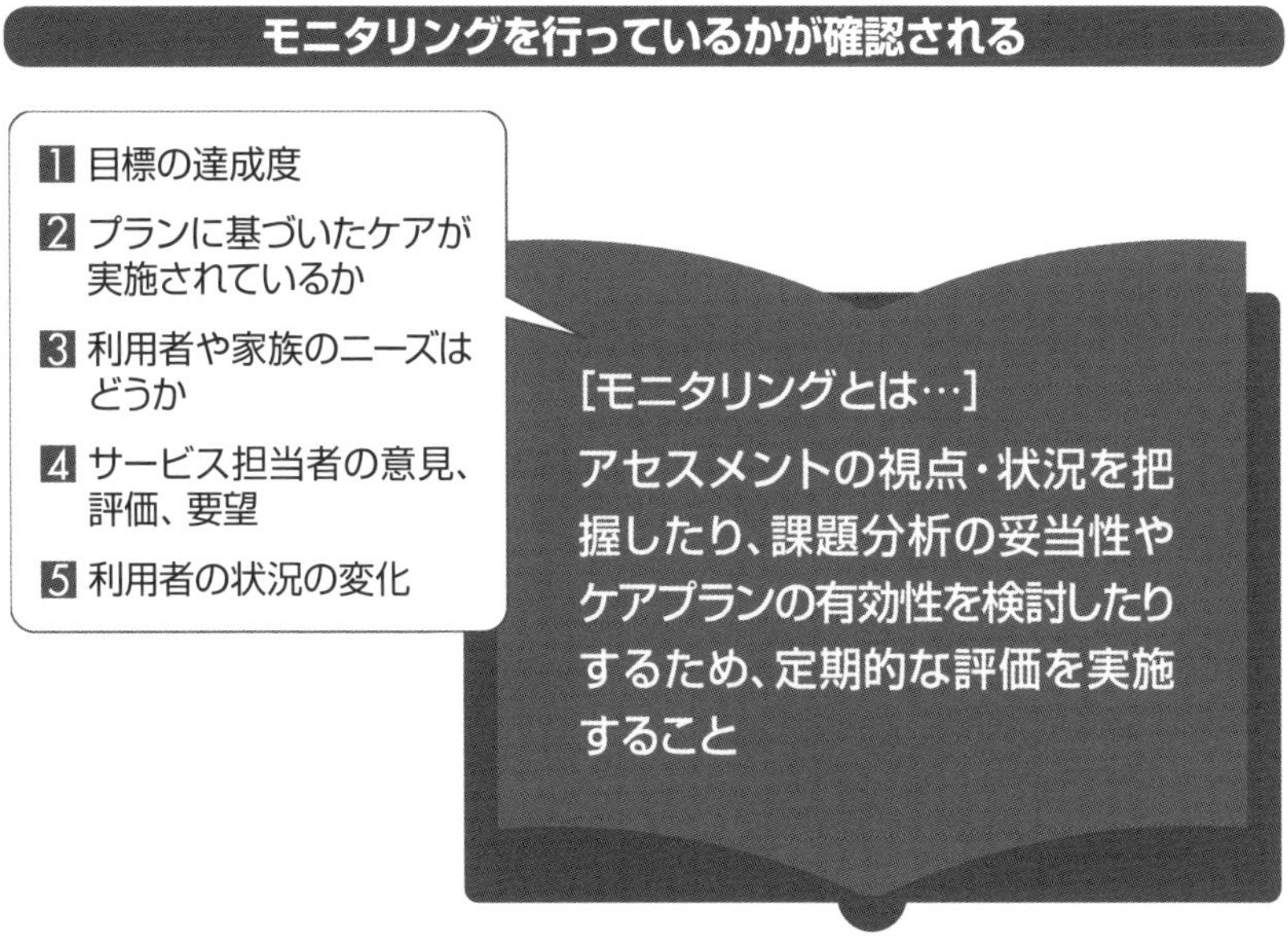
モニタリングを行っているかが確認される
1 目標の達成度
2 プランに基づいたケアが実施されているか
3 利用者や家族のニーズはどうか
4 サービス担当者の意見、評価、要望
5 利用者の状況の変化
[モニタリングとは…]
アセスメントの視点・状況を把握したり、課題分析の妥当性やケアプランの有効性を検討したりするため、定期的な評価を実施すること

51 サービス提供記録の記載対策

サービス提供記録の内容に不備がある場合は、介護報酬の返還指導につながります。

サービス提供記録の重要性

サービス提供記録は、介護サービスを提供したことの証拠であって介護報酬請求の根拠となるものです。サービス提供記録がなかったり、記録の内容に不備があったりした場合は「介護サービスの実施の事実が確認できない」として介護報酬の返還指導となります。

サービス提供記録の項目には、図に示したものがあり、これらは最低限必要です。特に「サービス提供時間」は、介護報酬の請求の根拠として、実際にサービスが提供された実時間を記載しなければなりません。

サービス提供記録に記載する提供時間

サービス提供記録に、最初から開始時間と終了時間が印字してあったり、開始時間と終了時間の記載がなかったりする記録を見かけます。たとえば、サービス提供記録に最初から開始時間が10時と印字されているのに、当日の送迎記録を見ると到着が遅れて10時10分となっているケース。この時点で、サービス提供記録の信憑性は失われます。手書きの手間を惜しんで、介護報酬の返還となっては意味がありません。サービス提供時間は、必ず、利用者ごとの実提供時間を都度記入してください。

同様に、提供記録に、時間の記載がない理由を尋ねると、多くの場合「送迎記録を見るとわかるから」と答えが返ってきます。しかし、送迎記録に記載されているのは、到着時間と出発した時間です。到着イコール、サービスの開始時間ではありません。これでは、時間の刻印のないタイムカードで、給与をくれといっているのと同じです。また、サービス提供記録に、保険外サービスの提供時間や提供内容を記載してはいけません。必要な場合は、別に作成する必要があります。

サービス提供記録の記載方法

サービス提供記録は、単なる利用者の状態の観察記録ではありません。その日に行ったサービスの内容とともに、利用者の提供時の状況をできるだけ具体的・客観的に書きます。そのため、摘要欄も空欄にせず、できるだけ具体的に記載します。書き誤った場合は、必ず「見え消し」にします。見え消しは二本線ではなく、一本で取り消し線を引き、その上部に書き直します。修正テープや修正液も使用してはいけません。

サービス提供記録は、職員間で共有して、利用者や家族の求めに応じての閲覧が義務づけられています。記録は殴り書きではなく、常に丁寧な文字で記入します。不適切な表現や閲覧者が不愉快に感じる言葉を使うことは厳禁です。管理者や責任者は適時、内容をチェックして、問題があれば速やかに職員を指導します。入社時の職員研修で、サービス提供記録の書き方研修に重点を置く事業所も少なくありません。なぜなら、それが大切な商品だからです。運営指導での印象がよくなることはいうまでもありません。

サービス提供記録はしっかり整備すること

基準

指定訪問介護事業者は、指定訪問介護を提供した際には、提供した具体的なサービスの内容等を記録するとともに、利用者からの申出があった場合には、文書の交付その他適切な方法により、その情報を利用者に対して提供しなければならない。（指定居宅サービス等の事業の人員、設備及び運営に関する基準第19条第2項）

記録すべき項目

- サービス提供日
- サービス提供時間（実時間）
- サービス内容
- 提供者の氏名
- 利用者の心身の状況
- その他（送迎時間ほか）

提供記録の目的と留意事項

- 利用者のニーズを明確にし、サービスの質を向上させる
- 適切なサービスであったかどうかの根拠となる
- 介護報酬請求の根拠となる
- ケアプラン等に記載された時間ではなく、実際に提供した時間を記載
- 2年間の保存義務がある（完結の日から）

52 個別機能訓練の計画と記録対策

個別機能訓練計画書は、機能訓練指導員、看護職員、介護職員、生活相談員など多職種が共同で作成します。

個別機能訓練計画書を共同で作成する

通所介護などの個別機能訓練計画書は、厚生労働省が提示したひな形の項目をすべて網羅する必要があります。その中で、目標、実施期間、実施方法など、加算の算定要件にある項目は必ず記載します。計画書は機能訓練指導員、看護職員、介護職員、生活相談員などが共同して作成しますが、共同で検討した記録として、検討日時と場所、出席者、内容などを業務日誌や支援経過記録等に記載します。

また、計画書作成に関わった職員が余白に押印します。この記録が運営指導において重要になります。作成後は利用者に、計画書の説明・同意の上、同意日を記載してサインまたは印鑑をもらいます。

個別機能訓練加算は、同意日から算定します。それ以前に行った機能訓練については、加算の算定はできません。個別機能訓練計画では、複数の種類の機能訓練の項目を提示して、利用者がその中から選択していることを確認できなければなりません。

機能訓練の記録をしっかり残す

当日の機能訓練記録では、機能訓練を担当した職員名、実施時間、実施内容の記載が必須です。利用者が選択した項目や、指導員の選択に対するアドバイスの内容も記載します。

また、理学療法士等が配置される曜日は事前に決めていなければなりません。その証拠となる月間勤務シフト表とケアマネジャーへの連絡方法、利用者に周知するために事業所内に掲示したことなどが、運営指導で記録から確認されます。事業所内に掲示した場合は、その様子を写真に残すことにより記録の信憑性を高めます。

興味・関心チェックシートも活用する

計画を作成する前段階として、利用者の居宅を訪問して生活状況やADL・IADLの状況確認を実施します。そのときに使用するものが「興味・関心チェックシート」と「居宅訪問チェックシート」です。この2つは厚生労働省がひな形を提示していますので、コピーして使用します。

計画の目標設定と定期的な居宅訪問

個別機能訓練計画の目標は、加算Ⅰの場合は身体機能の向上（立つ、歩くなど）、加算Ⅱの場合はADL・IADLの改善（キッチンで料理を作るなど）を目的としなければなりません。これを誤ると、加算の算定ができずに返還指導となります。機能訓練の開始後は、3か月に1回の居宅訪問を行い、生活状況の確認とモニタリングの評価の説明、個別機能訓練プログラムの見直しの説明などを行います。

このときの訪問担当は、機能訓練指導員以外も認められており、計画書に共同作成者として押印した職員が担当できます。訪問は、送迎の帰りに立ち寄ることも可能です。

興味・関心チェックシート

生活行為	している	してみたい	興味がある	生活行為	している	してみたい	興味がある
自分でトイレへ行く				生涯学習・歴史			
一人でお風呂に入る				読書			
自分で服を着る				俳句			
自分で食べる				書道・習字			
歯磨きをする				絵を描く・絵手紙			
身だしなみを整える				パソコン・ワープロ			
好きなときに眠る				写真			
掃除・整理整頓				映画・観劇・演奏会			
料理を作る				お茶・お花			
買い物				歌を歌う・カラオケ			
家や庭の手入れ・世話				音楽を聴く・楽器演奏			
洗濯・洗濯物たたみ				将棋・囲碁・麻雀・ゲーム等			
自転車・車の運転				体操・運動			
電車・バスでの外出				散歩			
孫・子供の世話				ゴルフ・グラウンドゴルフ・水泳・テニスなどのスポーツ			
動物の世話				ダンス・踊り			
友達とおしゃべり・遊ぶ				野球・相撲等観戦			
家族・親戚との団らん				競馬・競輪・競艇・パチンコ			
デート・異性との交流				編み物			
居酒屋に行く				針仕事			
ボランティア				畑仕事			
地域活動（町内会・老人クラブ）				賃金を伴う仕事			
お参り・宗教活動				旅行・温泉			
その他（　　　　）				その他（　　　　）			
その他（　　　　）				その他（　　　　）			

出典：厚生労働省資料

53 送迎記録の対策

毎日の利用者一人ひとりの送迎状況を、きちんと記録に残さないといけません。

送迎記録の意味は

送迎記録は法令で定められた作成書類ではありませんが、運営指導では必ず確認されます。必ず毎日の利用者一人ひとりの送迎状況を記録に残しましょう。これを怠ると、送迎の事実が確認できないとして「送迎減算」が適用され、介護報酬の返還指導となります。

運営指導における送迎記録は、主にサービス開始時間と終了時間に誤りがないかを確認するための書類です。元々通所介護には送迎加算があり、その算定要件の確認で送迎記録が必要でした。しかし、2009年から、送迎加算は基本報酬に包括。現在は、基本報酬に送迎費用が含まれているため、送迎の必要のない利用者は、送迎費用を基本報酬から差し引く必要があり、送迎減算が設けられました。送迎減算の適用の確認が、送迎記録で行われます。

送迎については、「利用者の家の玄関から事業所の入口まで」に限っての特例として認められています。利用者の求めに応じて、通常の送迎ルートを逸脱して希望の場所で乗降させることは「白タク行為」となり、法令違反として認められません。

送迎記録に記載するべき内容は

送迎記録に求められる記載事項は、図に示す通りです。運営指導における送迎記録の確認は、サービス提供の開始・終了時間を確認する意味合いが強いため、事業所が送迎しない家族送迎などの場合も、何らかの形で到着時間と出発時間の記録を残してください。

また、職員が徒歩で来所する利用者を迎えに行く徒歩送迎も、送迎減算の適用を受けないために、必ず記録を残すことが重要です。徒歩送迎の記録がないという理由で返還指導となる事例があります。

送迎はどこまで認められる？

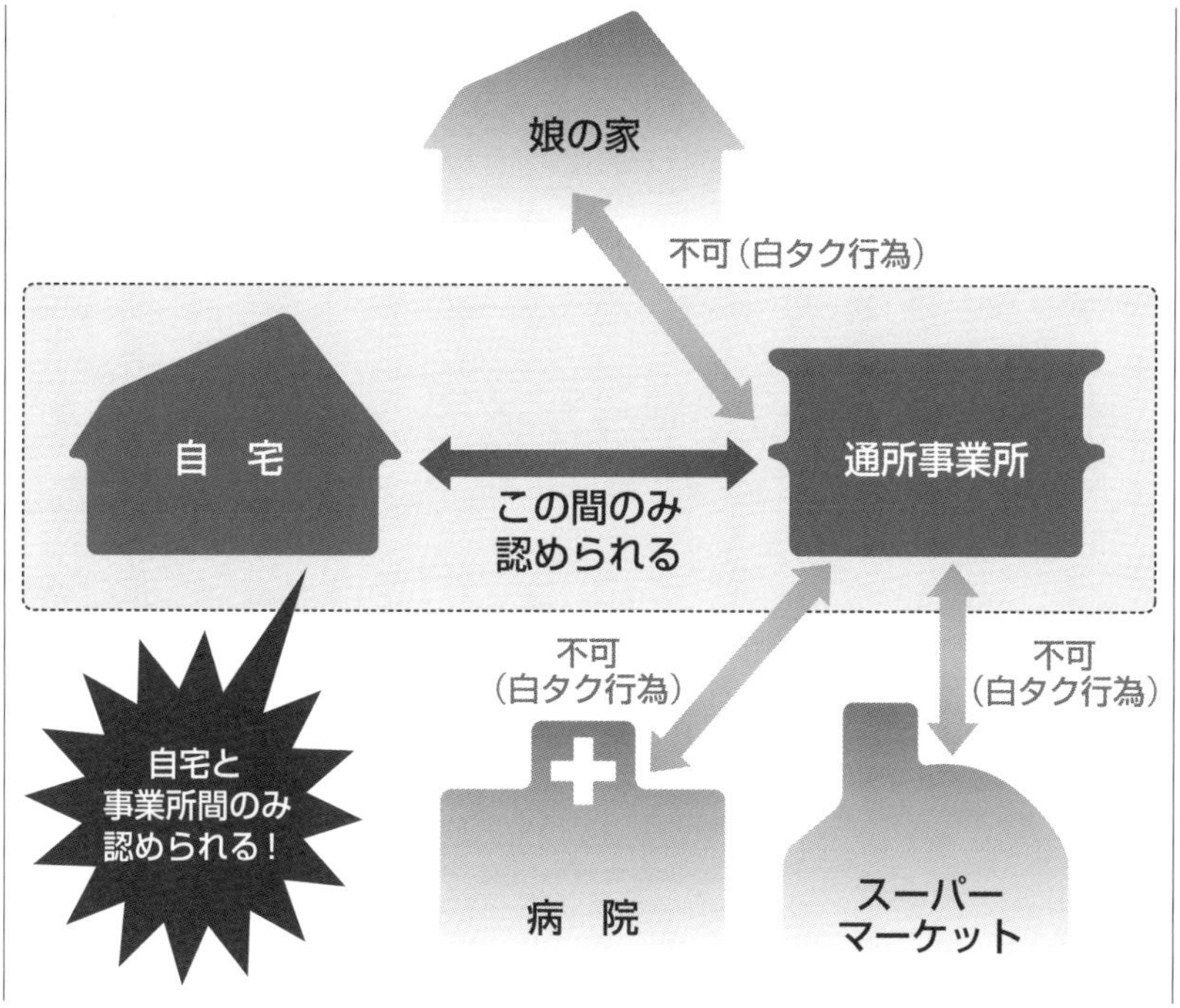

送迎記録に求められる記載事項

1. 配車ごとの出発時刻・到着時刻
2. 配車ごとの送迎した利用者名
3. 送迎の乗降場所
（自宅〜事業所間以外の場合、その理由）
4. 運転者・同乗者名
5. 特記事項

54 業務日誌と研修の計画対策

業務日誌では、管理者が一元管理を行っているかが確認されます。

事業所の日誌等の整備

運営指導では業務日誌の提示が求められます。業務日誌で確認される項目は、①その日の利用者数、②管理者の職務の2つです。その他の部分はサービス提供記録で確認されます。先の②については、管理者がしっかり一元管理を行っているかが確認されます。管理者は必ず業務日誌に目を通して、職員によって記載された内容について指示した内容をコメント欄などに記録しなければなりません。

業務日誌は任意の作成書類ですので、決められたひな形や掲載項目は定められていません。とはいえ、目的の一つが管理者の管理状況の確認にあるので、図に示した項目は必要と考えられます。

また業務日誌は、欠勤した職員への業務報告と引き継ぎ資料の意味合いもあります。運営指導で特にチェックされるのは、図のうち「6管理者の職務の一つである通所介護計画書などの共同作成にかかる打ち合わせ」「7個別機能訓練計画などの協働作成の検討の記録」です。共同作成の確認は、計画書の余白に各職員が押印などを行うだけでは足りずに、業務日誌や個別支援経過記録などに記録を残すことで万全となります。

職員の研修計画と実施記録の整備

管理者の責務の一つに、職員の資質向上を計画的に行うことがあります。資質向上とは主に研修です。研修を計画的に行っていることの証として、運営指導では年間の研修スケジュールが確認されます。整備されていない場合は、管理者の業務に支障が出ているという理由で、管理者の兼務が認められません。

研修は、まず一部の職員に外部研修に積極的に参加させ、その後、他の職員に内部研修を設けて情報共有させることも必要です。

内部研修スケジュールに入れる内容は、運営規程に盛り込まれた研修は当然として、利用者の権利擁護、虐待防止、身体拘束なども含めます。また、介護技術向上だけでなく、介護サービス提供方法や認知症ケア、感染症対策、個人情報保護、コンプライアンス対策にも研修の時間を取ることが大切です。

運営指導では、これらの情報や知識の研修にすべての職員が参加できて、事業所全体のレベルアップにつながっているか、また年間スケジュールによって計画的に行っているかが確認されます。

内部研修を実施または外部研修に出席した場合は、必ず研修記録を作成します。最低限の記載事項としては、実施日時、実施場所、参加者、研修内容、当日の資料などを記載して研修記録ファイルに保存します。当日のレジメに参加者の名前などを書いただけでファイルにとじているケースも見かけますが、これは単なるレジメファイルに過ぎません。記録を作成して保管しなければなりません。

業務日誌で一元管理したい項目

1 職員の遅刻・早退・欠勤とその理由、入退社の記録
2 職員からの相談、指示等の記録
3 利用の申し込み、お試し見学関連の記録
4 サービス担当者会議、打ち合わせ、研修などの実施記録
5 1日の様子などの特記事項
6 管理者の職務の一つである通所介護計画書などの共同作成にかかる打ち合わせ
7 個別機能訓練計画などの協働作成の検討の記録
8 体調急変や事故などへの指示記録

55

事故・苦情記録、個人情報の対策

どのような事故も、事業所としての対策の検討と再発防止のための具体策を講じることが必要です。

事故・苦情に関する書類

運営指導では、介護サービスが主に高齢者を対象とした業務であるために、事故や苦情対策に対しては厳格な確認が行われます。

サービス提供中の事故や苦情があった場合は、必ず記録をつけなければなりません。事故は未然に防がなければならないため、日頃からヒヤッとしたことや、ハッとしたことは「ヒヤリハットシート」に記載します。それを定期的に職員研修での議題として取り上げ、情報共有や事故の防止につなげます。

とはいえ、多忙な日常の中ではヒヤリハットシートを作成する時間を持つことも厳しいのが現状です。そこで、1か月の中でヒヤリハット週間などを設けて、一定期間に意識的に記録するといった工夫が大切です。

重大な苦情や事故が起きてからでは取り返しがつきません。運営指導にかかわらず、事業所全体で率先して取り組む必要があります。

事故が起こった場合の届け出義務

事業所内で起きた事故の程度によっては、役所への届け出が義務となります。その届け出基準は役所によって若干異なり、一般的には骨折などの重傷、24時間以上の所在不明、暴行虐待の判明、感染症などの重大な事故があった場合は、2週間以内の届け出義務があります。届け出の有無にかかわらず、どのような事故であっても、事業所としての記録と対策検討、再発防止のための具体策を講じることは義務で、それができているかも運営指導におけるチェックポイントです。

個人情報関連の書類保管は厳重にする

「個人情報」とは、氏名、生年月日、その他の記述等により特定の個人を識別することができるもので、ケアプラン、介護サービス提供にかかる計画、提供したサービス内容等の記録、事故の状況等の記録等も含まれます。

個人情報の保護の観点から、ケアプランや個人カルテなどは、必ず鍵の付いた書庫などに保管することが義務づけられています。当日の利用者の書類を机の上に出しっぱなしにして、誰でも自由に閲覧できるような状態ではいけません。サービス提供表をFAXなどでやり取りする場合も、個人情報が特定できないように、被保険者番号や個人名、住所などを読み取れないように消すなどの配慮が必要です。

職員からの誓約書を取っておく

直接、利用者と触れ合う職員には、入社時または退社時に、在職中に知り得た利用者の個人情報は決して他言しない旨の秘密保持の誓約書を取ることも重要な手続きです。また、個人情報に関する職員対象の研修を定期的に開催することも大切です。

報告すべき事故の種類

1	**サービス提供中の利用者の死亡事故または負傷等のケガの発生** （注1）「サービス提供中」とは、送迎、通院等の間を含む。また、在宅の通所・入所サービスおよび施設サービスにおいては、利用者が事業所・施設内にいる間は「サービス提供中」に含まれる。 （注2）報告すべきケガの程度とは、医療機関への入院か、医療機関において継続して治療することを必要とするもの。ただし、利用者や家族等との間で何らかのトラブルが発生するおそれがある場合には、ケガの程度にかかわらず報告する。 （注3）利用者が病気等により死亡した場合であっても、死因等に疑義が生じる可能性がある場合（利用者の家族等との間で何らかのトラブルが発生するおそれがある場合を含む）は報告する。 （注4）報告すべきものについては、事業所・施設側の過失の有無は問わない。
2	**食中毒および感染症、結核等の発生** （注）保健所等関係機関へも報告を行い、関係機関の指示に従う。
3	**職員（従業者）の法令違反、不祥事等の発生** （注）報告すべきものについては、利用者へのサービスの提供に関連するものとする（例：利用者からの預り金の横領事件や利用者の送迎時の交通事故など）。
4	**災害の発生** （注）震災、風水害及び火災等の災害により利用者へのサービスの提供に影響するものとする。
5	**その他事業者が報告を必要と判断するものおよび市町村が報告を求めるもの**

56 不当値引きと領収書対策

介護サービスを保険外サービスとして提供する場合は、介護報酬単位の10割負担の金額で請求します。

不当値引きの意味

介護保険サービスと同じ内容のサービスを、保険外サービスや体験利用といった名目を使って無料で提供することや、また介護保険サービスの10割負担相当額を下回る低価格で提供することは、「不当値引き」として指導の対象になります。

ケアプランの位置づけのない日に介護サービスを保険外サービスとして提供した場合は、介護報酬単位の10割負担の金額での請求が基本です。介護保険を使うと自己負担が1000円なので、保険外利用者から2000円徴収すれば十分という考えは誤りです。

介護保険を使った場合、自己負担が1000円であっても残りの9000円は介護保険が負担しているのですから、正しいサービス費用は1万円となります。これを2000円で提供していては、保険外サービスの方が安く利用できてしまいます。

また、利用者が親戚や知人である場合、事業所の判断で自己負担部分の全額を故意に回収しない、もしくは値引きしている場合も、利用者を差別しているという理由で「不当値引き」として指導の対象になります。

どうしても10割負担での提供が難しい場合は、介護保険サービスを提供しているスペースとは異なる別の場所で、介護サービスを提供している職員とは全く異なる職員を配置して提供するといった方法を取るしかありません。

限度超過の場合の自己負担額

区分支給限度額を超えて介護サービスを利用する場合、ケアプランに位置づけて限度超過として取り扱います。この限度超過分は10割負担相当額の負担を利用者に請求することになります。10割負担を下回って請求することは、先の不当値引きに該当するために認められませんが、保険外サービスとして事前に利用者に説明して同意を得ることを前提に、10割負担を超える価格を設定して提供することは可能です。

領収書の発行義務

介護サービスを提供したときは、支払内容の内訳明細が付いた領収書の発行が義務です。一般的な横長の合計領収書は認められていません。近年は利用者負担分を手集金ではなく、銀行振込や口座振替で行うのが一般的ですが、その場合であっても、必ず領収書を発行しなければなりません。

また、保険外サービスを提供した場合、介護サービスの領収書とは別に作成することが必要です。これは、介護サービスは確定申告時の医療費控除の対象となるためで、控除対象の可否を判断する必要があるためです。運営指導で必ず領収書の控えを確認されるのはその意味からです。

不当値引きの考え方

「介護保険の利用者が1,000円払っているから保険外サービス利用者からは2,000円もらえば十分かな？」

その考え、ちょっと待ってください

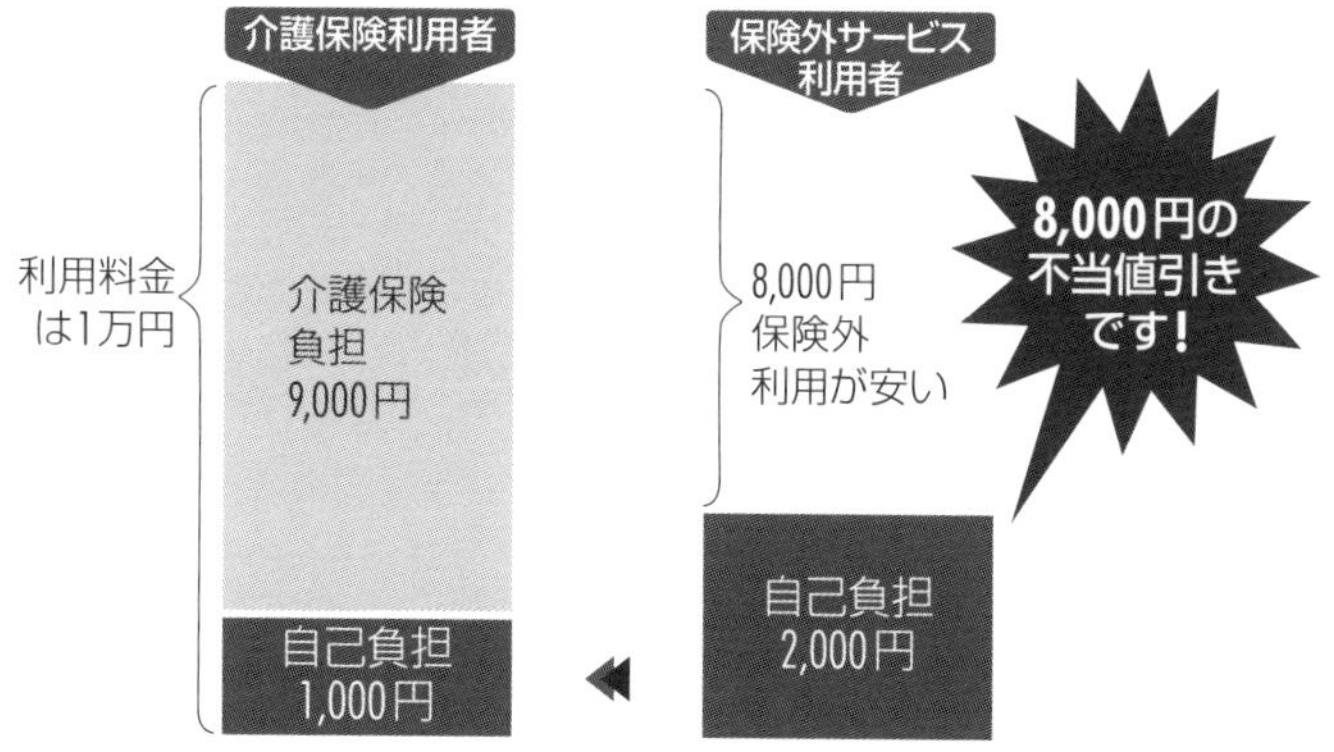

57 会計の区分の対策

2024年4月から財務諸表の公表が義務化となる予定です。

介護サービスの会計の区分とは

運営基準で定められた「会計の区分」は大きく2種類あります。まず、複数の拠点を運営している場合には、その拠点ごとに会計を分けなければいけません。これを①「本支店会計」といいます。また、複数の部門、たとえば、訪問介護と総合事業、居宅支援事業所、保険外サービス、一般事業を営んでいる場合は、それぞれを部門ごとに分けて会計を行います。これを②「部門別会計」といいます。会計を分けるとは、少なくても損益計算書を、部門別に作成することです。収入だけでなく、給与や電気代、ガソリン代などすべての経費を、拠点ごと、部門ごとに分けなければなりません。従わない場合は運営基準違反に問われます。

会計事務所は税金の計算と申告が主な仕事ですが、この基準を知らない事務所があるのが現状です。できるだけ介護保険制度に精通した事務所を選ぶことも大切です。

経費の按分方法

日常の経理では明確に分けることのできない経費は共通経費としてまとめておいて、月末や決算時に「按分比率」というものを使って各サービスの部門に割り振ります。これを「共通経費按分」といいます。

「按分比率」の基準として、厚生労働省から「延べ利用者数割合」などの例示が出ています。ただ、それほど厳密に考えることはなく、運営指導で担当者に説明できる合理的な基準を用いていれば問題はありません。介護施設や社会福祉法人の会計基準にも同様の会計の区分の規定があります。これを運営指導で指摘された場合、通常は3年前にさかのぼって会計の区分に沿った決算書の再作成と提出が求められます。

本支店会計では…

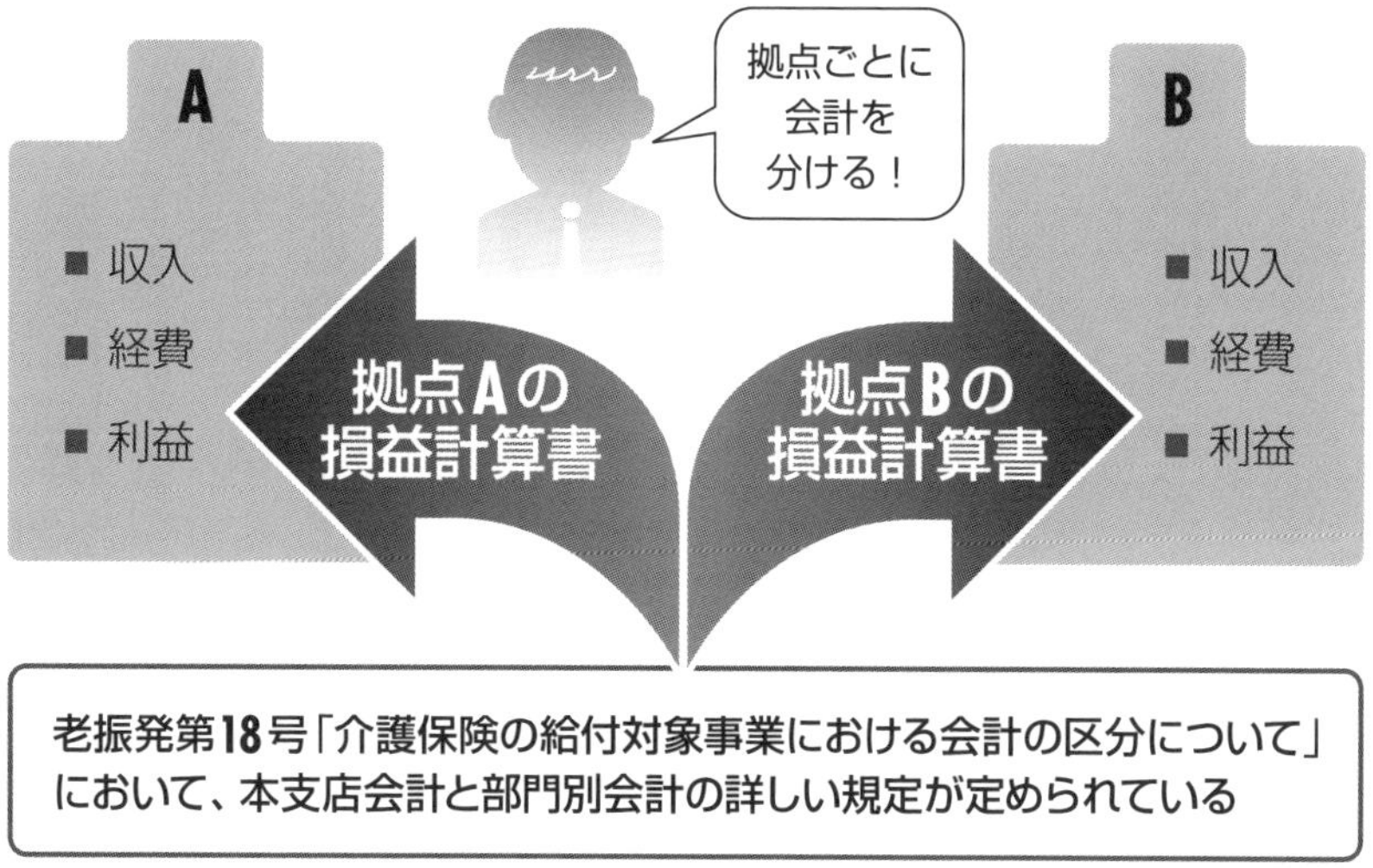
A
■ 収入
■ 経費
■ 利益
拠点ごとに
会計を
分ける！
B
■ 収入
■ 経費
■ 利益
拠点Aの
損益計算書
拠点Bの
損益計算書
老振発第18号「介護保険の給付対象事業における会計の区分について」
において、本支店会計と部門別会計の詳しい規定が定められている

部門別会計では…

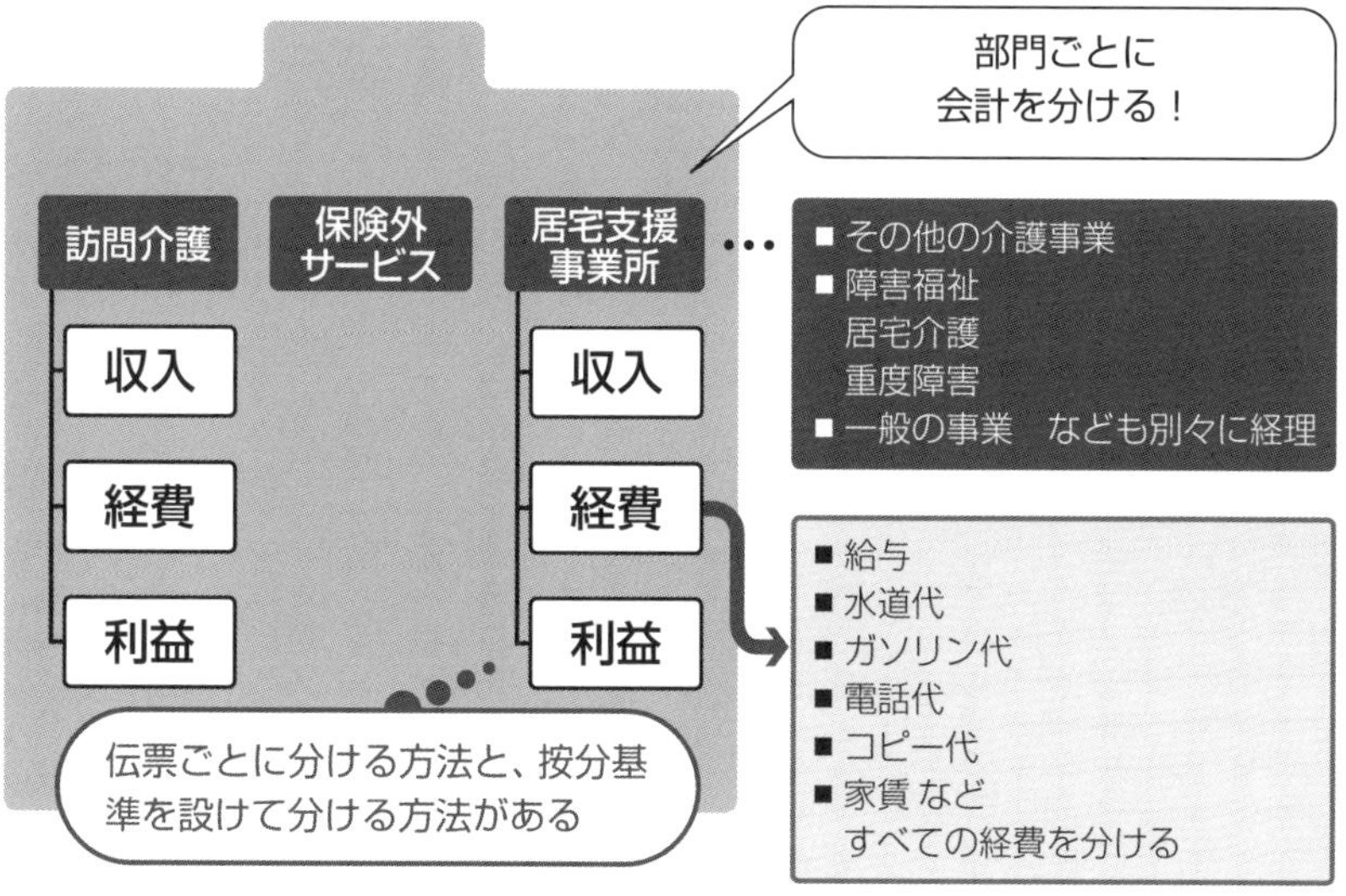
部門ごとに
会計を分ける！
訪問介護
収入
経費
利益
保険外
サービス
居宅支援
事業所
収入
経費
利益
■ その他の介護事業
■ 障害福祉
居宅介護
重度障害
■ 一般の事業　なども別々に経理
■ 給与
■ 水道代
■ ガソリン代
■ 電話代
■ コピー代
■ 家賃 など
すべての経費を分ける
伝票ごとに分ける方法と、按分基
準を設けて分ける方法がある

58 介護報酬請求に関する書類対策

運営指導で算定要件の不備が指摘された場合は、過去にさかのぼって介護報酬の返還指導が行われます。

介護報酬の請求業務に関連する書類

介護報酬の請求書類の確認は、運営指導での最重点項目の一つです。十分な時間をかけて確認されます。その請求の事実確認として、ケアプラン、介護計画書、サービス提供記録、支援経過記録、勤務実績表等と突き合わせします。加算を算定している場合は、算定要件を満たしているかを事細かに確認します。

算定要件を一つでも満たしていない場合は、加算の算定はできません。運営指導で算定要件の不備が指摘された場合は、過去にさかのぼって介護報酬の返還指導が行われます。

加算の算定要件は職員間で共有する

運営指導では数々の質問がなされ、介護報酬の算定要件を理解して請求していることを確認します。加算については、その算定理由と効果、結果や改善の状況なども質問されますので、職員全員が正しい加算算定の知識を持つことが大切です。事前対策として、算定要件は、算定開始前にしっかりと問題のない状態まで確認します。後は必要なことを繰り返すだけです。

介護報酬の支払いの仕組み

介護報酬の支払いの仕組みは、ケアマネジャーが提出する給付管理データと、介護事業所が提出する介護報酬請求データを、国保連のコンピューターシステムで突き合わせします。双方が合致していれば介護報酬が支払われ、相違した場合は返戻となります。これは、事業所に勝手に介護報酬を請求させない仕組みです。

介護給付適正化システムからの指摘

国保連のシステムはそれだけではありません。介護報酬の請求内容のチェック機能を内包しています。介護事業者から提出された請求データをチェックして、誤った請求やあり得ない異常な請求があった場合は所轄の役所に報告する機能を持っています。これが「介護給付適正化システム」です。

毎月多くの資料が担当する役所に報告されています。あまりにも多いため役所側も手が回らず、異常が長期間続いた場合には数年分をまとめて確認することが多いようです。そのために数百万単位の多額の返還金額になってしまいます。

運営指導以外でも、介護報酬の請求で特に返戻もなく安心していたところに役所からの問い合わせがあり、多額の介護報酬の返還となるケースも後を絶ちません。居宅介護支援事業所の特定事業所集中減算や通所介護の平均利用者数の計算誤りなどが特に指摘されています。介護報酬は、請求して振り込まれて終わりではなく、運営指導が終了して初めて完了となります。日頃からしっかりとした請求管理と、チェック体制を持つことが必要です。

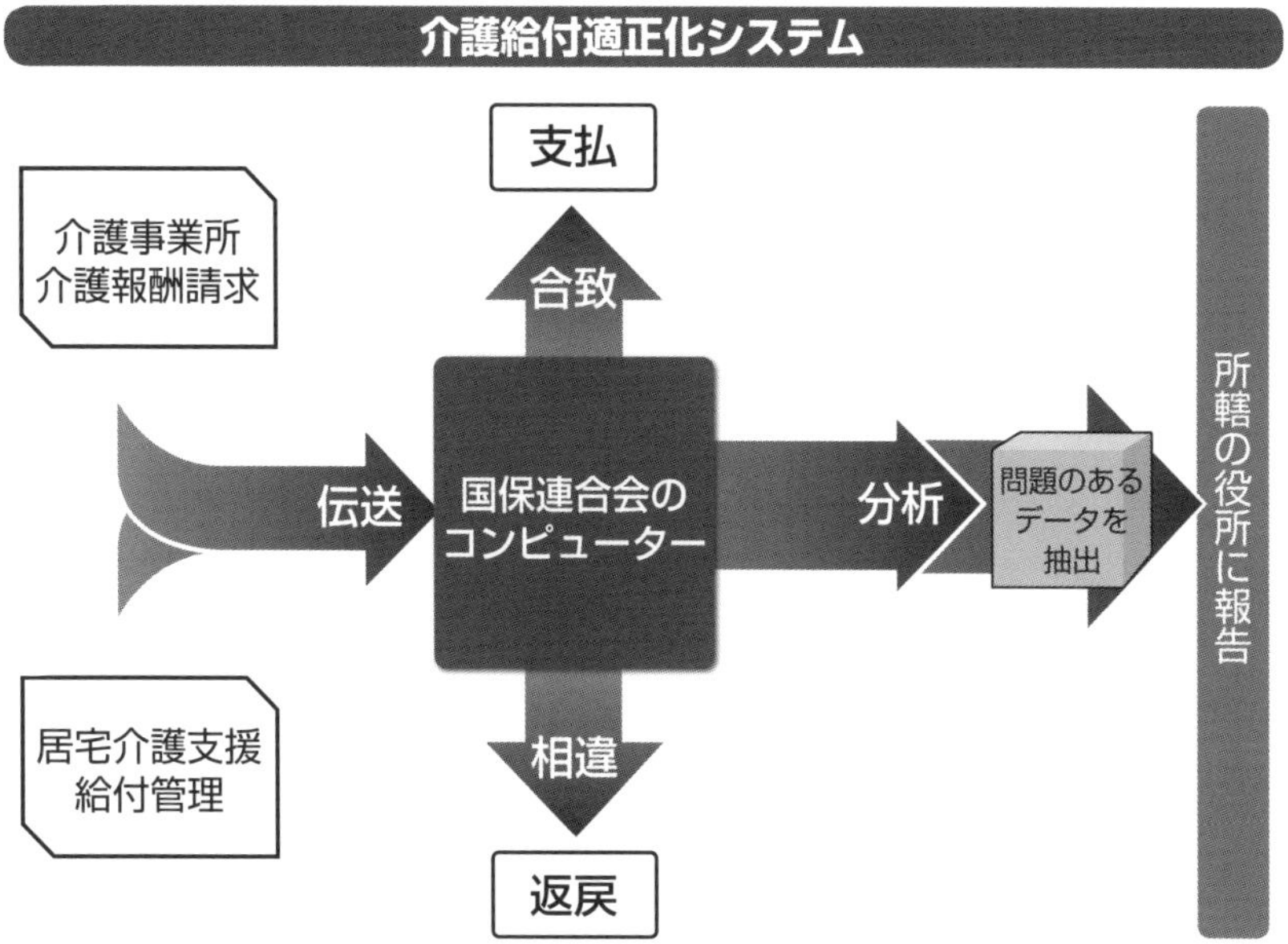

59 指導後の手続き～結果通知と改善報告

役所の担当者から改善状況が認められた時点で運営指導は終了となります。

結果通知と改善報告

運営指導当日は、終了するまでに担当者から多くの指摘や意見を受けます。それらは改善に向けての指摘や指導であったり、担当者が疑問を持ったことを単純に口にしただけであったり、事業者の理解度を確認するための質問であったりと、さまざまなシチュエーションでの会話が限られた時間内に行われて進行します。

運営指導を受ける側は、緊張しながら複数の担当者からの矢継ぎ早な質問の回答に追われます。それゆえ、精神的な余裕がないために、担当者の言葉のすべてを指摘事項、改善点と受け取る傾向があります。

運営指導の指導項目、改善項目とその理由は、運営指導後に郵送される「運営指導結果報告書」に記載されています。記載された項目は、事業所で事実確認の上、改善に取り組まなければなりません。通常は「運営指導結果報告書」の到着後1か月以内に改善を行って、その結果を「運営指導による改善報告書」として役所の担当者に提出します。

介護報酬に関する事項は、自主返還として過誤申請手続きを行って返還します。返還期間は最長で5年（60か月）です。利用者の自己負担1割分に含まれる返還部分は、すべて利用者に返金します。「運営指導による改善報告書」には、利用者からの領収書を含めた一連の手続き書類のコピーを添付します。

運営指導の終了と次回への対応

「運営指導による改善報告書」の提出後、役所の担当者から改善状況が認められた時点で運営指導は終了となります。改善報告書の提出の意味は、文字通り「改善したことを報告」したのですから、次回の運営指導時に再び同じ項目の不備が指摘されることがないようにしなければなりません。同じ項目を再度指摘されることは、前回に提出した改善報告書が虚偽・偽装であったことになります。早く済ませたい一心で簡単に考えてはいけません。

改善報告を提出した介護事業所の次回の運営指導準備は、前回に指摘されたことの改善状況の確認から始まります。運営指導が終わると、気が緩みがちで、それが顕著に出るのが終了の翌月です。前回の運営指導のあった月の翌月の資料の提示を求められたケースもあります。

「初回は厳しい指導ではない」は妄想

運営指導は、初回であっても手を抜いてくれることはありません。「最初の指導だから、それほど厳しいことはいわれないだろう」と楽観的に考える経営者もいるようですが、そんなに甘いものではないことを、指導当日に実感するでしょう。介護事業者は許認可申請のときに、法令を遵守することの誓約書を提出していますので、法令を知り法令を守ることが義務です。日頃から、制度についての外部研修等を活用しましょう。

指導後の手続き～結果通知と改善報告

運営指導結果報告書

- 運営指導の指導項目、改善項目、その理由を記載
- 運営指導後数週間で郵送される

↓

運営指導による改善報告書

- 通常は「運営指導結果報告書」の1か月以内に改善を行う
- 介護報酬に関する事項は自主返還

↓

運営指導担当者から改善状況が認められた時点で運営指導が終了

コラム

区分支給限度額の利用割合が高いと点検・検証

運営基準減算の対象の拡大

居宅介護支援事業所では、前6か月の間に作成されたケアプランにおいて、訪問介護、通所介護、地域密着型通所介護、福祉用具貸与を位置づけたサービスごとの割合と、各サービスに位置づけた担当事業所の割合を、利用者に書面交付、口頭説明、署名を得ることが義務化されました。これは運営基準減算対象となります。基本的に重要事項説明書に別紙で添付する形での対応になりますが、毎年前期（3月1日から8月末日）、後期（9月1日から2月末日）ごとに集計し、新規契約の時点での文書交付、口頭説明、署名が求められます。

区分支給限度額の利用割合

さらに、居宅介護支援事業所に対しては、区分支給限度基準額の利用割合が高く、かつ訪問介護が利用サービスの大部分を占めるケアプランを作成する居宅介護支援事業所を事業所単位で抽出して点検・検証を行う仕組みが２０２１年10月から実施されています。同一のサービス付き高齢者向け住宅等に居住する者のケアプランについて、区分支給限度基準額の利用割合が高い者が多い場合にも同様の措置を行います。

この点について、高齢者住宅に併設する居宅介護支援事業所で過度に捉えすぎる傾向が見受けられます。そもそも、適切なアセスメントとケアマネジメントプロセスを遵守して、適切なケアプランであれば何も問題は生じません。そのようなケアプランが多いという理由で、運営指導による確認が行われた場合でも、過度な指導をされることはありません。

第4章

準備のポイントが知りたい

運営指導の事前準備は、効率的にポイントを絞って行うことが大切です。管理者も職員も多忙な業務の合間に数年間にわたる書類をチェックするのですから、最初から完璧を求めてしまうと、時間がいくらあっても足りません。効率的な事前確認のポイントについては、この章の内容を参考にしてください。

60 運営指導の準備をしよう

指定取消などの行政処分にならない準備、介護報酬の返還にならない準備を徹底してください。

運営指導通知が来た！

「役所から運営指導の事前通知書が届いた」

この日から職員全員の不眠不休の努力がスタートします。印鑑の漏れがある、ケアプランの控えが揃っていない、介護請求で間違いが見つかった。このような状況では、介護サービスに集中ができなくなり、介護事故も起きやすくなります。それらのリスクを回避して無事に運営指導を終えるためには、しっかりとした事前準備と知識が大切です。

物事には優先順位がある

1から一つずつ書類のチェックを進めていく。言葉で書くのは簡単ですが、実際に行うとなると膨大な時間の消費（ロス）です。限られた時間の中で効率的に準備作業を進めるためには、仕事に優先順位をつけるべきです。最初から百点満点を狙わずに「80点ライン で及第点」という割り切りも必要です。そして次回の運営指導でより高い点を狙い、最終的に百点満点であれば十分と考えるべきです。

虚偽偽装は絶対に行ってはいけない

請求書類を確認していたら、運営指導の数日前に、利用者による突然のキャンセルでサービスを実施していない日を「実施したとして請求していた」ことが判明しました。さて、あなたはどうしますか？

「気づかなかったことにしよう」と考えると、これはもう偽装です。引き返すことができません。運営指導当日に指摘されても、嘘を突き通そうとするのが人間の性です。このような事例は、「悪質な虚偽偽装」として指定取消となる確率が非常に高くなります。誤りに気づいたら、決して偽装を行ってはいけません。

運営指導準備では優先順位をつけよう！

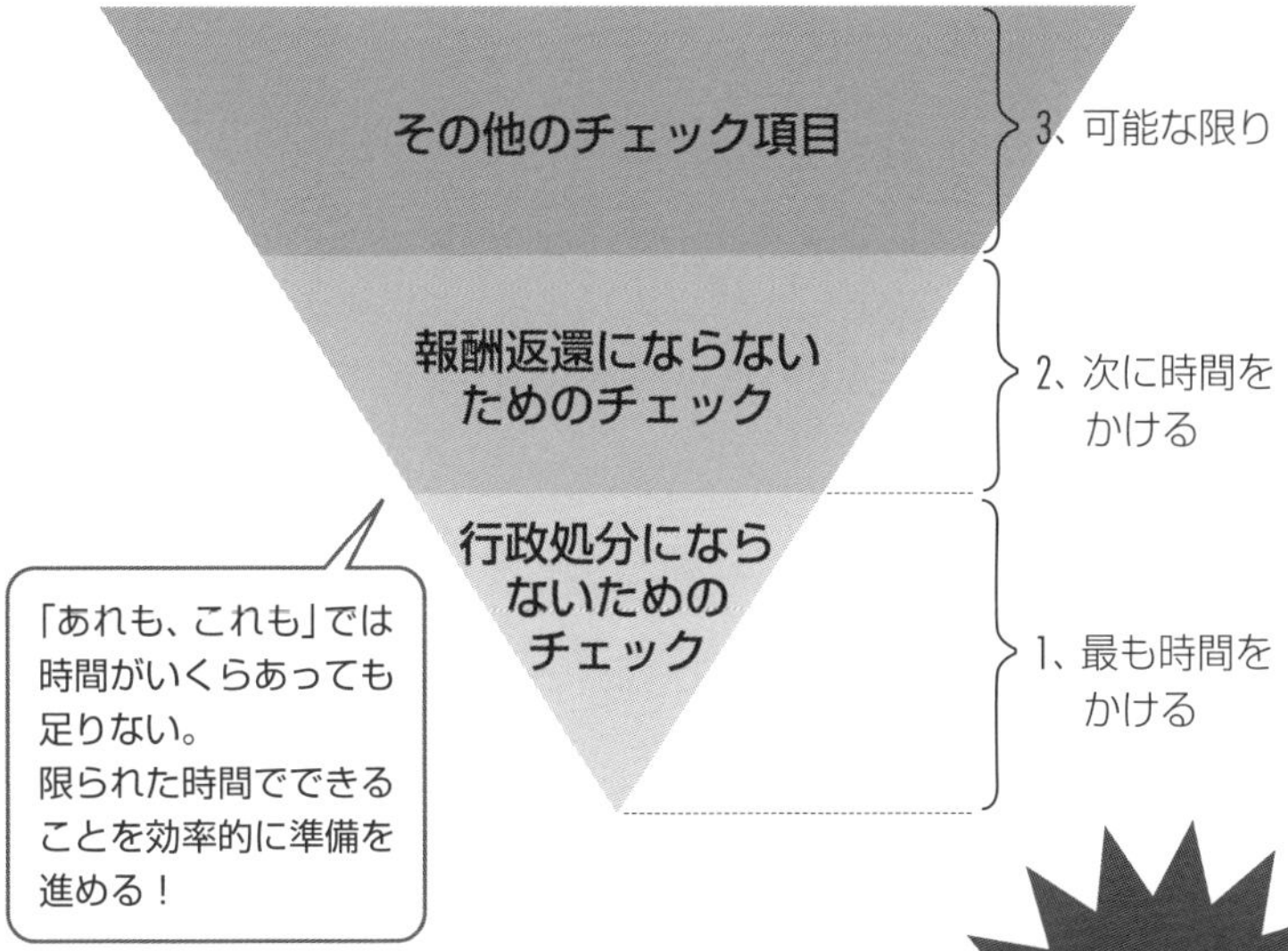
その他のチェック項目
3、可能な限り
報酬返還にならないためのチェック
2、次に時間をかける
行政処分にならないためのチェック
1、最も時間をかける
「あれも、これも」では時間がいくらあっても足りない。限られた時間でできることを効率的に準備を進める！

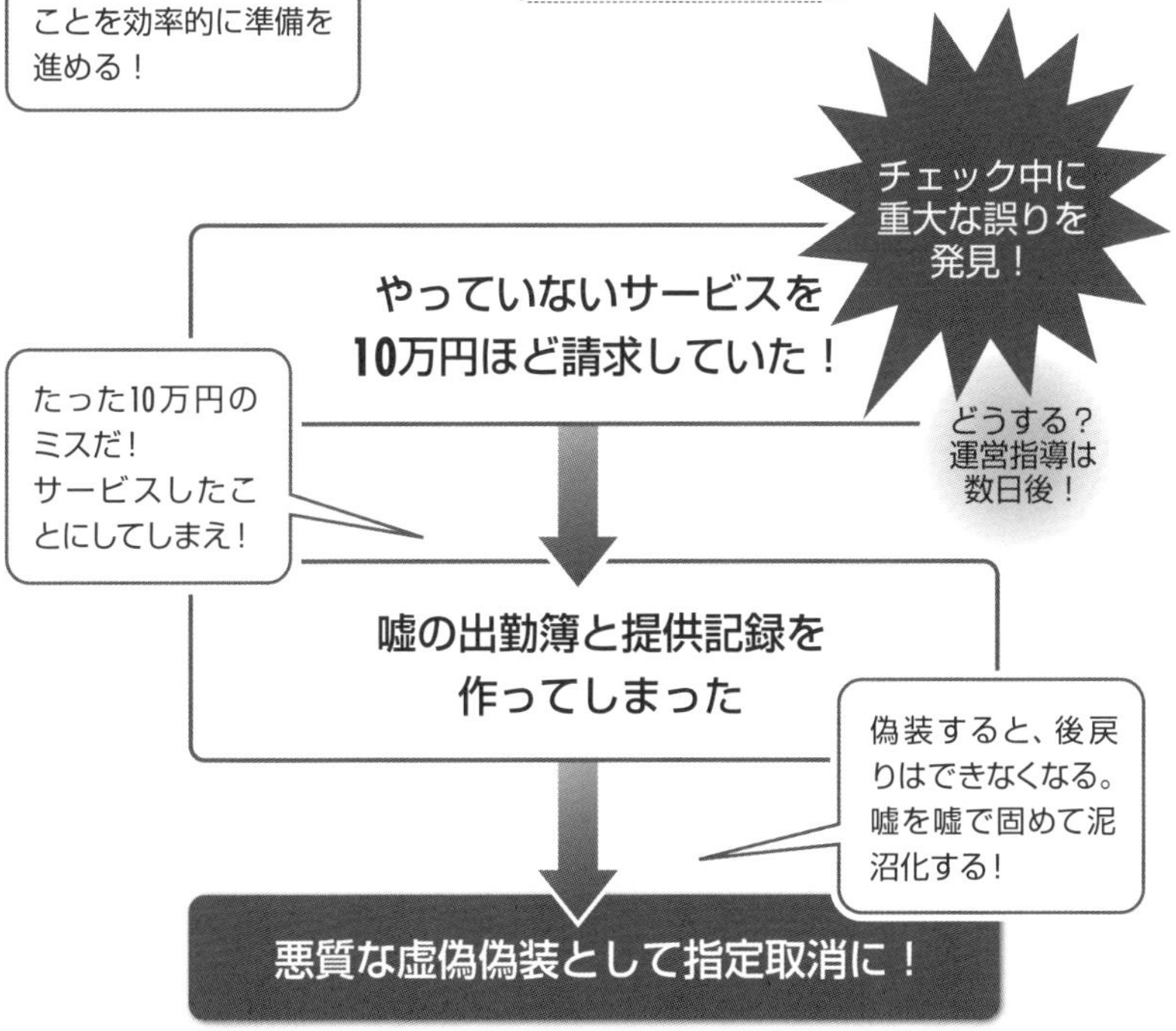
チェック中に重大な誤りを発見！
やっていないサービスを10万円ほど請求していた！
どうする？運営指導は数日後！
たった10万円のミスだ！サービスしたことにしてしまえ！
嘘の出勤簿と提供記録を作ってしまった
偽装すると、後戻りはできなくなる。嘘を嘘で固めて泥沼化する！
悪質な虚偽偽装として指定取消に！

61 ケアマネジメントプロセスとは

運営指導では、介護事業者がケアマネジメントプロセスに従って業務を実施しているかが確認されます。

運営指導での基本チェック項目

運営指導で確認されるケアマネジメントプロセスは、すべての介護サービスに共通する基本的なルールです。この仕組みを理解していれば、介護サービスの種類が違ってもチェックポイントを間違えることはありません。このプロセスは、経営学では「デミングサイクル」と呼ばれるＰＤＣＡサイクルに基づいています。

厚生省令37号の規定

厚生省令37号は、一般的に人員基準、設備基準、運営基準といわれます。たとえば、省令の第99条は通所介護計画の作成です。要点は「①管理者は利用者の心身の状況、希望、置かれている環境を踏まえて、通所介護計画を作成する。②ケアプランの内容に沿って作成する。③管理者は利用者または家族に対して説明し、利用者の同意を得る。④管理者は計画を利用者に交付する。⑤通所介護計画に従ったサービスの実施状況および目標の達成状況の記録を行う」です。①がアセスメント、⑤がモニタリングを指しており、このプロセスに従わない介護計画は認められないことになります。

プロセスに従わない場合は介護報酬の返還指導も

ケアマネジメントプロセスに従って介護計画が作成されていない場合は、運営基準違反となります。すべての介護サービスは大原則として、「個別サービス計画」に基づいて実施され請求されます。このプロセスに従わずに作成した計画が「正規の計画ではない」と運営指導で指摘されると、その計画によって提供された介護サービス自体が認められません。結果として介護報酬の返還につながる場合があります。

PDCAサイクル

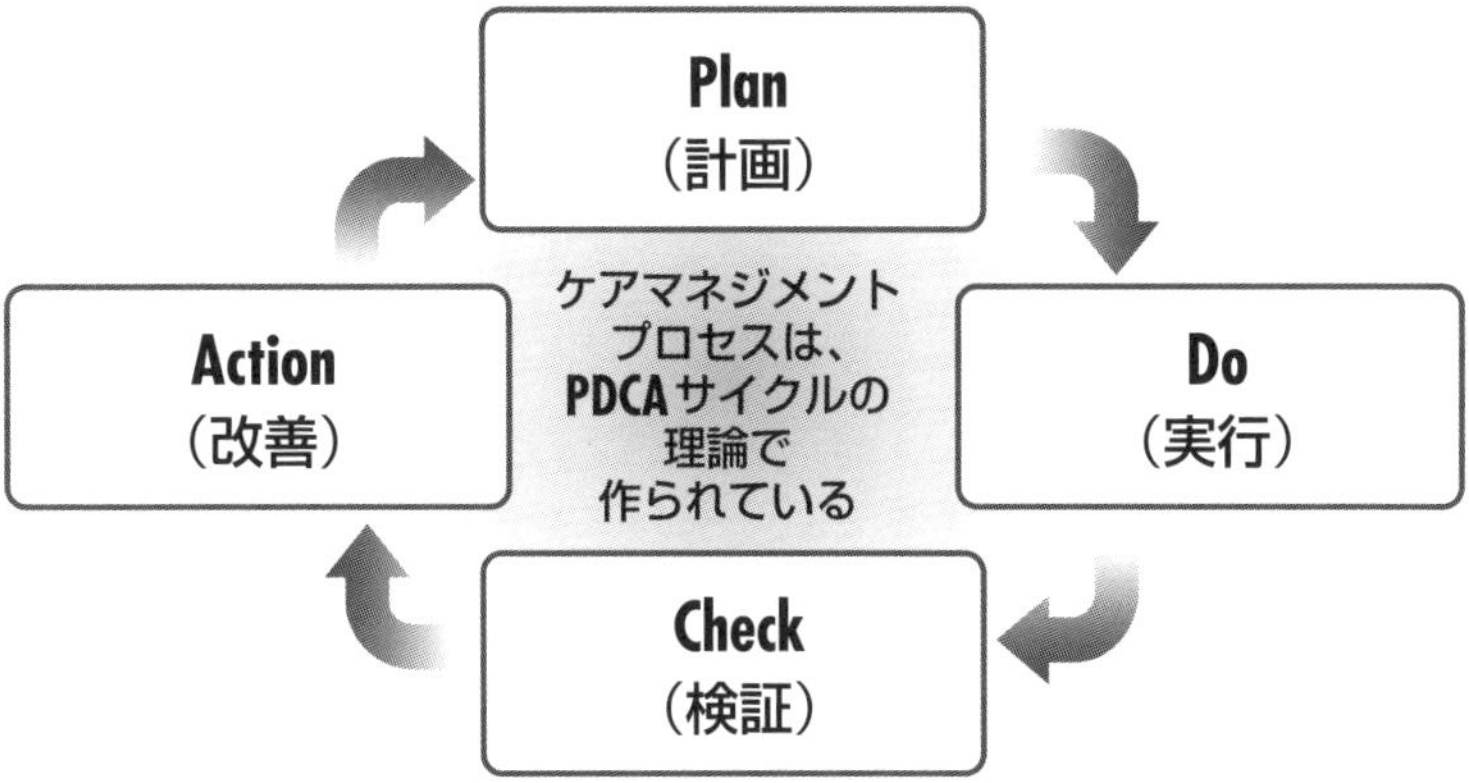
Plan
（計画）
Do
（実行）
Check
（検証）
Action
（改善）
ケアマネジメントプロセスは、PDCAサイクルの理論で作られている

ケアマネジメントプロセスが確認の基本！

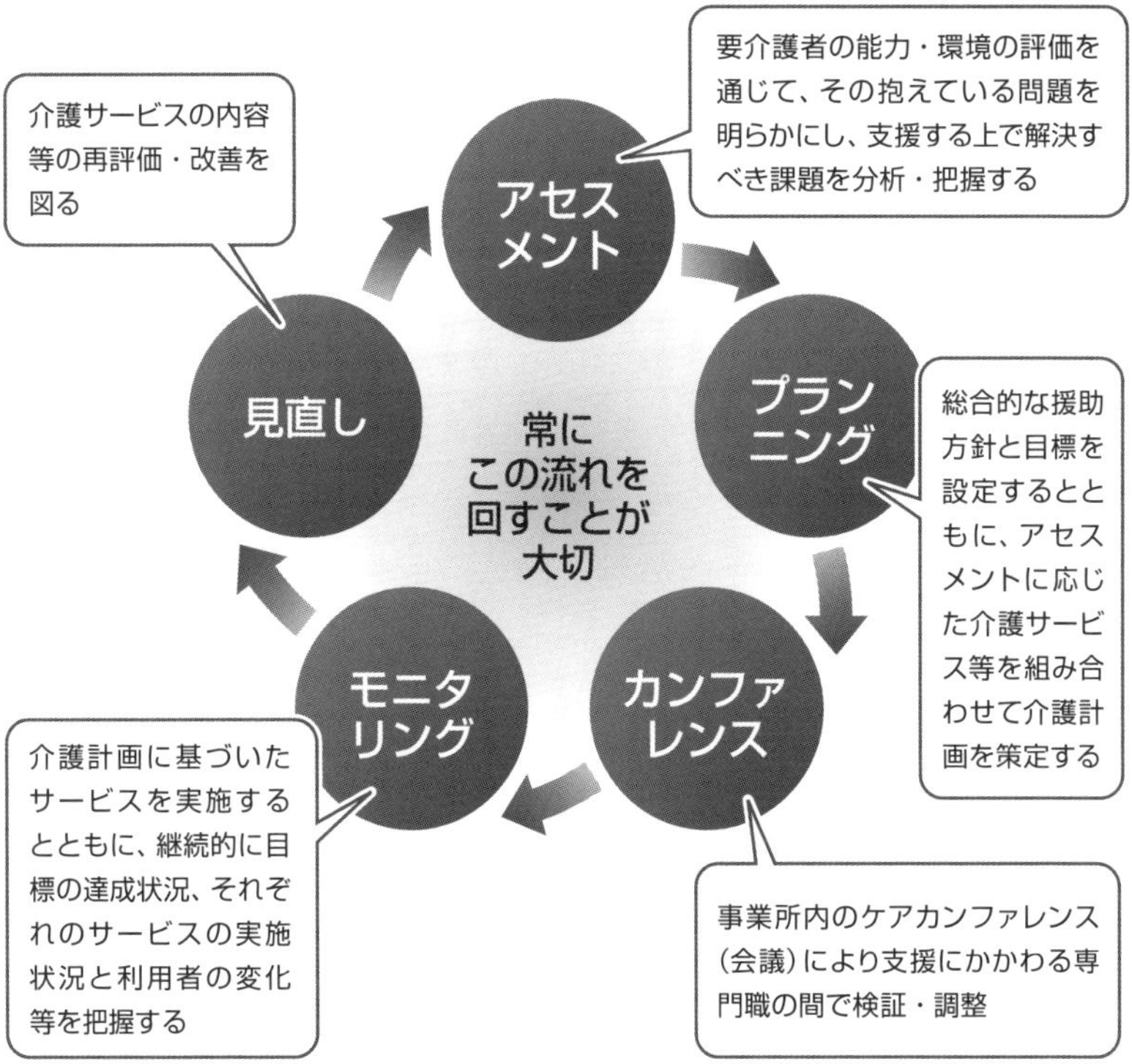
アセスメント
要介護者の能力・環境の評価を通じて、その抱えている問題を明らかにし、支援する上で解決すべき課題を分析・把握する
プランニング
総合的な援助方針と目標を設定するとともに、アセスメントに応じた介護サービス等を組み合わせて介護計画を策定する
カンファレンス
事業所内のケアカンファレンス（会議）により支援にかかわる専門職の間で検証・調整
モニタリング
介護計画に基づいたサービスを実施するとともに、継続的に目標の達成状況、それぞれのサービスの実施状況と利用者の変化等を把握する
見直し
介護サービスの内容等の再評価・改善を図る
常にこの流れを回すことが大切

62 アセスメントを理解する

アセスメントでは、利用者が抱える生活課題（ニーズ）を明確にします。

アセスメントとは何かを理解する

運営指導におけるアセスメントの確認は、「アセスメントシート」の有無でなされることがほとんどです。しかし、形だけ実施していればよいわけではありません。運営指導においては、数々の質問がなされ、介護事業者の理解度を確認されますので、アセスメントの意味と役割をしっかり理解しておくことは大切です。

きちんと情報収集をしているか

利用者のできないことだけではなく、「利用者ができることを維持する」という視点が大切です。利用者が今どのような状況にあって、なぜサービスを必要としているのか、自立支援に必要な本当の支援は何かを分析した上で、利用者のニーズを引き出しているかを確認します。訪問サービスであれば、訪問する居宅の家族構成や住居内の見取り図も必ずシートに記載します。

課題の分析をしているか

表面の問題だけではなく、原因やその背景を明らかにして、本当のニーズは何かを考察します。緊急事態やリスクマネジメントにも配慮します。単にニーズをサービスで補うのではなく、自立に向けた支援、QOL（生活の質）の向上のための見方も重要です。

利用者、家族の希望を聞いているか

利用者、家族の希望をしっかりと聞くことも大切です。本人だけではなく介護を行う家族を支援する視点も大切です。

以上のアセスメント結果や、利用者・家族の希望を反映した目標を設定し、目標達成のためのプログラムを立てるのが次のプロセス「プランニング」です。

アセスメントの手順を理解しておこう！

1 情報を収集する

利用者が抱える生活課題（ニーズ）を明確にする

利用者の状態、生活状況、家庭環境などについて多方向からの情報収集

2 課題を分析する

生活課題（ニーズ）を把握する

表面の問題だけではなく、原因やその背景を明らかにして、本当のニーズは何かを考察

3 利用者・家族の希望を聞く

利用者、家族の希望をしっかりと聞く

介護を行う家族を支援する視点も大切

以上のアセスメントの結果

これらを介護計画の目標に反映すること！

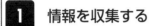

63 プランニングを理解する

アセスメントシートと個別介護計画の枚数は、同じ枚数になっていることが原則です。

アセスメントシートと介護計画の枚数は同じ

介護保険制度では、すべての介護サービスは計画に基づいて提供しなければならないという大前提があります。そのため、計画のない介護サービス、計画に位置づけられていない介護サービスは、一切を提供できず、請求もできません。作成された計画は、利用者への説明・同意の上、控えを交付するとともに、担当のケアマネジャーにも送付します。

個別サービス計画は、アセスメントを反映した目標が設定されていなければなりません。つまり、アセスメントシートと個別サービス計画は、原則、同じ枚数になるということです。アセスメントを行わずに作成された個別サービス計画は、「ケアマネジメントプロセスに従っていない」と判断されると否認されてしまいます。

よく、長期目標、短期目標がケアプラン第2表の目標の丸写しである個別サービス計画を目にします。アセスメントを反映した目標を設定しなければならないため、ケアプランの目標の丸写しは指導されてしまいます。

個別サービス計画の作成者は指定されている

個別サービス計画の作成者は、運営基準により定められています。たとえば、訪問介護計画はサービス提供責任者、通所介護計画は管理者となります。また、個別通知で特例も認められていて、通所介護の場合は、共同作成が位置づけられているため、一般的には生活相談員が管理者と共同作成という位置づけで計画の作成を担当します。指定された作成者以外は計画を作ることができず、他の者が作った計画は本プランとは認められません。

アセスメントに基づいて計画を作ると枚数が同じになるはず！

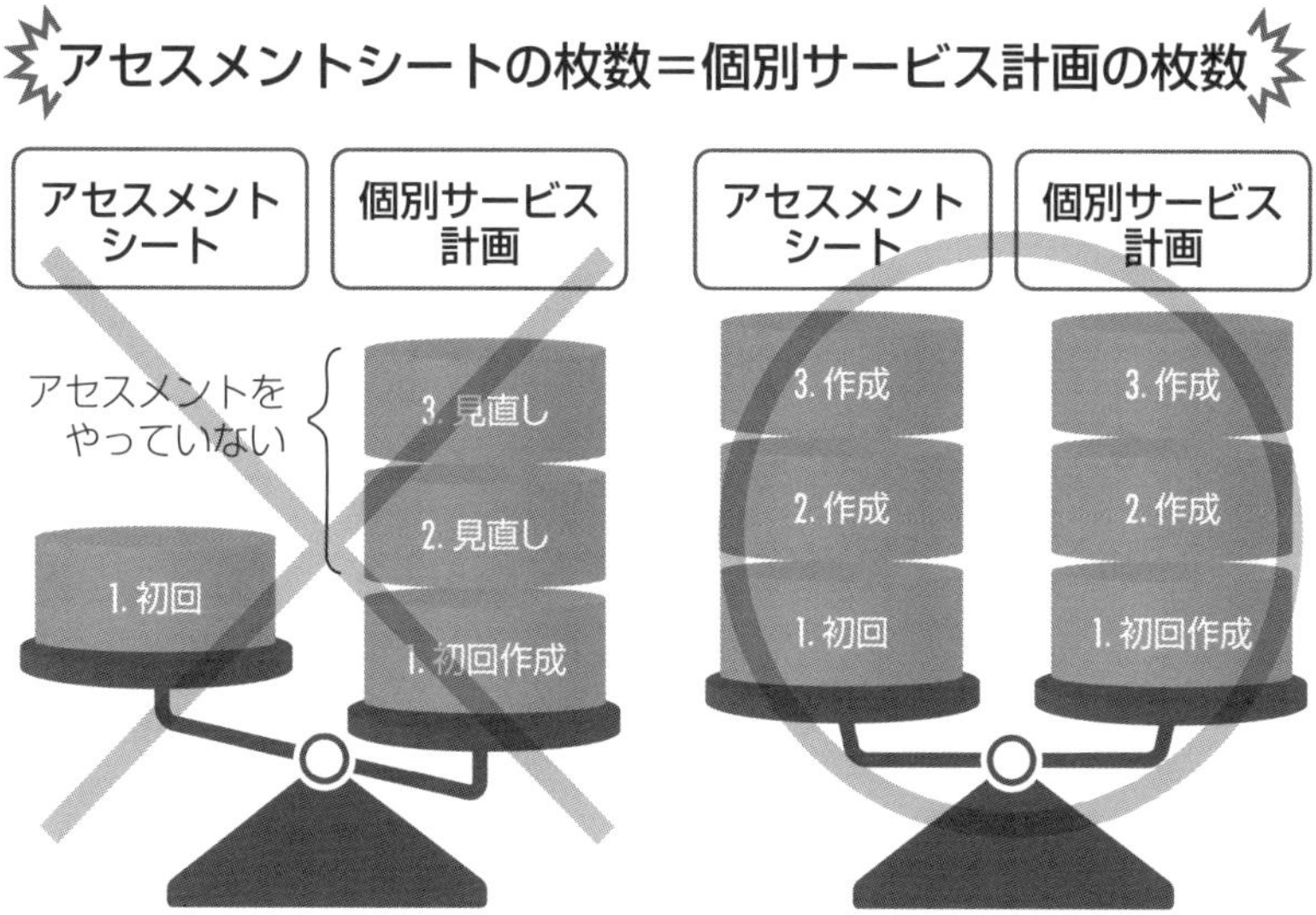

「ケアプランの目標」と「個別サービス計画の目標」は同じではない！

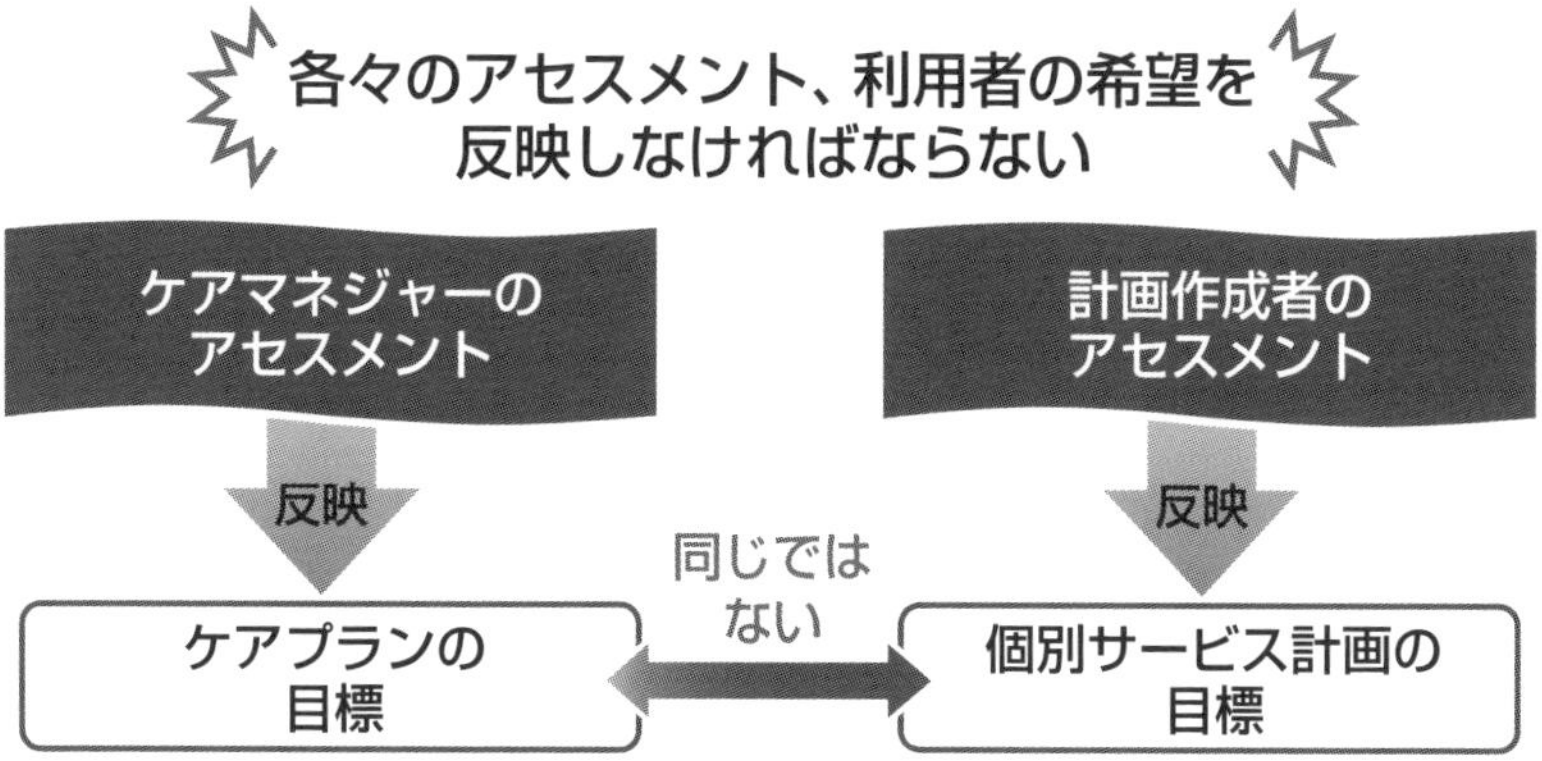

＜例：訪問介護の入浴介助の目標などの場合＞

「身体を清潔に保つ」とする目標しか設定できないケース。この場合の運営指導のポイントは、介護事業者が「目標には、アセスメントを反映すること」を知っているか否か。知っていた上で、結果的に同じ目標になった場合では問題はない。そのことを知らず、単にケアプランの丸写しの場合は、指導対象となる

64 モニタリングを理解する

モニタリングでの最も重要な役割は、個別サービス計画の目標の達成状況の評価です。

モニタリングで行うこと

モニタリングでは、①目標の達成状況の評価、②計画に基づいてサービスが提供されているかの確認、③利用者や家族に新たなニーズが出ていないかの確認、④サービス担当者の意見・評価・要望の整理、⑤利用者や家族の意向などの確認、以上を実施します。これらの項目を定期的に検証し評価して、必要に応じて計画を見直したり、再作成を行ったりします。

目標を達成したかどうかを評価する

モニタリングで最も重要な役割は、個別サービス計画の目標の達成状況の評価です。

「目標達成」という評価の場合は、計画の役目は終了です。この場合は、アセスメントから新たな目標を立てた新しい計画の作成というプロセスに移ります。

「未達成」の評価の場合は、現在の計画は継続することになります。また、長期間にわたって未達成の目標は、計画そのものが不適切とされて、達成可能な目標に変更した新しい計画の作成が必要となります。

モニタリングの実施時期は？

予防サービスの場合は、計画期間中に1回以上実施の規定がありますが、要介護者対象のサービスでは明確な実施時期と回数の規定はありません。モニタリングの役割の一つは、目標の達成状況の評価であることから、その実施は「目標の設定期間ごと」と考えるべきです。

その他、利用者の状況や環境の変化があった場合もモニタリングを実施します。なお、居宅介護支援事業所の場合は、毎月1回の利用者の自宅を訪問してのモニタリングが義務となっています。

モニタリングの大きな役割は計画の目標達成状況の評価にある！

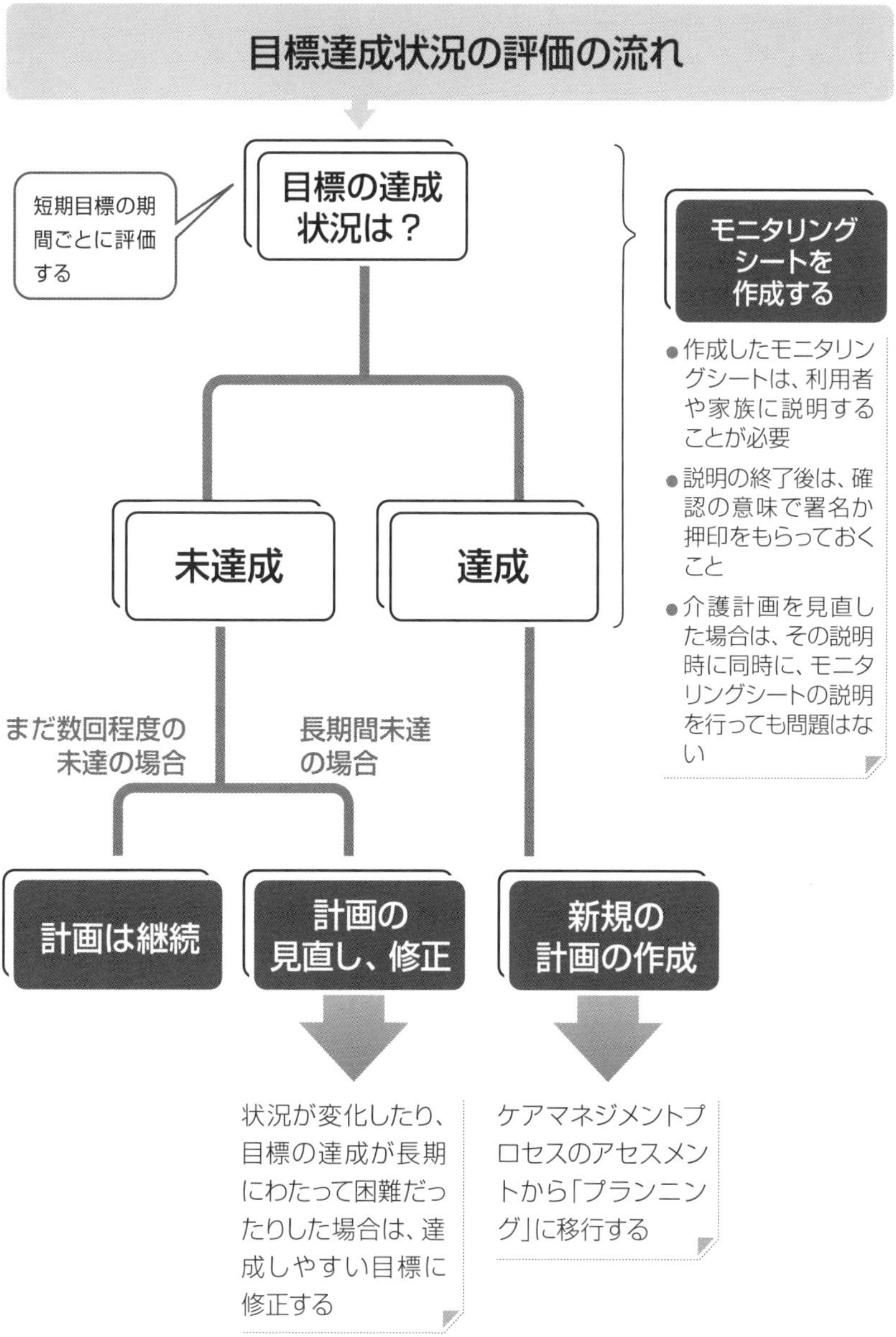
目標達成状況の評価の流れ
短期目標の期間ごとに評価する
目標の達成状況は？
未達成
達成
まだ数回程度の未達の場合
長期間未達の場合
計画は継続
計画の見直し、修正
新規の計画の作成
状況が変化したり、目標の達成が長期にわたって困難だったりした場合は、達成しやすい目標に修正する
ケアマネジメントプロセスのアセスメントから「プランニング」に移行する
モニタリングシートを作成する
●作成したモニタリングシートは、利用者や家族に説明することが必要
●説明の終了後は、確認の意味で署名か押印をもらっておくこと
●介護計画を見直した場合は、その説明時に同時に、モニタリングシートの説明を行っても問題はない

65 整合性には注意！

ケアプランに位置づけたサービスは、必ず介護計画に位置づけなければなりません。

ケアプランから記録まで「1本ライン」

介護サービスの提供の流れは、①ケアマネジャーがケアプランを作成し、②ケアプランに沿って介護事業者が介護計画を作り、③介護計画によって介護職員などが介護サービスを提供して、④サービスが終了すると提供記録を書くというものです。

このときの上から下への流れは真っ直ぐに、同じ内容でなければなりません。これがケアプランから記録までの「1本ライン」です。

ケアプランに沿ったサービス提供

最近の運営指導の指導事例には、ケアプランに位置づけたサービスが介護計画に位置づけられていない、またはケアプランにないサービスが介護計画に位置づけられている、などが見受けられます。ケアプランにないサービスを計画に位置づけて提供しても、そのサービスは認められず、国保連への請求もできません。

「ケアプランに沿う」ことの誤解

介護計画はケアプランに沿って作成します。これを誤解・勘違いして、ケアプランに記載された目標や内容を、そのまま個別サービス計画に丸写しするケースを見かけます。介護計画には、事業所独自のアセスメントを反映した目標を立てないといけません。ケアプランの目標を丸写しすると、事業所独自のアセスメントは全く反映されていないことになります。

すなわち、丸写しが悪いのではなくてアセスメントが反映されていないことで、運営指導においては指導対象となるのです。もし、提供していないサービスがケアプランに位置づけられていた場合は、担当のケアマネジャーに削除してもらう必要があります。

ケアプランに沿ったサービス提供の意味って何？

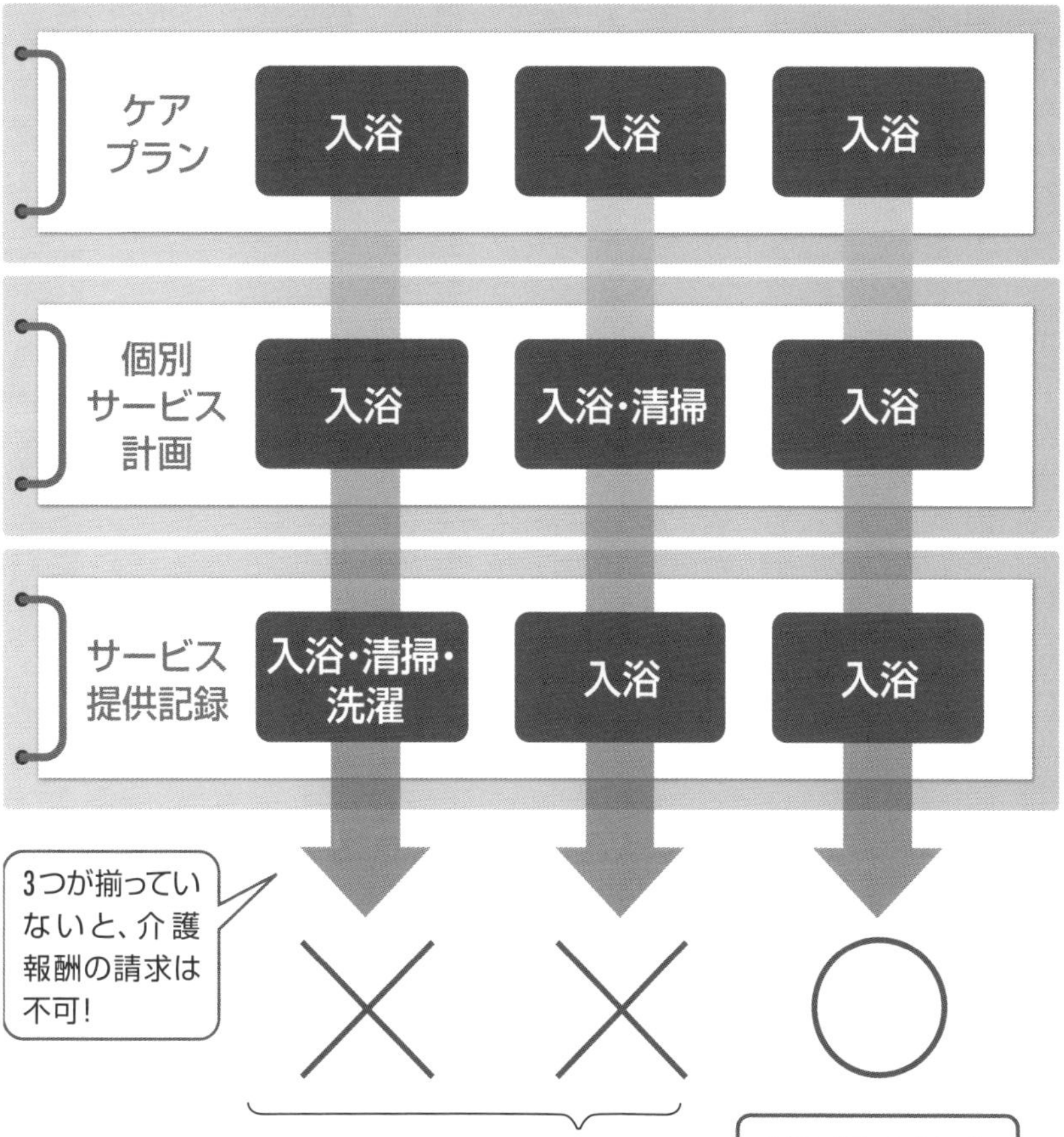

いずれの場合もケアプランにないサービスが位置づけられている

- ケアプランに位置づけたサービスは、必ず計画と提供記録に位置づけなければならない

ケアプランに沿ったサービス提供

- ケアプランに「入浴」が位置づけられていた場合、介護計画にも「入浴」を位置づける
- 介護職員は、介護計画に沿って入浴サービスを提供し、提供記録にそれを記録する

66 介護計画の事前チェック その①

本プランのないサービス提供は、実際にサービスを提供していたとしても、介護報酬の請求はできません。

介護計画の記載事項は具体的に

介護計画には目標、日課、提供時間、具体的なサービスの内容などを漏れなく記載します。計画の作成者、作成日の記載も必要です。また、運営指導においては、具体的なサービスのタイムスケジュールの記載がないとの指導を受けるケースが多くなっています。

サービス提供の担当者名も記載が必要です。記載される内容は具体的であるほどよく、あいまいな書き方では運営指導当日に指摘を受けてしまいます。これらの記載がサービス提供の所要時間の根拠と請求の根拠になります。

同意を得て素案は「本プラン」となる

介護計画をパソコンで作成したとします。それは素案に過ぎません。素案を利用者に説明して同意を得た段階で、素案は「本プラン」に変わります。介護サービスは本プランがないと提供できないのは、全サービス共通の基本ルールです。運営指導の事前準備におけるチェックポイントは、その計画が本プランであることの確認を行うことです。

その介護計画が本プランであることの証は、同意の記録で確認されます。同意は、署名、電子署名などで十分です。運営指導の事前準備として、同意の記録の確認を定期的に行うことが大切です。

サービス提供日と同意日のズレを確認すること

本プランとなった日からサービス提供が開始されます。それ以前のサービス提供は認められません。提供開始日と同意日の日付のズレの確認が重要です。

介護計画の作成からサービス提供のチェックポイント！

個別サービス計画の作成（素案）

↓

記載事項
目標、日課、提供時間、具体的なサービスの内容などを漏れなく記載。計画の作成者、作成日も記載

利用者への説明・同意

↓

本プランとなる

（利用者への説明・同意～本プランとなる）同意の記録が重要な記録となる

※同意の記録は、
・署名
・電子署名
・個別支援経過記録
など多様な方法がある。
なお、署名捺印は契約の概念であるが、同意は民法上の契約ではない

↓

介護サービスの提供開始

サービス提供の開始日は同意の日以降でなければならない

事前チェックポイントとして、印鑑または署名の漏れ、日付のズレを集中的に確認することが重要

67 介護計画の事前チェック その❷

どのような場合であっても、「サービス提供の開始」と「介護計画の説明・同意」の順番が逆になることはありません。

加算関連の計画は基本的に3か月ごとに見直す

加算に関連する計画は、基本ルールとして3か月に1回の見直しが必要とされています。3か月経過後は、見直しがなされるまでは加算は算定できません。

順番が逆転することはあり得ない！

ケアマネジャーから新規利用者の紹介を受けた。緊急で明日の午前中から介護サービスの提供に入れなければならない。しかし、本日の予定はビッシリで計画を作って利用者の同意を得る時間が取れない。さて、あなたならどうしますか。

この場合は、たとえ時間がなかろうと、明日の午前中のサービス提供の開始前までに、個別サービス計画を作成して利用者の同意を得ない限り、サービスの提供はできません。仮に提供したとしても介護報酬の請求は不可です。どのような場合であっても、サービス提供の開始と計画の説明・同意の順番が逆になることはありません。

表現の具体性、明瞭性

介護計画の表現はできるだけ具体的な言葉を選び、あいまいな表現も避けなければいけません。サービス提供のタイムスケジュールもわかりやすく記載します。すべて利用者の立場に立って介護計画を作成するのが基本です。ただし、これらは日常の計画作成段階で注意する事柄であって、運営指導準備の段階で問題を見つけても、決して手直ししたりしてはいけません。それは偽装となり、利用者の手元にある控えとの相違が判明した段階で行政処分の対象となります。

軽微な変更に該当する場合は、介護計画の再作成は不要です。利用者に説明・同意を得ることで足ります。

軽微な変更の考え方を知ろう！（ケアプラン）

これらの場合は、
介護計画の再作成は不要！

軽微な変更の項目	内　容
サービス提供の曜日、日付の変更	利用者の体調不良や家族の都合など臨時的／一時的なもので、単なる曜日、日付の変更の場合
サービス提供の回数の変更	同一事業所における週1回程度のサービス利用回数の増減のような場合
利用者の住所変更	単なる利用者の住所変更の場合のみ。住環境、家族構成等が変わるなど生活に影響が生じる場合は再作成
事業所の名称変更	単なる事業所の名称変更
目標期間の延長	単なる目標設定期間の延長を行う場合。ただし、同じ目標が長期間続く場合は不適切な目標として見直し
同等の福祉用具に変更する場合に、単位数のみが異なる場合	福祉用具の同一種目における機能の変化を伴わない用具の変更
目標もサービスも変わらない（利用者の状況以外の原因による）単なる事業所変更	目標もサービスも変わらない（利用者の状況以外の原因による）単なる事業所変更
目標を達成するためのサービス内容が変わるだけの場合	ケアプラン第1表の総合的な援助の方針や、第2表の生活全般の解決すべき課題、目標、サービス種別等が変わらない範囲で、目標を達成するためのサービス内容が変わるだけの場合
担当ケアマネジャーの変更	契約している居宅介護支援事業所における担当ケアマネジャーの変更（ただし、新しい担当者が利用者はじめ各サービス担当者と面識があること）のような場合

※これは厚生労働省の考え方であり、保険者（市町村）によってローカルルールがあるため確認が必要

68 通所での外出レクリエーションは適用外？

介護計画の中で、外出レクの提供が効果的な機能訓練の一環として位置づけられている場合は認められます。

通所は事業所内でのサービスが原則

通所介護や通所リハビリテーションは、介護保険法第8条において、施設内でサービスを提供することが定められています。通所サービスは事業所の中でサービスが完結しなければならず、野外でのサービス提供は認められないのが原則です。そのため、外出した時間帯はサービス提供時間に含めることができません。

外出レクリエーションは返還指導に

春のお花見の時期は、晴れた日にはデイサービスによるお花見外出が花盛りになります。お花見以外でも、買い物レク、外食レク、日帰りの見学旅行などの外出レクリエーションを午後の時間帯の目玉にすえるデイサービスが多くなりました。しかし、運営指導を受けた結果、野外でのサービス提供は認められません。お花見に1時間を要した場合、基本のサービス提供時間が7時間であるなら、外出の1時間がカットされて6時間のサービスを提供したと認定されます。サービス提供が7時間以上と7時間未満では報酬は異なるので、差額分が返還指導となります。

解釈通知の特例の適用で外出もＯＫ！

ただし、特例として老企25号解釈通知があります。外出サービスは、事前に利用者の「通所介護計画」の中に、その外出が効果的な機能訓練の一環として提供が位置づけられている場合に認められます。これ以外の場合は、どのような理由があっても外出サービスの提供は認められません。通所介護計画の中に「機能訓練の一環として、外出を伴う訓練を実施する」などを記しておけばよいわけですが、ケアプランにも機能訓練の位置づけが求められる場合もあります。

外出レクをサービス提供時間に含める方法！

お花見、
買い物レク
外食レク、見学会…
デイサービスでは
外出レクが花盛り！

しかし

外出はサービス提供時間に含めることは不可

（介護保険法第8条）

↓

外出が効果的な機能訓練である場合で、あらかじめ通所介護計画に位置づけることで認められる

（老企25号）

↓

これ以外の場合は、サービス提供時間に外出時間を含めることはできない

➡ 報酬の返還指導

※保険者の対応でローカルルールがある場合がある
➡移動時間は提供時間に含めることは不可など

「お花見が機能訓練？」と疑問を持たれた段階でアウトです。高齢化に伴い身体機能が低下して、外出や社会参加する時間が減少していきます。お花見は、その外出を今後も続けるための機能訓練の一環です（買い物なども同様）。外出時間をサービス提供時間に入れるために、機能訓練として通所介護計画に位置づけましょう。

69 事前対策のポイント〜訪問介護 その1

サービス提供責任者は常勤専従の場合、介護保険外のサービスを担当するには制限があります。

職員配置は常勤換算で2・5人は必須

訪問介護の職員配置は、常勤換算で最低でも2・5人が必要です。これは利用者が少なく、介護サービス業務が少ない場合であっても配置が必要です。配置するということは「給与が発生する」ということです。この常勤換算の計算には、病院の付き添いやハウスキーパー事業などの介護保険外サービスを行った時間を含めることはできません。

サービス提供責任者は常勤専従

サービス提供責任者は常勤の介護職員の中から1人を専任しないといけません。1人が担当できる利用者数は40人ですので、それを超える場合は利用者数にあった配置が必要です。40人の計算は3か月の平均で求めます。通院乗降介助のみの利用者は、1人について0・1人で集計します。

2人目以降のサービス提供責任者は常勤換算での配置が可能ですが、その場合も1人について0・5人は専従で確保しなければなりません。

最低でも1人のサービス提供責任者は常勤専従ですので、病院の付き添いなどの介護保険外サービスは、業務に支障がない範囲に限られています。それ以外で、有料老人ホームに併設している場合の夜勤業務や食事の配膳の手伝いなどを担当することはできません。担当した場合は兼務と認定されて人員基準違反に問われます。

2人目以降は常勤換算の場合は、40人までの達成割合に応じて他の業務を実施することは可能です。また、要件を満たすことでサービス提供責任者の配置を50人に1人とする特例措置もあります。

介護職員は雇用契約が必要

訪問サービスを担当する職員は雇用契約があることが定められています。雇用契約がない者がサービスを担当することは基準違反です。

サービス提供責任者の責務

サービス提供責任者は、介護職員に対して、訪問時の利用者の生活状態のうち、服薬と口腔に関する情報を必ず報告するように指示しなければなりません。その報告内容は、担当ケアマネジャーに報告することが義務となっています。

計画上の提供時間と実際の提供時間に大きな差が出た場合に、その状態が1か月以上続くときは、担当ケアマネジャーに報告して、計画の提供時間の見直しを検討しなければなりません。また、生活援助従事者研修を修了して、生活援助のみを提供する生活援助ヘルパーへの同行訪問などの指導も行います。

サービス提供責任者の配置人数の数え方

	1月	2月	3月	合計
身体介護など	43	44	45	
通院乗降介助のみ	3	4	3	
計	43.3	44.4	45.3	133.0人

※「通院乗降介助のみ」は1人を0.1人として集計する

利用者の1か月平均を求めると…

3か月合計133人÷3＝44.333…人

必要なサービス提供責任者数

44.3人÷40人＝1.1075…人
小数点第2位を切り上げ＝1.1人

配置は最低0.5人のため
1.5人を配置する必要がある

70 事前対策のポイント～訪問介護 その②

2時間ルールや介護計画に位置づけた請求といった独特のルールを理解することが大切です。

サービス提供記録の記載が重要

サービス提供記録は請求の根拠となる書類です。利用者や家族も見る書類ですので、わかりやすく丁寧に記載します。サービスの開始時間と終了時間、提供したサービスの内容、提供中の利用者の様子や気づいたことなどは必ず記入しておきます。また、要所要所で介護計画と異なるサービスの提供を行っていないかの事前チェックも大切です。

初回加算と特定事業所加算

初回加算を算定する場合は、サービス提供責任者が直接サービスを実施するか、担当者に同行して、その旨を提供記録や支援経過記録などに記録しておくことが必要になります。記録で確認できない場合は、加算は算定できません。

特定事業所加算の算定の場合、要件の中に「サービス提供責任者が、介護職員に対して、文書など確実な方法での伝達をする」というのがあります。これは、文書を手渡しする以外でも、メールやＦＡＸでもかまいません。ただし、毎日の交付は、担当の介護職員の手元に文書が残る方法で行うことが必要です。

提供時間のルール

訪問介護独自のルールに2時間ルールがあります。前後2つのサービスの間隔が2時間未満の場合は、2つのサービスの提供時間を合算した時間で請求します。

また、介護計画では50分のサービス提供とあるのに、その日はたまたま70分にまで時間がかかってしまった。この場合は70分で請求することはできません。当初の50分の報酬単位で請求しなければなりません。

2時間ルールって何？

1 間隔が2時間以上の場合の請求

20分の身体介護 ⇔（2時間以上の間隔）⇔ **50分の身体介護**

↓ 20分で請求　　　↓ 50分で請求

個々に請求

2 間隔が2時間未満の場合の請求

20分の身体介護 ⇔（2時間未満）⇔ **50分の身体介護**

まとめて請求

20分＋50分の合計「70分」で請求できる！

「介護計画に位置づけられた時間の請求」の意味って？

介護計画

計画には身体介護の
提供は50分とある

→ **実際には70分かかった！**

↓

しかし、介護報酬を請求できる時間は、70分ではなく「50分」！

実際の提供時間ではなく
介護計画の時間で
請求しなければならない

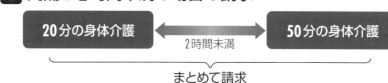

71 事前対策のポイント～通所介護、地域密着型通所介護 その①

人員基準で必要な職員を雇用しているだけではなく、毎日のサービス提供日に規定の職員配置が必要です。

生活相談員の配置基準

生活相談員は、サービス提供時間に応じて常勤換算で1名の配置が必要です。配置すべき時間帯での中抜けはできません。中抜けとは、新規契約での居宅訪問、近所の居宅介護支援事業所への挨拶回り、中途で帰宅する利用者の送迎などをいいます。生活相談員がこうした業務を行う場合は、その間、代わりの相談員資格を持つ他の職員を配置することが必要です。中抜けが認められるのは、ケアマネが招集するサービス担当者会議への出席や、省令で認められた事例のみです。

配置基準は毎日満たす必要がある

人員基準とは別に配置基準があります。単に人員基準で必要な職員を雇用していればよいのではなく、毎日のサービス提供日に各資格を持つ職員が配置されていることが必要です。職員の有給休暇や退職の場合でも、すぐに代替の職員を手配できるような準備が必要です。また、配置予定の職員が送迎などで外に出ている時間は配置時間に含めることができません。勤務実績表を毎月必ず作成して、勤務状態を確認するためにタイムカードなどを突き合わせて、毎日の職員配置が十分であることの確認を怠ってはいけません。

宿泊サービスなど保険外の勤務時間は除く

宿泊サービスなど保険外サービスを提供している場合、その時間を除いて勤務シフト表や勤務実績表を作成しなければなりません。また、宿泊サービスを提供する場合は、ガイドラインに沿った夜勤職員の配置、宿泊スペースの確保、記録の整備、消防法の遵守などが必要です。なお、宿泊サービスのガイドラインは基本的にショートステイの基準に沿ったものです。

生活相談員の中抜けは配置時間に含めない

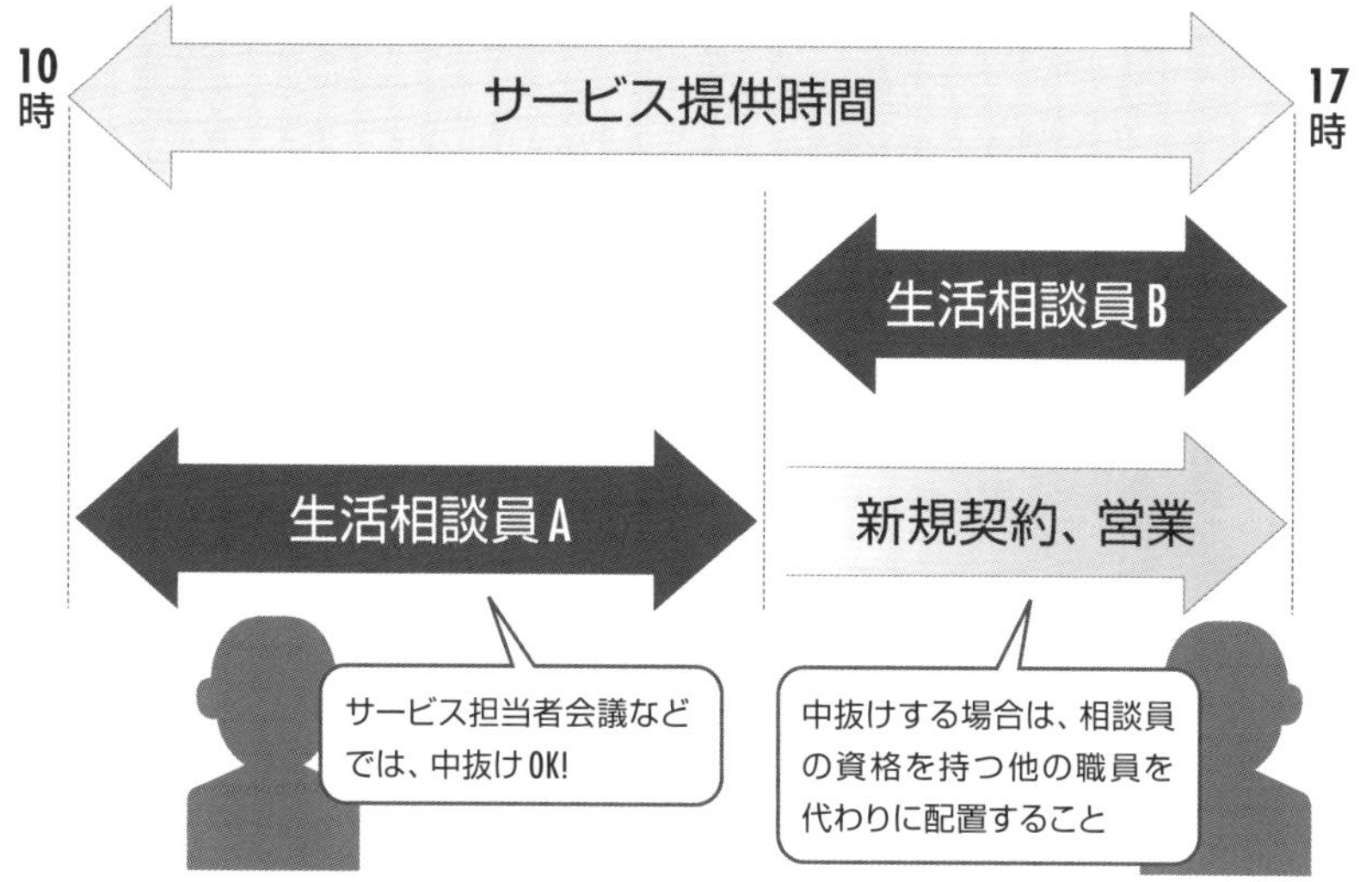

職員の配置基準は人員基準とは別！

勤務実績表

	1日	2日	3日	4日	5日
相談員	◎	◎	◎	◎	◎
看護職員	◎	◎	◎		◎
介護職員A	◎		◎	◎	
介護職員B		◎			◎

他の者の代わりに勤務すればOK

職員が不在の日があるとNG

Point 職員の急な休みや退職の場合でも、すぐに代替の職員を手配できるような準備が必要！

72 事前対策のポイント～通所介護、地域密着型通所介護 その❷

定員超過の考え方は、運営基準と報酬算定基準では全く異なり、1日でも定員を超えたら運営基準違反です。

サービス提供記録では開始と終了時間が重要

サービス提供記録には、バイタルの状態、提供時間中の状況、サービスの開始時間と終了時間などの記載が必要ですが、特にサービスの開始時間と終了時間は介護報酬算定の証拠となるものですから、手を抜かずに記載します。また送迎記録も送迎減算の確認で重要ですので、しっかりと日々の送迎状況を記載します。

定員超過は算定基準と運営基準では別物

1か月の平均利用者数が定員を超えていなければ、定員超過減算の適用は受けません。しかし、これは介護報酬算定上の基準です。運営規程に定員30人と記載されている場合、1日でも定員を超えた日があった場合は、「運営基準違反」となります。この状態が長期間続く場合は、行政処分の対象です。また、定員を超えた場合、その実際の利用者数に応じて職員を配置しなければなりませんので、「人員基準違反」となる場合もあります。1日たりとも定員を超えてはいけないという心構えが大切です。また、お試し利用や保険外利用の利用者もその日の提供人数に加えて集計します。

入浴加算では清拭の算定はできない

入浴介助加算を算定できるのは、全身浴、部分浴と全身シャワーです。部分シャワーと清拭は算定できません。清拭については返還指導が多発しています。清拭は通常は体調不良の場合に提供し、その旨は提供記録の記載やバイタルの状態から把握できるからです。だからといって、熱の高い日に無理に入浴させた場合も不適切の指導を受けます。

介護報酬の算定基準と運営基準の考え方の違い

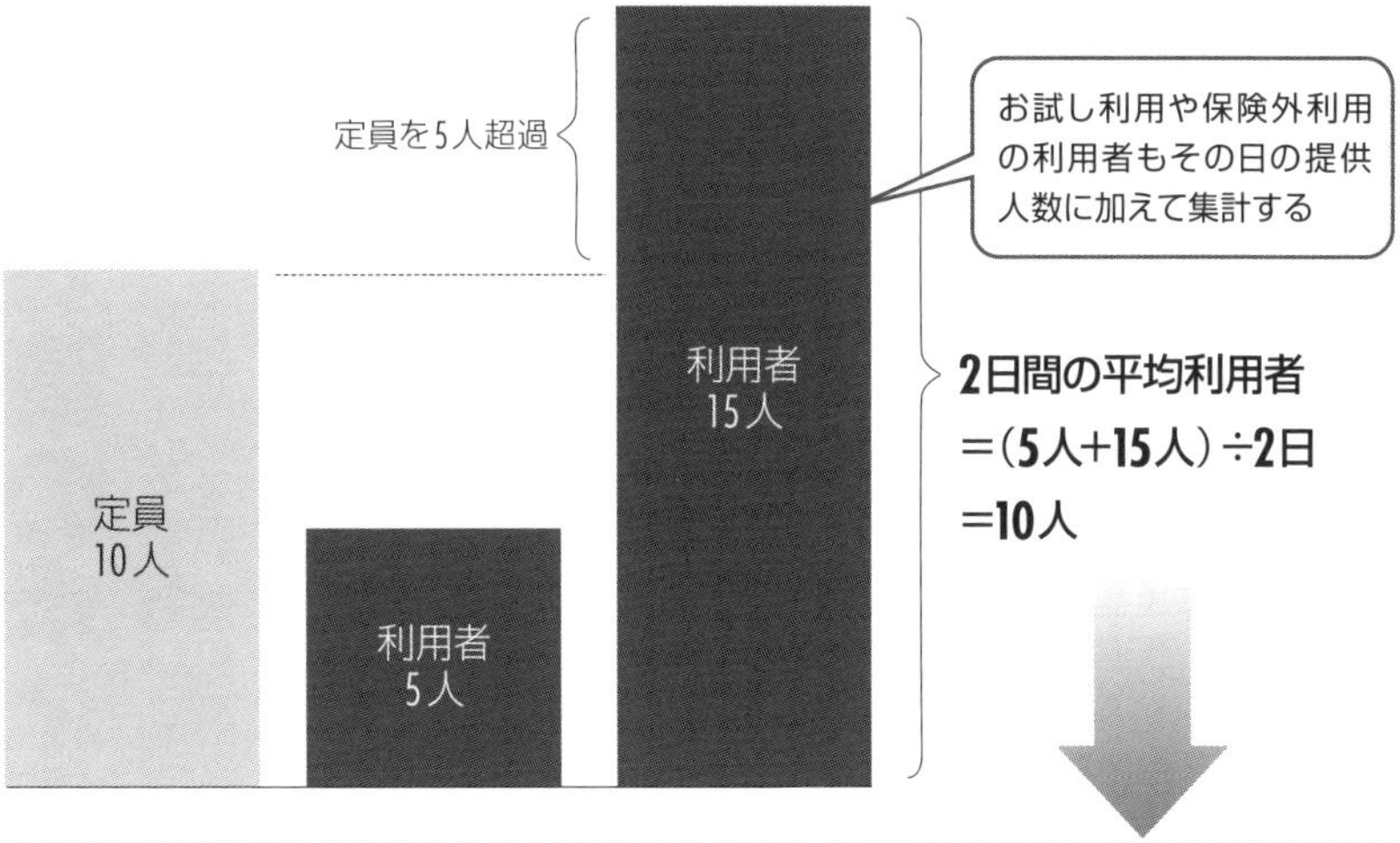

◎運営規程では？
定員が10人となっているので、1日でも定員を超えると「違反」となる

※長期間続く場合は行政処分の対象！

◎算定基準では？
平均利用者数が問われるので、平均が10人となれば、定員以内となり「問題なし」

入浴加算の算定の可否

全身浴	部分浴	全身シャワー	部分シャワー	清拭
◎	◎	◎	×	×

提供記録の記載やバイタル記録からは、たとえば、熱の高い日は入浴を差し控えていたことがわかる。そこで、熱が高い日だけをチェックして、その日の入浴加算の算定状況を、突き合わせることで、清拭の実施が把握され

73 事前対策のポイント～居宅介護支援

作成された居宅サービス計画は、利用者に説明・同意、控えの交付が遅滞なく行われなければなりません。

サービス担当者会議に関する指摘が多い

サービス担当者会議に、やむを得ない理由で欠席する場合は、欠席届けを提出させて、その理由と照会内容、回答を第4表に記載します。また軽微な変更などでサービス担当者会議を開催しない場合も、その理由と照会内容を第4表に記載しなければなりません。区分変更を提出した場合は、その時点で暫定計画の作成とサービス担当者会議の開催が必要です。

福祉用具貸与が必要な理由の記載漏れ

居宅サービス計画で福祉用具貸与が位置づけられている場合、その「必要な理由」の記載漏れも運営指導で指摘の多い指導項目の一つです。

医療介護連携の促進

ケアプランに医療系サービスを位置づけた場合、意見書を記載した医師にケアプランの控えを交付しなければなりません。また、訪問介護のサービス提供責任者から、利用者の生活状態の報告があった場合、重要な内容については主治医への報告が義務となっています。

重要事項説明書での説明・同意項目

利用者には必ず、いつでもケアプランに位置づけた事業所以外の事業所を紹介する旨と、ケアプランに位置づけた事業所の選定理由を説明する旨の2点を、重要事項説明書および口頭で説明し、署名などの同意を得る必要があります。また、利用者が入院することがあったら、病院の担当者に担当ケアマネジャーの情報を伝えるよう依頼することが義務となっています。

サービス担当者会議の参加者

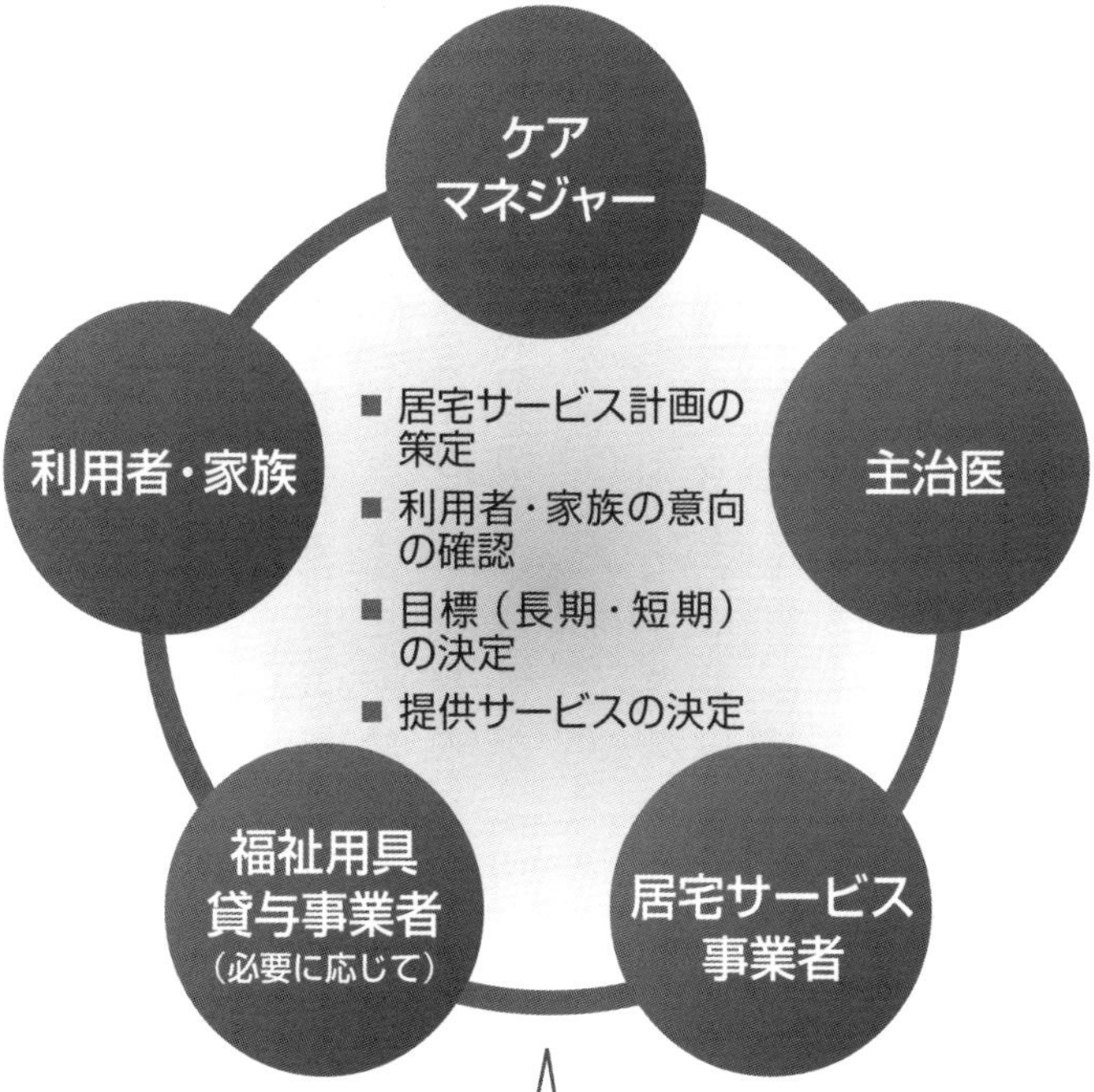

➡ サービス担当者会議の要点（ケアプラン第4表）

- 出席できない担当者がいる場合には、所属（職種）と氏名、会議に出席できない理由を記載
- 検討した項目欄に、出席できない担当者に照会した年月日、内容および回答を記載すると、この場合は出席（書面）となる

やむを得ない理由がある場合には、担当者等に対する照会等により意見を求める

➡「やむを得ない理由がある場合」とは…

- 開催の日程調整を行ったが、サービス担当者の事由によりサービス担当者会議への出席が得られなかった場合
- 居宅サービス計画の記載事項の変更であって、利用者の状態に大きな変化が見られないなど、軽微な変更の場合等

74 事前対策のポイント～介護施設

無通知で指導が行われても対応できるように日頃からの事前準備が重要となります。

介護施設は2～3年に1回の運営指導

在宅サービス事業者への運営指導は、その事業所数が多いこともあって、6年前後に1回という間隔が多いのですが、介護施設は2～3年に1回の間隔で運営指導が行われます。比較的短間隔で運営指導が行われるために、通常では大きな問題は起こり得ないといえます。

逆に、介護施設で問題となるケースは、虚偽偽装を行った悪質な事例が多いようです。職員の水増し、虐待、身体拘束、減算の非適用などがこれにあたります。

虐待などが疑われる場合は、無予告で指導を実施

2014年に起きた高齢者住宅での殺人事件と虐待事件以降は制度が改正されて、それまで通常は1か月前に書面で指導通知が発行されていたものが、2016年4月より、施設などでの虐待が疑われる場合は、「無予告」で運営指導が行われるようになりました。また実施の通知は当日の開始前に手渡せばよいことになりました。従来の無通知は、特別指導と監査に限られていましたが、通常の運営指導でも可能になったということです。そのため、無通知で指導が行われても対応できるように日頃からの準備が重要となります。

「前回の指導」の翌月の状態を確認することもある

運営指導が終わってほっと一息、気が抜ける瞬間です。運営指導終了後の数か月は何かと気が緩むものです。それを見越して、前回の指導の翌月の書類を確認された事例があります。前回の指導項目は完璧に改善しておくことが重要です。

介護施設の日常的な準備対策のポイントは？

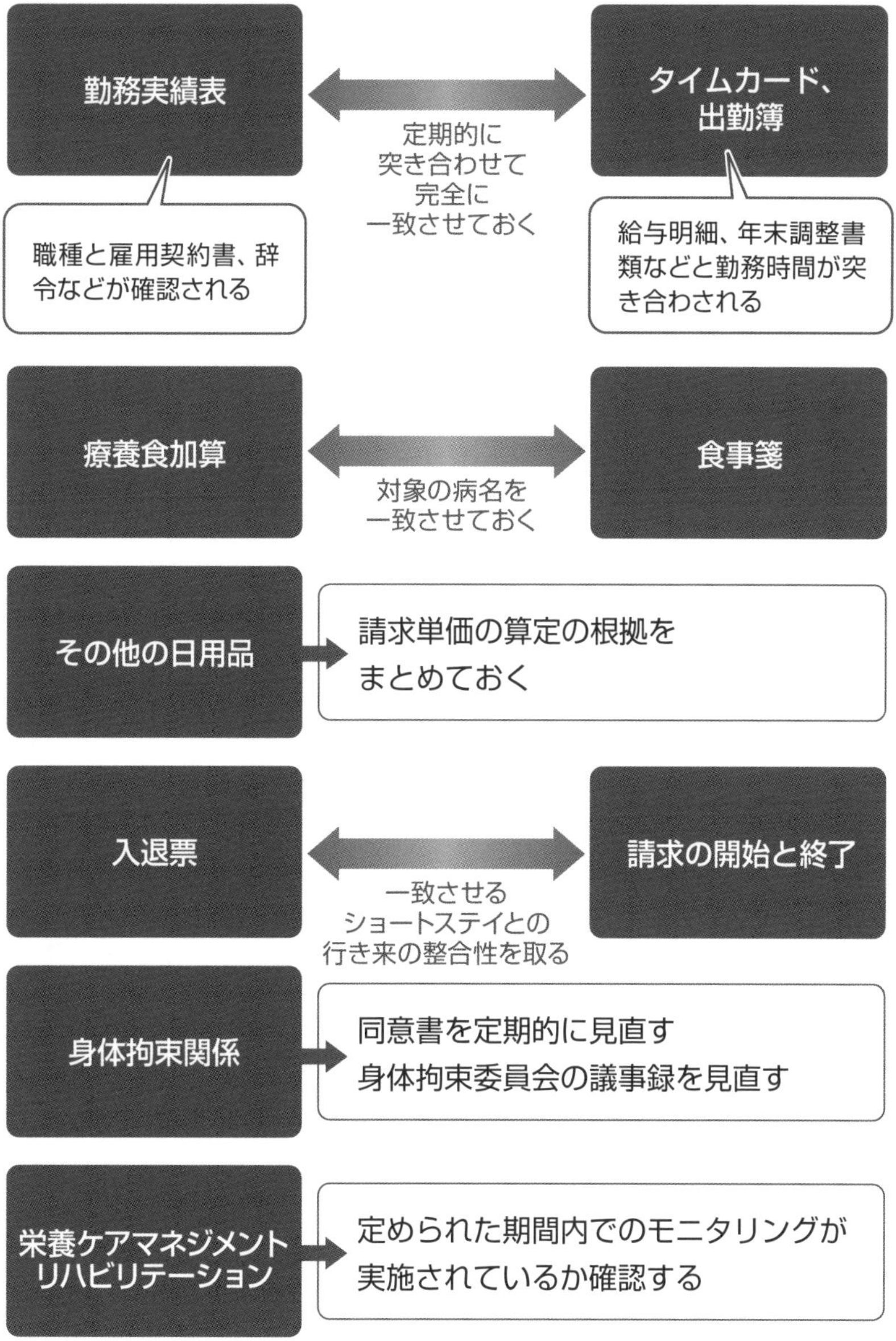
勤務実績表
タイムカード、出勤簿
定期的に突き合わせて完全に一致させておく
職種と雇用契約書、辞令などが確認される
給与明細、年末調整書類などと勤務時間が突き合わされる
療養食加算
食事箋
対象の病名を一致させておく
その他の日用品
請求単価の算定の根拠をまとめておく
入退票
請求の開始と終了
一致させる
ショートステイとの行き来の整合性を取る
身体拘束関係
同意書を定期的に見直す
身体拘束委員会の議事録を見直す
栄養ケアマネジメント
リハビリテーション
定められた期間内でのモニタリングが実施されているか確認する

75 事前対策のポイント～介護報酬の算定

事前準備中に報酬算定の誤りが判明した場合は、迷わずに過誤申請の提出を選択します。

厚労省告示、解釈通知、Q&Aなどを読み込む

介護報酬の基本報酬や加算、減算を算定するには、制度を理解していることが大前提です。またローカルルールも多数あるので、日常から厚生労働省告示や解釈通知などで情報収集に努める必要があります。事前準備中に報酬算定の誤りが判明した場合は、指導日直前であっても迷わずに過誤申請の提出を選択します。

人員基準欠如減算、定員超過減算に注意！

人員基準に満たない配置を続けたり、1か月平均の利用者が定員を超えたりした場合は、解消されるまで30%の減算となります。この定員数には、体験利用などー般の利用者と同じプログラムを提供する場合も人数に含めなければいけません。運営指導において、厳格なチェックと報酬返還がなされる部分です。減算金額も大きいため甘えは許されません。

最近増加「10万円以下の不正での指定取消」

介護報酬の指導となる原因は、算定要件の知識不足や、サービス提供記録、算定プロセスの欠如、不備が大部分です。後から不足の書類を作成したり、押印をもらい直したり、記録の記載の内容を改ざんするなどの不正行為を行うと、指定取消などの行政処分につながります。それらはほとんどの場合、他の書類や記録を突き合わせることで、整合性の取れない部分が表面化して不正が露見するからです。2万円、7万円などの少額の不正請求で指定取消となっている事例は、ほとんどが書類の偽装とそれを取り繕うための虚偽が悪質であるという理由です。

誤りは素直に認めることが、行政処分などの大事にならないための唯一の選択肢です。

介護報酬を算定する基準は一度でよいからしっかりと確認しておく

基本報酬
加　算
減　算
サービス提供を「実施すれば算定できる」わけではない
条件を満たさない限り、実施しても請求できず、請求しても返還になる
勘違いやミスに気づいたら、すぐに過誤申請で返還する。
間違っても、偽装を考えてはいけません！
厚労省告示
解釈通知
Q&A
指導の実施後にミスがわかっても遅すぎる。事前にしっかりと内容を確認して、全く問題のない状態を確立し、あとはそれを日々、繰り返そう

Point わからないことや、疑問点は、身近なブレーンや役所にすぐに確認して、問題を後に残さないこと

76 その他の日常生活費の請求

一律に「月額○○円」といった一括請求をしていると、運営指導では全額が返還指導となります。

「その他の日常生活費」とは

リハパン（リハビリパンツ）代、レクリエーション費用などは、「その他の日常生活費」といいます。日常生活費は定額での一括請求は認められません。各々の費用の実費相当分とした料金表を作成して、事前に利用者への説明・同意を得た上で、実際に使用した分を請求する必要があります。

一律に月額いくらといった一括請求は、運営指導では全額が返還指導となります。また、利用者がサービス提供時間内に購読する新聞や雑誌などの共通の経費は、すでに基本報酬に含まれているために個別に請求することはできません。夏場の冷房費や冬場の燃料代も同様の扱いになります。

サービス提供の一環として実施した活動や行事において、利用者に負担させることが適当と認められるもの（例：習字、お花、絵画、刺繍等の活動の材料費）の費用については、教養娯楽に要する費用として利用者から徴収できます。その場合、全員参加で全体的に使用される経費ではなく、個人の希望で使用される経費であることが条件になります。請求金額は、原価相当分の範囲内で事前に各々の費用の価格設定を行わなければなりません。

また、お世話料、管理協力費、共益費、施設利用補償金といったあいまいな名目を使って、一律の価格設定で請求することはできません。

「その他の日常生活費」の範囲

「その他の日常生活費」は、日常生活を送るために必要なもので、その費用を利用者等に負担させることが適当と認められるものです。この基準と具体的な範囲を、図に示します。

その他の日常生活費って何？

一律の徴収は不可。
原価相当分のみ請求し、事前に説明・同意を得ること

1 利用者の希望によるもの

2 身の回り品として日常生活に必要なもの
（リハパン代、紙おむつ代など）

3 教養娯楽として日常生活に必要なもの
（レクリエーション費用など）

基準

1 保険給付の対象となっているサービスとの間に重複関係がないこと

2 お世話料、管理協力費、共益費、施設利用補償金といったあいまいな名目による費用の受領は認められないこと

3 利用者等またはその家族等に事前に十分な説明を行い、その同意を得なければならないこと

4 実費相当額の範囲内で行われるべきものであること

5 運営規程において定められ、重要事項として施設の見やすい場所に掲示されなければならないこと

77 運営指導では記録が最も重要

介護サービスにおいては「記録」がないと、サービス提供の事実が確認できないとして認められません。

記録とは何か

サービス提供記録、支援経過記録、ケアカンファレンス記録、機能訓練記録、夜勤業務記録など、介護サービスの運営においては、いろいろな「記録」を作成する必要があります。

介護サービスの基本は「計画」によって実施されて、「記録」によって確認・報告されるシステムになっています。たとえば、会社において出張経費を精算するときには、必ず領収書という証憑《しょうひょう》書類を提出しないと経理部門は旅費を払ってくれません。同様に、介護サービスにおいては「記録」がないと、サービス提供の事実が確認できないとして認められません。

運営指導などにおいても、この記録に基づいて指導されます。記録の作成と保管がない場合は、サービス提供の事実が確認できないこととなり、介護報酬の返還指導をされる場合もあります。

記録に記載する項目は、通知などで決められていますので、漏れなく記載する必要があります。

記録書類の保管義務

介護サービス提供に関する記録は、「その完結の日から2年間の保存」が義務づけられていますが、これは「サービスが終了した時点から起算して2年」という意味です。サービス提供が継続している利用者の記録は、何年経過しても処分できません。

また、介護報酬請求書類、請求書・領収書等の請求に関わるものは「時効は5年」ですから、一般には5年間の保存が必要です。近年は、役所の側からの請求時効が5年であるので、提供の記録を含めて、「すべての書類は5年間」の保存を求める役所が多くなっています。確認しておきましょう。

すべては記録で確認される

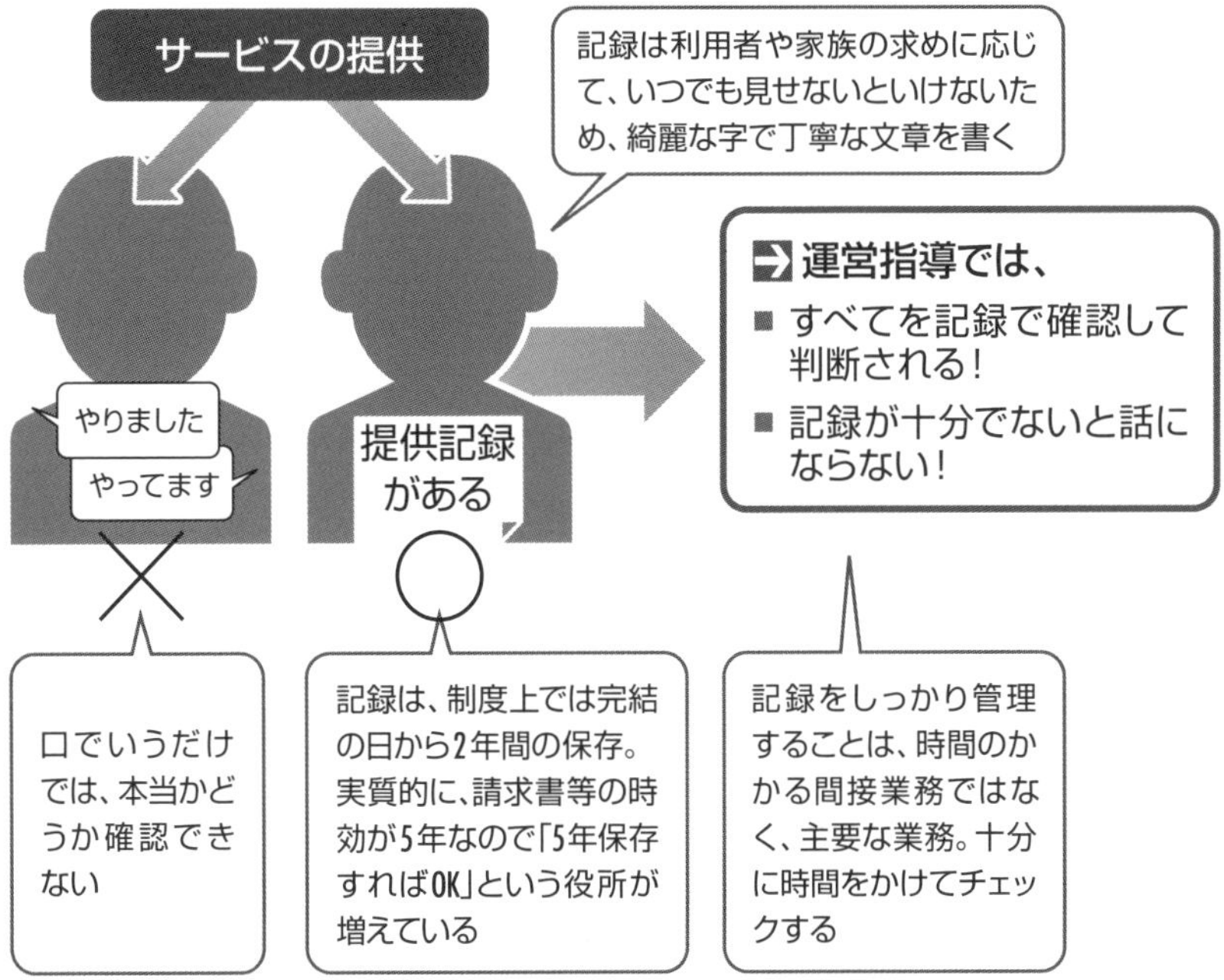
サービスの提供
記録は利用者や家族の求めに応じて、いつでも見せないといけないため、綺麗な字で丁寧な文章を書く
運営指導では、
すべてを記録で確認して判断される！
記録が十分でないと話にならない！
やりました
やってます
提供記録がある
口でいうだけでは、本当かどうか確認できない
記録は、制度上では完結の日から2年間の保存。実質的に、請求書等の時効が5年なので「5年保存すればOK」という役所が増えている
記録をしっかり管理することは、時間のかかる間接業務ではなく、主要な業務。十分に時間をかけてチェックする

「その完結の日から2年間の保存」が義務の意味

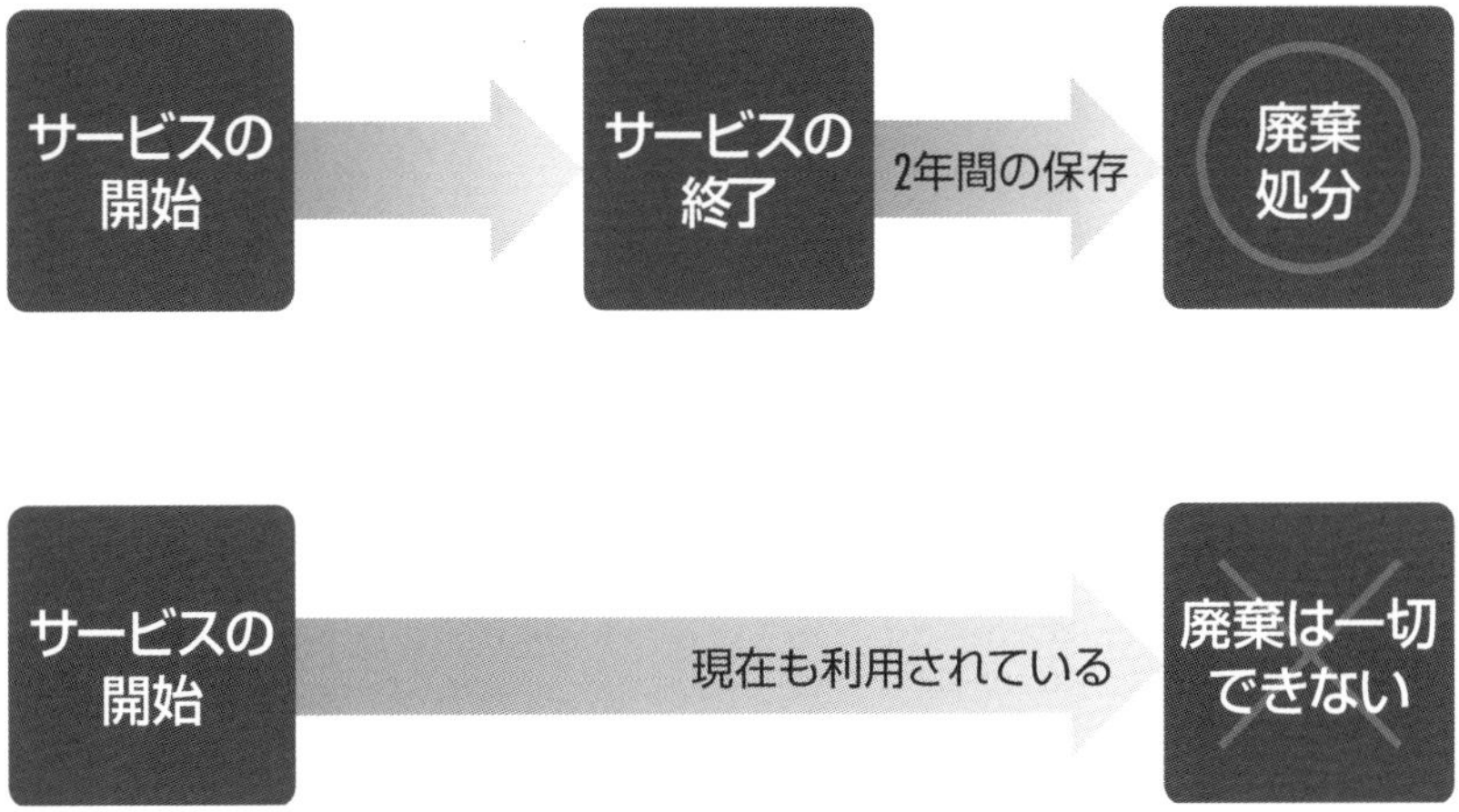
サービスの開始
サービスの終了
2年間の保存
廃棄処分
サービスの開始
現在も利用されている
廃棄は一切できない

78 身体拘束の対策

日々の記録の作成とともに、3か月に1回の委員会の開催、年2回の職員研修を実施します。

身体拘束とは

身体拘束とは、衣類や綿入り帯などで利用者の身体を囲ったり縛りつけたり、またベッドに柵を設けて利用者の行動を制限したりすることです。自分の意思で、その状態から逃れることができないことをいいます。認知症高齢者が外に出ないよう玄関に鍵をかけることも拘束です。

身体拘束は禁止。ただし特例がある

いかなる場合も身体拘束は行ってはいけません。しかし、実際の介護の現場ではちょっと目を離したことが重大事故につながるケースがしばしばあります。そのため、3原則（図参照）を設けて、特例として身体拘束を認めています。その場合、日々の記録において、①拘束時間、②拘束の方法、③利用者の心身の状況の3点を記載することが義務です。

身体拘束は、利用者の活動の大部分を制限して本人に苦痛を与えます。拘束状態を軽減することを常に検討することが重要です。必ず3か月に1回、身体拘束適正化委員会を開催しなければなりません。運営指導では、その議事録で開催の事実確認が行われます。

身体拘束適正化の職員研修と指針の整備

身体拘束適正化に関する研修は、年2回以上の開催が義務となっています。年間の研修スケジュールにも必ず含めます。新入社員の研修プログラムに身体拘束適正化を盛り込むことも必要です。

さらに身体拘束適正化の指針を整備しなければなりません。3か月に1回の委員会の開催、年2回の職員研修、指針の整備は、一般の有料老人ホームにも義務化されています。

身体拘束の例外3原則って何？

1 切迫性

生命または身体が危険にさらされる可能性が著しく高い	ベッドや車いすから落ちる。体を掻きむしる。誤飲、誤嚥。施設からいなくなる

2 非代替性

行動制限を行う以外に方法がない	最低限の部位を最低限の時間で最も苦痛などを与えない方法を選択する

3 一時性

行動制限が一時的なものである	家族の同意を得たら、ずっと拘束するのではなく、定期的に利用者の状況を家族に説明して、都度、拘束の同意を得直す

家族からの拘束の同意

- 拘束は必ず、家族の同意が必要！
- 必ず毎日の拘束の内容、時間、様子などを記録して保管する
- 家族の同意は、期間限定であり、定期的に得直すこと

身体拘束委員会の検討例

ベッドから落ちるから3点柵で拘束

低床ベッドに替えたら？
ベッドにいる時間を短くできない？

体を掻きむしるからミトンの手袋で拘束

体が乾燥肌でかゆい？
だったら、乾燥しない方法を考える

そもそも、そうなる原因は何？

79 運営推進会議を開いているか？

開催して、議事録を公表するまでのプロセスの実施状況が確認されます。

通常は2か月、地域密着型デイは6か月ごとに開催

運営推進会議は、施設によって開催間隔が異なります。グループホーム、小規模多機能型などは2か月に1回程度の開催。地域密着型デイサービスは6か月に1回の開催です。開催されない場合は運営基準違反で行政処分の対象となります。現在では、複数の事業所の合同開催も認められています。

会議の流れと参加者

会議は、事業所の活動報告を中心に、利用者の様子や避難訓練の様子などを報告して、それに対する評価とアドバイスをもらうという流れです。

会議には、事業所からは管理者や責任者が定期的に参加し、職員は議題や内容に応じて参加するようにします。外部からは、基本的に次の４者に参加してもらいます。すなわち、①利用者と家族、②地域の代表として町内会長や民生委員など、③役所の職員か地域包括支援センターの職員、④知見を有する第三者です。

議事録を公表しておく

会議を開催するときは、必ず議事録を取ります。そして、その議事録は公表することが必要です。公表の方法には図に示したものが一般的です。事業所内の掲示板に貼った場合は、必ず写真などに撮って状況を後日、確認できるようにしておきます。

事業所を地域に告知するよい機会

この会議は開催が必須です。地域の方々に参加してもらいますので、事業所の活動を地域に認識してもらうよい機会と捉えて積極的に開催するのがベストです。現在は合同開催も可能です。

運営推進会議の流れ

運営推進会議のポイント

定期的に開催日を決める → 通常は2か月ごと、地域密着型デイは6か月ごと

外部の参加者の日程調整 → 下記4者に参加依頼

1. 利用者、家族
2. 地域の代表として、町内会会長や民生委員など
3. 役所の職員か、地域包括支援センターの職員
4. 知見を有する第三者

活動報告を中心に、管理者が司会となって進行する

参加者の評価をいただく

参加者からアドバイスを得る

→ 議事録に記載する3要素

1. 活動報告の内容
2. それに対する評価
3. 参加者のアドバイス

この3つを網羅すること

議事録を作成する

議事録を公表する → 公表の方法

- 事業所内の掲示板に貼っておく
- コピーして利用者に配布する
- 事業所通信などに掲載する
- 役所や事業所のホームページに掲載する　など

80 高齢者住宅併設型の注意点は？

施設サービスの提供と、介護サービスの提供を明確に区分しておくことが大切です。

併設事業所はあくまでもテナントと考える

高齢者住宅の1階に訪問介護やデイサービスが併設されていると、同じ会社が運営することもあって、建物全体が一つの事業所と考えがちです。そうなると、介護事業所の職員もケアの合間に、住宅部分の掃除を手伝ったり、食事を準備したり、夜勤を担当したりとなりがちです。

運営指導では介護の業務だけを明確に分類して管理することが求められます。併設事業所は、あくまでもテナントとして考えるべきで、住宅部分の運営と介護サービスの運営を混同してはいけません。

利用者も建物全体を一つと捉えがち

高齢者住宅の1階に併設されているデイサービスを利用しているはずの入居者が、予定時間に自分の部屋でテレビを見ていることがあります。聞くと、食事の後、疲れたので自分の部屋で休んでいるとの返事。同じ建物内に自宅とデイサービスがあると、サービス中に行き来しても利用者も問題ないと考えがちです。このケースの場合は、自宅に戻った段階でサービスは中断しますので、この時間を含んで請求すると完全に不正請求となります。

生活援助は施設サービスか、介護サービスか

掃除や洗濯といった日常生活のサービスの代行、食事の介助などが、住宅部分の契約内容に含まれている場合は、介護サービスでそれらを提供することはできません。施設サービスとして提供するものと、介護サービスとして提供するものは明確に区分しておくことが大切です。運営指導時に、住宅部分の契約書から確認される事項です。

全く別の事業と考えることが重要！

高齢者住宅 ⇔ **通所介護サービス**

併設されていると、職員も利用者も、混同しがち！

職員

- 職員が、どちらの事業所の所属かを明確に区分する
- 兼務の場合は、それぞれに勤務する時間帯を明確に分ける

生活サービス

- 高齢者住宅で提供する場合は、介護サービスでは不可
- 曜日などで担当を分ける場合は、契約書で明確にすること

入居者

- サービス提供時間中に自分の部屋に帰ることは不可
- 提供日以外に介護サービスに来ることは不可

介護サービス

- その日の利用者と、利用者以外の入居者が共に食事を取ることは不可
- 配置職員は、サービス提供時間中に居住部分には立ち入らないこと

サービス提供中に利用者が自分の部屋に戻ると…

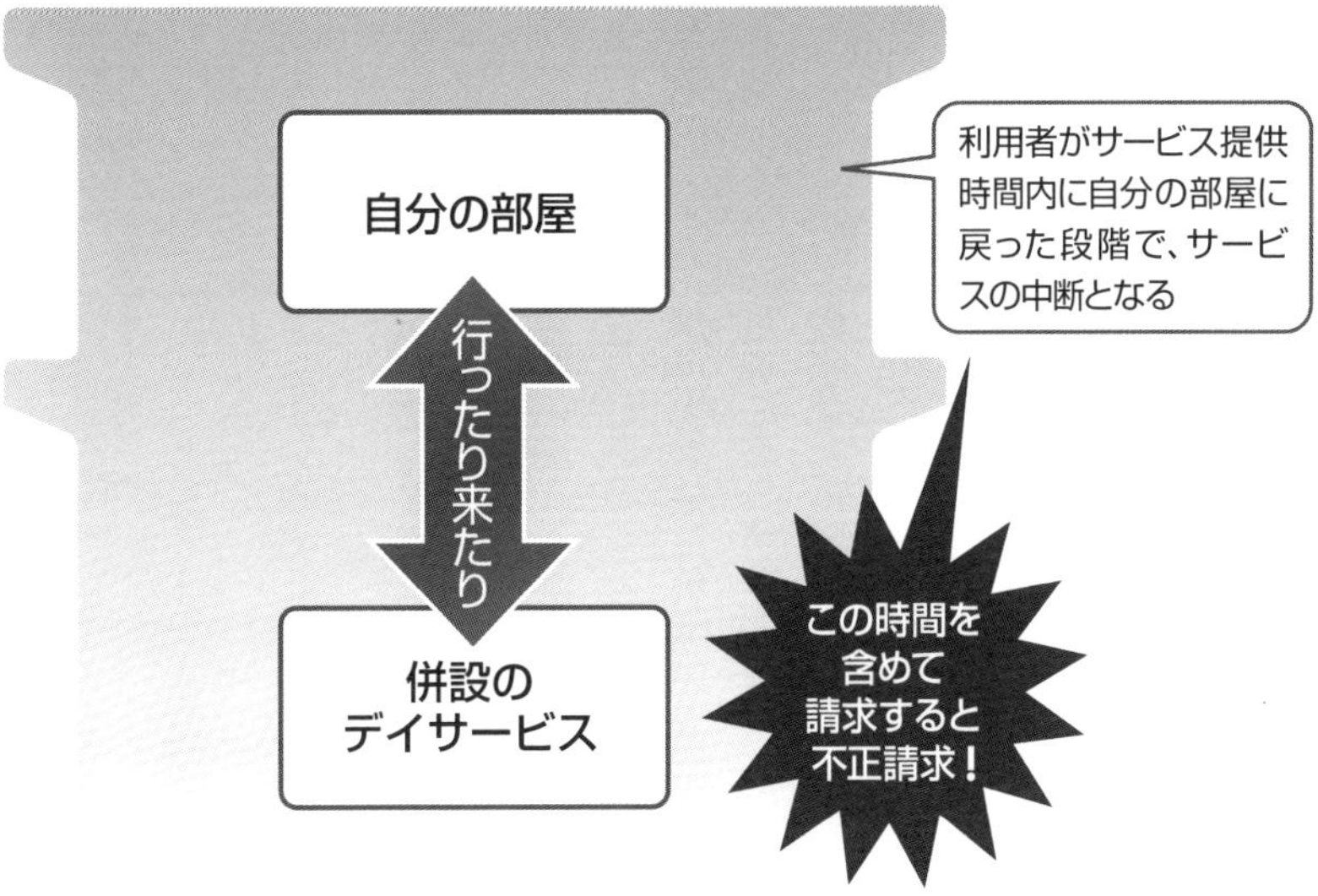
自分の部屋
行ったり来たり
併設のデイサービス
利用者がサービス提供時間内に自分の部屋に戻った段階で、サービスの中断となる
この時間を含めて請求すると不正請求！

コラム

ある事件の後の運営指導の現場で

無予告指導で不正が発覚

ある介護施設に、予定日の1週間前に運営指導を行う旨の事前通知が入りました。通常は1か月前の通知が多いですが、1週間前の通知もあり得るので不自然ではありません。指導当日は、特に目立った指摘もなく終了。施設側も、無事に終了して安心しきっていたところ、数日後の夜間に役所の職員が何の前触れもなく再び来所しました。この施設では、多くの入所者に対して違法な身体拘束を行っており、その現場を押さえられたのです。

最初の運営指導で役所の担当者は、入所者の怯えた目や態度、手足にできた痣《あざ》などで身体拘束や虐待の事実を確証したといいます。このケースは、元職員からの告発が発端となって発覚したものでした。

異例の大所帯で来訪

この事件の後、別の施設でのことです。施設の運営指導には役所の職員は4人来ることが多いのですが、この日は7人の大所帯でした。「何かあったのか？」と不安が募ります。この日、16時過ぎまでタイムカード、給与明細、年末調整関連書類、履歴書などありとあらゆる人事関係書類が点検されました。私も多くの運営指導に立ち会ってきましたが、この様子は異常です。先の事件の影響なのか、明らかに何かを疑って捜査を行っている様子。後で聞いた話ですが、これは問題を起こして退職した職員の告発による嫌がらせでした。結局、運営指導では何も問題がないことが確認されて、役所との信頼関係は強まったのです。

第5章

過去の事例を研究してみる

過去の運営指導の事例を研究することで、現場における運営指導の傾向と対策を知ることができます。この章では、主だった介護サービスの種類ごとに事例をまとめています。運営する介護サービス以外の指導事例も参考になりますので、ぜひご一読ください。

81 特別養護老人ホームの指導事例

衛生材料、嚥下補助剤、介護用品などは、基本報酬に含まれているもので別途徴収はできません。

最近の指導事例

特別養護老人ホームの運営指導で指摘が多いのは、「その他の日常生活費」に関する項目です。衛生材料、嚥下補助剤、介護用品などは、基本報酬に含まれているもので別途徴収はできません。また、月額の固定料金で一括徴収することも不可です。

建物の概要や配置に変更があった場合は、変更届けの提出が必要ですが、その変更届けが出ていないとの指摘も多くあります。さらに、本来、実施しなければならない職員研修の項目が不足しているとの指摘や、利用者の家族との同意書に記載された内容以外の身体拘束を入所者に行っていたとの指導事例もあります。

ユニット型のユニットリーダーの配置

ユニットごとに配置すべき「常勤のユニットリーダー」が配置されていなかったとの指摘も複数あります。配置されていない場合は、その翌月から解消されるまで30％の報酬減算となります。

人材不足の影響もあって、職員の配置人数が不足しているのに人員基準減算を算定していない事例が増加しています。長期間の人員基準の違反事例は、業務停止処分などの行政処分となります。

不透明な契約の締結はＮＧ！

社会福祉法人が業者と契約を締結するときには、他の事業者との入札や価格比較調査が必要です。これは適正な価格の維持のためですが、長期間にわたって同一事業者との随時契約を行っている場合などは指導の対象となってしまいます。契約には、透明性と公平性が求められます。

特別養護老人ホームの指導事例の一例

「その他の日常生活費」は入所者の希望により提供し、費用を適正に徴収すること

■ 施設介護サービス費に含まれる**衛生材料**、**嚥下補助剤**、**介護用品等**の費用を「その他の日常生活費」として、別途、利用者等に請求している。

■ 日用品を、入所者に対して**一律に提供**し、その費用を徴収している（老企第54号）。

介護報酬の算定等について誤りがあるので是正すること

■ 心臓疾患の減塩食を、算定要件の「塩分総量6.0g未満」で提供していないにもかかわらず、**療養食加算**を算定している。

■ 看護体制加算（I）について、看護師を常勤で配置していないにもかかわらず、算定していた。

■ **個別機能訓練加算**を、常勤専従の理学療法士等を配置していないにもかかわらず算定している。

建物設備等の管理を適正に行うこと

■ 建物の構造概要や平面図、設備の概要の変更があったにもかかわらず、変更届けを出していない（介護保険法第89条）。

事故発生防止のための措置を行うこと

■ 職員に対して、事故の発生や再発を防止するための研修を実施していない。

身体的拘束等廃止に向けて取り組むこと

■ 入所者本人や家族に対して、事前に説明した**内容と異なる**態様の身体的拘束等も実施している。

■ ミトン、車椅子のベルトによる身体的拘束等について、緊急、やむを得ない場合に該当するかどうかの検討が施設全体として十分に行われていない。

その他

■ 感染症や食中毒の予防、まん延の防止対策を講じていない。

■ 介護支援専門員に変更があったにもかかわらず、変更届けを提出していない。

参考：東京都福祉保健局「指導検査報告書」

82 介護老人保健施設の指導事例

届け出がされていないケアマネジャーは介護施設の施設サービス計画を作成できません。

最近の指導事例

介護老人保健施設の最近の運営指導で指摘が多いのは、加算の算定誤り、事故記録と報告の不備、変更届けの未提出、機能訓練の実施記録、身体拘束に関連する項目です。基本報酬の算定区分で、毎月作成すべき集計の記録の不備や、区分の要件を満たさなくなったときの処理の誤りも多くなっています。

変更届けの提出遅れが指導される

介護老人保健施設に在籍していたケアマネジャーが辞めるなどの理由から別のケアマネジャーに変更した場合は、変更から10日以内に届け出が必要です。

この届け出が遅れているという指導が見受けられます。届け出がされていないケアマネジャーは、介護施設の施設サービス計画を作成することはできません。

実際にあった指導は

感染症対策として、リネン室には清潔なリネン以外を保管できませんが、他の物を置いたことによる指導例があります。また、療養食加算を算定する場合は、様式第9の主病名欄に病名を記載しなければなりませんが、漏れているケースが多いようです。他にも、入所者から預かる健康保険証には、老健の入退所日を記しますが、書き漏らしているケースも多いです。

広場などでおやつを取るときは、事故防止のために吸引器を側に常に置くことが必要ですが、設置されていなかったり、食事は調理後2時間以内に喫食しなければなりませんが、これが守られていなかったりとの指導がありました。疾病、状態変化による食事形態の変更には、医師の指示が必要ですが、指示書がなかったとの指導もあります。

介護老人保健施設の指導事例の一例

介護報酬の算定等について誤りがあるので是正すること

■ **短期集中リハビリテーション実施加算**を、実績がない日も算定している。

■ **療養食加算**について、高血圧症に対して減塩食療法を行う場合は算定できないにもかかわらず、算定していた。

■ 身体的拘束等について、緊急、やむを得ない場合であるかの検討を十分に行っておらず、また、身体的拘束等を行う場合に、その態様や時間、その際の入所者の心身の状況などを十分に記録していない。

■ 1週間に2回以上、入浴または清拭を実施していない。

施設サービス提供にあたっての手続きを適正に行うこと

■ 入所者に提供する「日用品セット」に、施設サービス費に含まれるはずの**トイレットペーパー、食事用エプロン等**を含めて、入所者に請求している。

■ 内容があいまいな**教養娯楽費**について、利用者から画一的・一律に徴収している（老企第54号）。

事故発生防止のための措置を行うこと

■ 介護保健施設サービスを入所者に提供した際に**事故が発生した場合**は、速やかに行政、入所者の家族等に連絡を行わなければならないが、必要な事故報告が行政にされていない。

■ 従業者に対し、事故発生防止のための研修を定期的（年2回以上）に実施していない。

施設サービス計画を適切に作成すること

■ 施設サービス計画の**原案**の内容について、文書により入所者の同意を得ておらず、施設サービス計画の交付を入所者にしていない。

■ **低栄養状態**のリスクの高い者について、2週間ごとの栄養状態のモニタリング、入所者の栄養状態の把握を行っていない。

下記の研修を年に1回以上実施していない

1 褥瘡対策に関する研修

2 感染症や食中毒の予防、まん延防止のための研修

3 高齢者虐待防止に関する研修（年2回の実施が必要）

参考：東京都福祉保健局「指導検査報告書」

83 訪問介護の指導事例

ケアプランに位置づけられていないサービスの提供は報酬の返還につながります。

最近の指導事例

訪問介護の最近の運営指導で指摘が多いのは、介護計画がケアプランに沿っていないこと、控えの交付の不備、従業者の秘密保持への措置、勤務実績の記録の不備、管理者の配置、医療行為の不正、サービス提供記録の不備、変更届けの未提出や加算の算定要件などです。また、ケアプランに位置づけられていない「買い物代行」あるいは「通院介助」を、訪問介護計画に位置づけてサービス提供を行うことは認められません。これは介護報酬の返還指導につながります。

医療行為は有資格者を配置した上で許認可を受ける

介護職員が、喀痰吸引や経管栄養などの医療行為を提供する場合があります。これは、医療行為が認められた介護福祉士の資格を持つか、認定特定行為業務従事者の資格を取得した上で事業所が医療行為の認定の許認可を受けない限り、医療行為の提供はできません。資格外の者が実施すると医師法違反に問われます。

この介護職員が実施できない医療行為に関する苦情や告発などが最近は非常に多くなっています。

モニタリングと介護計画の交付は義務

サービス提供責任者は、ケアプランに沿った介護計画書を作成した上で、定期的にモニタリングを行って、介護計画の実施状況や目標の達成状況の評価を、利用者や家族に説明しなければなりません。また、介護計画の控えは利用者に交付することが義務づけられています。最近は「サービス提供責任者ではない管理者が、介護計画を作成し、交付していた」との理由で、2年間の介護報酬全額が返還となった事例が出ています。

訪問介護の指導事例の一例

ケアプランの内容に沿って訪問介護計画を作成すること

■ケアプランに位置づけのあるサービスを、訪問介護計画に位置づけていない。

従業者の秘密保持の措置に不備があるので是正すること

■利用者や家族の個人情報を用いる場合に、利用者や家族の同意を、あらかじめ文書により得ていない。

■従業者であった者が、正当な理由なく、その業務上知り得た利用者や家族の秘密を漏らすことがないよう、必要な措置を講じていない。

訪問介護計画の実施状況や評価について説明すること

■サービス提供責任者が、訪問介護計画の実施状況や評価について、**利用者や家族に説明**を行っていない。

サービス提供の記録に不備があるので是正すること

■提供した具体的なサービスの内容等を**記録**していない。もしくは不十分。

勤務体制の確保に不備があるので是正すること

■サービス提供責任者が併設する事業所等の職員（住宅型有料老人ホームの介護職員等）として勤務している時間があり、常勤専従とは認められない状況があった。

訪問介護費の算定に不備があるので是正すること

■訪問介護費の算定にあたっては、「実際に要した時間」ではなく、訪問介護計画に位置づけられたサービスを行うのに要する「**標準的な時間**」で算定し、請求していない。

その他

■要件を満たしていない訪問介護員が、**たん吸引**を行っている。

■介護報酬の算定等について誤りがある（特定事業所加算の要件を満たしていない　→　毎日の伝達の方法が誤っている、電話だけでは不可）。等

参考：東京都福祉保健局「指導検査報告書」

84 通所介護、地域密着型通所介護の指導事例

生活相談員が配置時間内で中抜けする場合、他の資格者を代わりに配置しなければなりません。

最近の指導事例

通所介護、地域密着型通所介護の最近の運営指導で指摘が多いのは、介護計画がケアプランに沿っていないこと、加算の算定要件の不備、建物の用途変更の不備、職員の配置、サービス提供記録の不備、個人情報の取り扱い、防災訓練の実施、外出サービスの位置づけなどです。保険外サービスや送迎に関する事例も増加しています。

職員の配置が指摘される

生活相談員は、配置時間内の中抜けは、サービス担当者会議の参加など一部に限られています。新規契約や営業、送迎、研修の受講などの理由で中抜けする場合は、他の資格者を配置しなければなりませんが、他の資格者が配置されていないとの指導も多く見かけます。看護職員と機能訓練指導員の配置の基準については、地域によって異なるローカルルールが多く存在して、役所都合による基準の変更も多いため、事前に配置基準について行政に確認を取ることが必要です。

個別機能訓練加算の算定

個別機能訓練加算は、その目標の設定、個別機能訓練の方法、計画書や居宅訪問時に使用する書類のひな形などに関する通知が厚生労働省から出されています。また、3か月に1回の居宅訪問が算定要件ですので、いかなる理由があっても居宅訪問を行います。訪問しても記録を作成しない場合は算定不可です。

複数の機能訓練の選択肢や、事前の機能訓練指導員の配置の告知など、算定要件は多いので、一つひとつの確認が重要です。また、日々のサービス提供の記録には、実施時間、実施内容、担当者の記載も必須です。

通所介護、地域密着型通所介護の指導事例の一例

通所介護計画を適切に作成すること

■ **ケアプラン**に位置づけのないサービスを提供している。

■ 通所介護計画の内容について、利用者や家族に対して説明し、**同意**を得ていない。

介護報酬の算定等について誤りがあるので是正すること

■ **個別機能訓練加算**（Ⅰ）の算定において、専ら機能訓練指導員の職務に従事する理学療法士等を1名以上配置していないにもかかわらず、個別機能訓練加算（Ⅰ）を算定していた日があった。

建物設備等の管理を適正に行うこと

■ 通所事業所の静養室の配置場所が、届け出上の見取り図に記載されていない。建物の**用途変更**について、早急に行政へ届け出ていない。

生活相談員を適切に配置すること

■ サービス提供時間帯を通じて、生活相談員が常勤換算方法で1名以上確保されていない。

サービス提供の記録に不備があるので是正すること

■ サービスを提供した際の**記録**の内容が不十分である。

その他

■ クラブ活動室を、居宅介護支援事業に使用するなど、用途を変更しているにもかかわらず、**用途変更の届け出**を提出していない。

■ **防火管理者**が、非常災害に関する具体的な計画を策定しておらず、また、必要な訓練を全く実施していない。

■ **看護職員**の配置が基準を満たしていない。

■ **事故**が生じた際に、速やかに行政に報告していない。

■ **外出サービス**を提供する際に、あらかじめ通所介護計画に位置づけていない。

参考：東京都福祉保健局「指導検査報告書」

85 居宅介護支援の指導事例

参加者がやむを得ない理由でサービス担当者会議を欠席する場合は、照会が必要です。

最近の指導事例

居宅介護支援の運営指導で指摘が多いのは、サービス担当者会議の欠席者への照会の有無と記録や医療系サービスの医師の指示書の不備などです。

サービス担当者会議の参加者が、やむを得ない理由で欠席する場合は、欠席届を提出させ、その理由をケアプラン第4表に記載した上で照会し、照会内容と回答を第4表に記載しなければなりません。運営指導では、その欠席者への照会がされていないとの指摘や欠席者に関する記録の不備の指摘があります。

ケアプランに医療サービス（訪問看護など）を位置づける場合は、主治医に意見、指示を求めなければなりませんし、控えの交付が必要ですが、その指示書や意見書がないなどの記録の不備も多く指摘されています。また、月1回のモニタリングには行っているが、その記録が作成されていないなどの不備があります。

アセスメントを実施すること

ケアプラン作成の前段階では、必ずアセスメントを実施して、その結果に基づいてケアプランを作成します。この順番、すなわち同意日とアセスメントの実施日が逆転することはあり得ませんが、作成日が入れ違っている事例が多いのが現状です。

ケアプランは利用者と事業者に交付する

ケアプランは利用者と、ケアプランに位置づけた介護事業者に対して、速やかに交付しなければなりません。未交付の場合は運営基準減算の対象となります。同様に、介護事業所へのケアプランの交付の遅れの指摘も多く、ケアプランに位置づけた事業者に個別サービス計画の控えを求めていないという指摘も増えています。

居宅介護支援の指導事例の一例

担当者に専門的見地からの意見を求めること

■ **サービス担当者会議**の欠席者に対して、照会等をしておらず、意見を求めていない。

アセスメントを実施すること

■ ケアプランの作成にあたって、**アセスメント**を行わず、解決すべき課題を把握していない。

主治医等の指示の確認をすること

■ ケアプランに**医療系サービス**を位置づける場合に、主治医等の指示を受けていない。

ケアプランを利用者に説明し、同意を得ること

■ ケアプランの**原案**の内容について、利用者や家族に対して説明していない。また、文書により利用者の同意を得ていない。

■ ケアプランを利用者や**各サービス担当者**に遅滞なく交付していない。

モニタリングの結果を1か月に1回以上記録すること

■ **モニタリング**の結果を記録していない状態が1か月以上継続している。

個人情報を用いる同意を得ること

■ 利用者の個人情報を用いる際に、事前に**文書で**利用者に同意を得ていない。

■ 利用者家族の個人情報を用いる際に、事前に利用者の**家族の同意**を得ていない。

その他

■ 従業者の日々の勤務時間、職務内容、常勤・非常勤の別等が明確にされていない。

■ 福祉用具貸与により新たに車いすのサービスを追加するにあたって、サービス担当者会議を開催していない。

参考：東京都福祉保健局「指導検査報告書」

86 訪問看護の指導事例

理学療法士等が訪問する利用者に対しては、看護職員による3か月に1回の訪問が必須です。

最近の指導事例

訪問看護の最近の運営指導で指摘が多いのは、初回加算の算定誤り、個人情報の利用の同意、計画書の同意、衛生管理、勤務表の不備などです。初回加算は、新規に訪問看護計画書を作成した利用者に対して算定しますが、この計画書が作成されていないという指導が多くあります。また、看護職員は清潔さを保ち、健康状態について管理することが求められていますが、定期的な健康診断が実施されていないなど、健康状態の管理が不十分との指導が多くなされています。

理学療法士等の利用者への看護職員の訪問

理学療法士等が訪問する利用者に対して、看護職員による3か月に1回の訪問がなされていない事例も増加しています。他の事業所の看護職員が訪問していても、必ず自事業所の看護職員が訪問した実績が必要です。必ずしも報酬の請求は求められていませんが、訪問の事実を記録で確認できることが必要です。訪問が確認できない場合は基本報酬が返還指導となります。

訪問看護計画書などの整備

訪問看護計画書は、主治医の指示とアセスメントの結果をもとに看護師が作成します。計画書とサービス提供後の報告書は、定期的に主治医に提出しなければなりません。理学療法士等が訪問している利用者の計画と記録には、必ず看護職員がかかわることが要件となっています。計画書等は厚生労働省からひな形が出されていますので、それに基づいて作成します。特別な管理が必要な場合は、備考欄への記載が必要です。看護小規模多機能型居宅介護や定期巡回・随時対応型サービスで提供する場合も同じ扱いになります。

訪問看護の指導事例の一例

介護報酬の算定等について誤りがあるので是正すること

■ 初回加算を、新規に**訪問看護計画書**を作成せずに算定している。

■ 長時間訪問看護加算について、ケアプラン上1時間30分以上の訪問が位置づけられていない利用者に対して加算を算定している。

■ **緊急時訪問看護加算**を算定している利用者に対し、早朝・夜間、深夜に緊急訪問した場合に、早朝・夜間・深夜の加算を算定している。

秘密保持のため必要な措置を講じること

■ 利用者の家族の個人情報を用いる場合は、その家族の同意を、あらかじめ**文書**によって得なければならないが、その同意を文書で得ていない。

■ 従業者が、正当な理由なく業務上知り得た利用者や家族の秘密を漏らさぬよう、入社時の**誓約書の取り交わし**など必要な措置が講じられていない。

訪問看護計画書・報告書を適正に作成すること

■ 訪問看護計画書の利用者への説明、交付を准看護師が行っていた。

■ 訪問看護計画書の作成にあたって、利用者の**同意**を得ていない。

主治医等の指示を確認すること

■ 主治医からの指示を文書で受けることなく、訪問看護を行っていた。

■ サービス提供開始後に、主治医からの指示書の交付を受けていた。

サービス内容および手続きの説明を行い、同意を得ること

■ 緊急時訪問看護などの加算に伴う意思確認が不明確である。

■ 重要事項説明書の内容に不備がある。

その他

■ 訪問看護ステーションにおいて、月ごとの勤務表が作成されていない。

参考：東京都福祉保健局「指導検査報告書」

87 通所リハビリテーションの指導事例

医師の関与が必須で、理学療法士等への指示や、リハビリテーション継続の場合の対応などで指摘が急増しています。

最近の指導事例

指摘が多い項目は、個人情報の利用の同意が契約時になされていないことや、リハビリテーション計画書の作成や同意に至るプロセスの不備などです。加算の算定では、多くの加算の算定要件として「リハビリテーションマネジメント加算を算定すること」が前提にあるため、この加算の算定に関する指導事例が多い結果になります。

通所リハビリテーション計画書

アセスメントの実施結果が反映されたリハビリテーションの目標設定と、その目標を達成するためのリハビリテーション・プログラムを記載した計画を作成する必要があります。この計画の作成プロセスにおいて使用するアセスメントシート、興味・関心チェックシート、リハビリテーション計画書等のひな形は厚生労働省から出されています。

リハビリテーションマネジメント加算の指摘

医師からリハビリテーションの開始にあたって受けた指示を必ず計画書に記載します。また、3か月以上リハビリテーションが必要な場合は、その理由と終了の目処も計画書に記載します。この記載がない場合は、加算が算定できずに報酬返還となります。医師のリハビリテーション会議の参加状況や、医師から利用者への計画の説明と同意など、加算の算定区分に応じた医師の関与状況が運営指導において確認されます。算定要件としての利用者の居宅訪問なども記録で確認されます。リハビリテーション会議の議事録も時系列で保管します。医師がTV電話などで会議に参加する場合の要件を満たすとともに、記録も重要になります。

通所リハビリテーションの指導事例の一例

介護報酬の算定等について誤りがあるので是正すること

■ リハビリテーションマネジメント加算を、**通所回数が基準に満たない**利用者に対して算定している。

■ 運動器機能向上加算について、運動器機能向上計画を作成せずに加算を算定している。

■ 送迎減算について、事業所が送迎を行わなかった場合に減算していない。

勤務体制の確保等について適切に行うこと

■ **事業所ごと**に、月ごとの勤務表が作成されていない。

秘密保持のため必要な措置を講じること

■ 利用者の家族の個人情報を用いる場合にあっては、当該家族の同意を、あらかじめ**文書**により得なければならないが、当該同意を文書で得ていない。

■ 従業者が、正当な理由なく業務上知り得た利用者や家族の秘密を漏らさぬよう、**雇用時に誓約書**を取るなどの必要な措置が講じられていない。

通所リハビリテーション計画を適切に作成すること

■ 通所リハビリテーション**計画**が作成されていない。
(利用者の心身の状況や希望、置かれている環境を踏まえて、リハビリテーションの目標と、その目標を達成するための具体的な内容等を記載した通所リハビリテーション計画を作成すること)

その他

■ **運営規程の概要等**が、見やすい場所に掲示されていない。

■ 通所リハビリテーションの**運営単位の設定**が誤っている。

参考:東京都福祉保健局「指導検査報告書」

88

地域密着型サービスの指導事例

運営推進会議などの開催や施設のケアマネジャーの知識の不足が指摘されています。

認知症対応型共同生活介護（グループホーム）

加算の算定要件の不備や、主治医の診断書の確認がなされていないとの指摘が多くあります。また、夜勤などでの人員配置人数が不足しているとの指摘や、介護計画の作成プロセスが不十分であったり、身体拘束を実施する場合の条件を満たしていなかったり、などの指摘も多くあります。入居者が外に出ることができないように、入口に鍵がかけられているなどの身体拘束の問題も多くあります。

小規模多機能型居宅介護

アセスメントやサービス担当者会議の開催といったケアマネジメントプロセスへの理解不足や、区分変更時の暫定計画が作成されていないなど、施設のケアマネジャーの知識の不足が指摘されています。訪問体制強化加算での更衣介助などの要件の誤りや記録不備も指摘が多い項目です。

共通項目としての指摘事項

運営推進会議などの開催時期や議事録の整備、公表の記録が確認できないなどの指摘が多くなっています。「地域包括支援センターの職員や町内会会長の参加が必要なために予定が合わない」などの問題は、合同開催などで対応可能です。

急な代表者の交代で、後継者が研修を受けていないために代表に就けず、代表者不在期間が発生する問題は、代表就任後に半年以内に研修を受けることが可能となっています。

介護計画の長期目標の設定期間は、最長でも、その利用者の「認定期間」です。この認定期間を超えての目標期間を設定することは認められません。

地域密着型サービスの指導事例の一例

認知症対応型共同生活介護における主な指摘事項

- ■ 介護従業者について、**人員基準**に達していない日がある。
- ■ 入居申し込みの際に、主治医の診断書等により「**認知症であること**」を確認していない。
- ■ **介護保険被保険者証**に、入居・退居年月日を記載していない。
- ■ **運営規程（従業員数など）等**の変更時に、変更届けを提出していない。

小規模多機能型居宅介護における主な指摘事項

- ■ 居宅サービス計画を作成するにあたり、アセスメントを行っていない（または不十分である）。
- ■ 居宅サービス計画作成後に、サービス担当者会議を開催している。
- ■ **認定更新時**や、**要介護認定区分変更時等**の居宅サービス計画見直しに際し、必要な手続きを行っていない。

認知症対応型共同生活介護・小規模多機能型居宅介護（共通の主な指摘事項）

- ■ **認定更新時**、計画の**見直し時**等において計画を作成するにあたり、アセスメントを行っていない。
- ■ **アセスメント**を実施していない（または不十分な）ため、利用者の心身の状況や課題が把握できていない。
- ■ 介護計画を作成せずに、サービスを提供している。
- ■ 介護計画を、サービス提供開始後に作成している。
- ■ **長期目標、短期目標**の期間が、認定期間を超えている。
- ■ 要介護認定区分変更時や状態の変化（更新）時に、**介護計画の変更**を行っていない。
- ■ 介護計画の内容が不十分である。
- ■ 介護計画の作成から同意まで、**速やか**に行われていない。
- ■ 介護計画の同意署名について、利用者の**同意**を得ていない。
- ■ 介護計画を利用者に**交付**していない（または交付していることが確認できない）。
- ■ サービスの実施状況や目標の達成状況、利用者および家族の満足度に対しての**評価**を行っていない。
- ■ **実施状況**の把握が不十分である。
- ■ **身体的拘束**を行っている利用者について、その態様および時間、緊急やむを得ない理由を記録していない。
- ■ **室内の湿度管理**が不十分である。
- ■ **タオル等**を共用している。
- ■ **感染症対策用品**（使い捨てガウン等）の確保が不十分である。

参考：東京都福祉保健局「指導検査報告書」

コラム

突然の無予告指導。そのときの準備は万全ですか？

■その日の朝、突然の来客が

朝、そろそろ送迎車両が利用者を乗せて事業所に戻る時刻だと時計に目をやったとき、スーツ姿でカバンを提げた3人の人影が目に入った。何かの営業かと思い対応したところ、出された名刺に「○○市役所介護保険課」の文字が目に入る。

「これから運営指導を行います。これが通知書です」

そこから、長い一日が始まった。

■指導は丸一日が費やされた

「それでは、書類をすべて見せていただきますので、出してください」3人の役所の担当官は、各々の分担が決まっているのだろう。個々に、テキパキと出す書類を指示して、矢継ぎ早に質問を出していく。ときには、担当の職員も呼ばれて質問を受ける。このような時間が夕方まで続いた。終了時に役所の職員がいう。

「お宅の事業所は、虐待はないですね。それはわかりましたが、計画書の未作成、書類の不足や押印漏れなど、多くの問題があることがわかりました。ついては……」

自分で、血の気が引いていくのがわかった。

今後は無予告指導が増える！

2018年12月27日、福岡市のデイサービスで2億1500万円の不正請求による指定取消処分がありました。このとき、福岡市は今後の再発防止策として、抜き打ちや、同一法人の複数事業所に対する同時の運営指導を行うことを公表しました。今後は、このような役所が増えていきます。忙しいから、人がいないからできない。よく聞く言葉ですが、甘えは一切通じません。明日は我が身と考えてください。

第6章

運営指導を経営に活かす

介護保険サービスを運営する限り、運営指導は定期的に実施されます。避けることができないならば、事業経営に活用するという発想が求められます。指導項目ゼロという目標に向かってコンプライアンス対策を強化することは、同時に職員のレベルアップにもつながります。

89 プラス発想で職員の能力向上につなげよう

運営指導を、日頃からコンプライアンスの意識を高めるよい機会と捉えましょう。

運営指導は必ずある！

運営指導は「必ずある」といっても過言ではありません。介護事業は法律に基づいた許認可事業ですので、知らなかったでは済まされません。運営指導はコンプライアンスへの意識を高める最大の機会であると捉えて、職員のレベルアップにつなげます。

仕事を進める上での疑問や抱えている問題は、できるだけ定期的に面談や会合を行って解決しておくことが重要です。また外部研修にも積極的に参加して、新しい情報を得ることが必要です。書類作成の遅れや押印漏れなども定期的にチェックする内部管理体制を整えましょう。

職員の意識を高める最大の機会

運営指導があるという現実は、今まで忙しいからと後回しになっていた業務の存在が急に目の前に現れて、大きな壁となって立ちはだかります。運営指導というキーワードは、目の前の介護サービスを中心に考えることが多かった職員の意識を、コンプライアンス管理に向かわせるために大きな効果を発揮します。

仕事を後回しにしない

「今、忙しいから」「早急に対応しなければならない利用者がいるから」「明日は夜勤だから」

今、目の前にある業務を優先したときから、記録の記入や計画の作成などの作業は、「いつでもできるから明日やろう」と次々に後回しとなっていきます。「いつでもできる」は、実は「いつでもできない」と同義語です。そのような状態の中で、数日後に運営指導がある旨の通知が入り、ため込んだ業務を数日で処理することは物理的に不可能という現実に直面する職員は後を絶ちません。大きな問題に発展して、業務停止などの行政処分を受けた事例もあります。

介護保険制度を知るよい機会となる

運営指導対策は、介護保険制度や人員・設備・運営基準、介護報酬の算定要件を学ぶことからスタートします。基本的な法令を知らないことにはコンプライアンス対策もできません。事業所の定期研修の中に、法令関係の研修を入れて、すべての職員が自分の業務の「根拠」を知ることは、職員のレベルアップにつながると同時に、自身の仕事への自信にもつながります。

法令関係を学ぶといっても、自分の事業所が手がける介護サービスの部分だけですし、加算の算定要件なども事業所が算定しているものだけです。一度始めると思いのほか、スムーズに進んで、職員全員の知識レベルが高まるものです。それ以上に、仕事の基準となる法令を知らない者同士が何を検討しても正しい答えは出てきません。結果的に非効率で、法令違反のリスクを抱えた業務を行うことになります。急がば回れ。しっかりと土台を固めることが大切です。

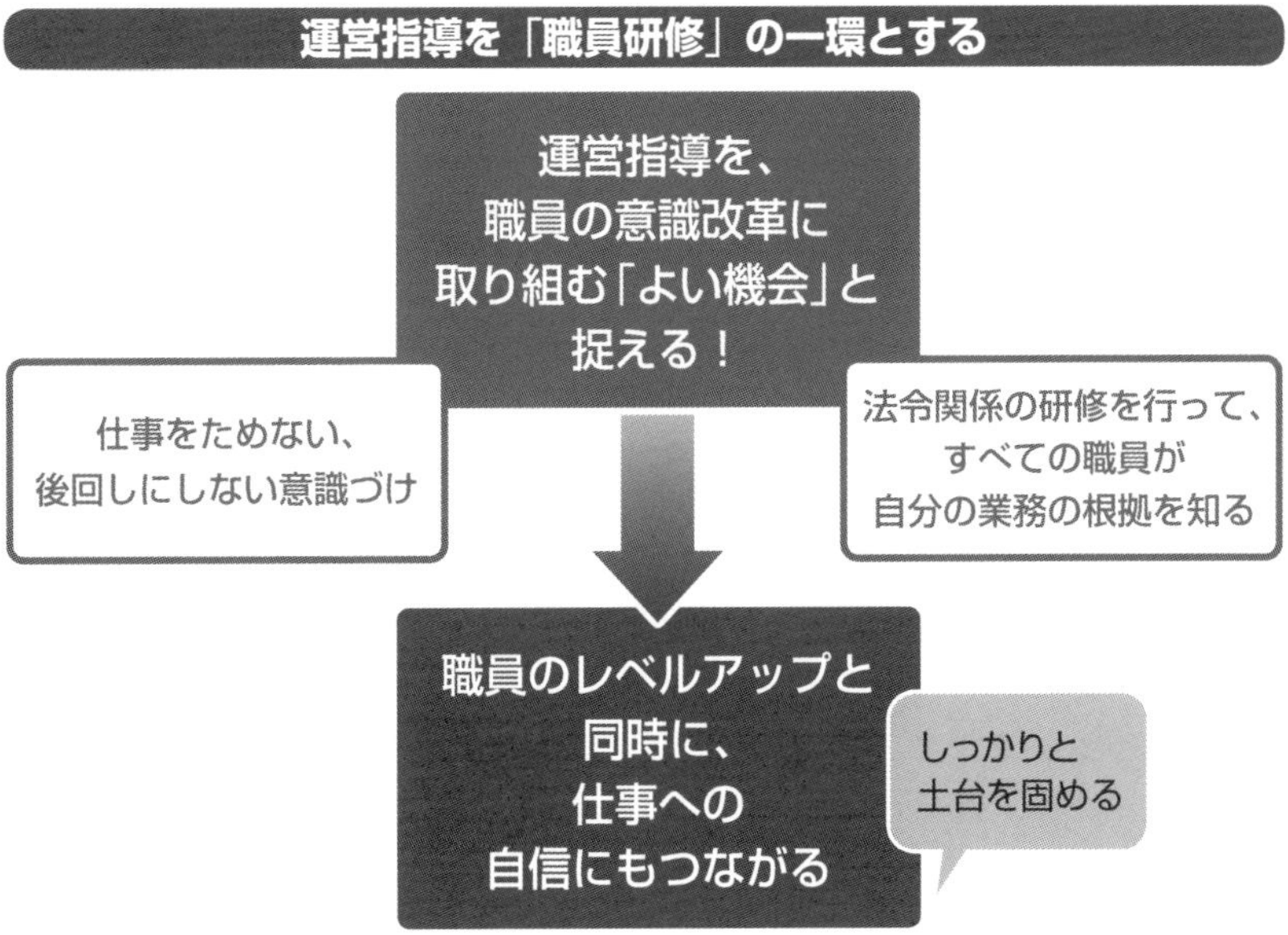
運営指導を「職員研修」の一環とする
運営指導を、職員の意識改革に取り組む「よい機会」と捉える！
仕事をためない、後回しにしない意識づけ
法令関係の研修を行って、すべての職員が自分の業務の根拠を知る
職員のレベルアップと同時に、仕事への自信にもつながる
しっかりと土台を固める

90 「指摘事項ゼロが当然」の意識を持とう

運営指導における指摘事項がゼロであることは、本来、介護事業所にとって当然のはずなのです。

指摘事項ゼロの事業所も存在する

「運営指導があると、必ず何らかの改善指導を受ける」「介護報酬の返還指導になる」と思い込んではいないでしょうか。そのようなことはありません。実際、運営指導後に役所から送られてくる指導結果通知書が、全く指摘事項がない状態のものを何度も目にしています。運営指導の結果として指摘事項ゼロは可能なのです。

しかし、今まで何も運営指導対策、コンプライアンス対策をしてこなかった介護事業所が、今すぐに指摘事項がゼロの介護事業所になることは現実的ではありません。物事には順番がありますので、最初から完璧を望むのは無理があります。

行政処分にならないことが第一

最初に念頭に置くべきことは、「行政処分を受けない介護事業所とする」ことです。そんなのは当たり前と思われるでしょうか。しかし、運営指導や監査において大きな指導や処分になった事業所の多くは、実はコンプライアンスに自信があった事業所です。自分の事業所は何も問題がなく、万全と思い込み、コンプライアンス対策に取り組んでいない介護事業所は非常に多いのです。

介護報酬の返還指導も非常に多い指導項目です。しかし、この事前対策は非常にシンプルです。特に加算の算定要件をしっかりと学んで実践するだけです。

根拠のない「問題なし」という自信は危険

ある介護事業所で、介護計画書を見せてほしいと依頼したところ、怪訝な顔をされて、次のお答えがありました。

「介護計画書は作らないといけないのですか？」

この介護事業所はもう10年近く経営をされていますが、一度も運営指導がなかったとのことで事前確認のご依頼で訪問しました。ご依頼時の社長のお言葉が「特に問題はないのだけれど、しばらく運営指導が来ていないので念のために確認してほしい」でした。驚くことに、もう10年近くも職員を含めて介護計画がない状態で問題はないと思い込んでいたのです。

最終的に「指摘事項ゼロ」を目指す

行政処分と介護報酬の返還指導は、経営に直結する大問題です。最悪の場合は事業所の閉鎖に追い込まれます。何百万円もの介護報酬の返還指導があれば、会社の資金繰りに直結して倒産や職員の処遇の悪化につながります。

まずは、行政処分と介護報酬の返還指導の2つを受けないようにすることを、最初のゴールに設定します。すべての職員が自信を持てる状態にしてから、他の部分の改善に取り組み、最終的に指摘事項ゼロを目指します。介護事業所にとって運営指導における指摘事項ゼロは当然のことなのです。

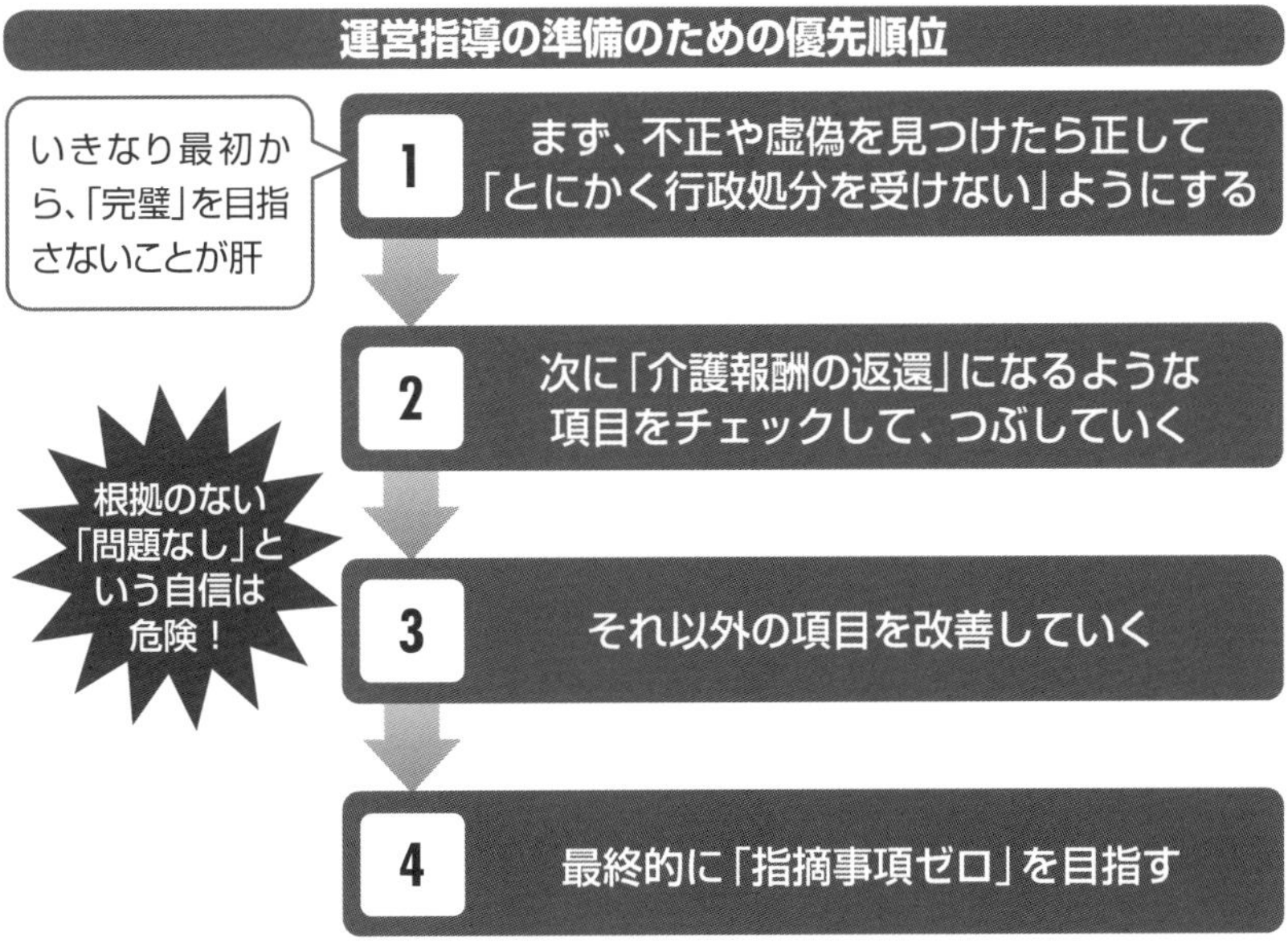
運営指導の準備のための優先順位
いきなり最初から、「完璧」を目指さないことが肝
1
まず、不正や虚偽を見つけたら正して「とにかく行政処分を受けない」ようにする
2
次に「介護報酬の返還」になるような項目をチェックして、つぶしていく
根拠のない「問題なし」という自信は危険！
3
それ以外の項目を改善していく
4
最終的に「指摘事項ゼロ」を目指す

91 効果的な運営指導への準備とは

無通知での運営指導もあります。いつ来てもよいように、日頃からの準備が大切です。

職員を含めたコンプライアンス研修の実施

運営指導対策やコンプライアンスの理解は、経営陣や責任者だけが学んでも意味がありません。全職員レベルで法令の理解を進めて、日頃から自信を持って仕事をする職場作りが大切です。

そのためには事業所が行っている業務の範囲に関連する法令などを定期的に学ぶ機会を設けます。外部研修に出席したなら、その内容に基づいて全職員の研修を行って情報共有します。制度は常に変わりますし、ローカルルールも頻繁に変わります。一度やればよいというものではなく、定期的に毎年の研修スケジュールに組み込んで実践してください。

チェックリストで定期的に確認する

役所の提供する事前チェックリストや、この本に掲載されているチェックリストを用いて、定期的な事業所内での確認チェックを実施してください。運営指導の有無にかかわらず、全社的に定期的にコンプライアンスチェックを実施することで、職員の意識向上につながり、コンプライアンス対策に対するモチベーションのアップになります。

指導対策を業務のマニュアル化に活用する

最も有効な運営指導の事前対策は、業務の全体を見直して業務の標準化を進めることです。

往々にして職員は独自のやり方で仕事をしたり、決められた書類以外に独自の書類を作って自分のやりやすいように管理したり、勝手に書式のひな形を変更したりします。その結果として、その職員が退職したときには、書類のありかが誰もわからなかったり、あるはずの書類がいつの間にか別の書類に置き換えられていたり、多くの混乱を生じることとなります。

業務マニュアルを作成し、しっかり管理・運用することで、業務のやり方やルールが一本化します。

「忙しい」「面倒だから」は命取りに

新しい加算を算定する場合は、法令等をじっくりと読んで算定基準を漏れなくクリアすることが重要です。この作業は一度行えばよいことで、手抜きは介護報酬の返還に直結します。

勤務実績表も面倒がらずに毎月作成してタイムカードと突き合わせをしましょう。介護計画などの押印やサイン漏れも定期的にチェックする体制が必要です。送迎記録や提供記録の時間の記載も都度、正確に記載しましょう。面倒だからという慢心が行政指導に直結します。

運営指導は無通知で行われる場合もあります。運営指導がいつ来てもいいように、日頃からしっかり準備しておくことが大切です。

効果的な準備とは

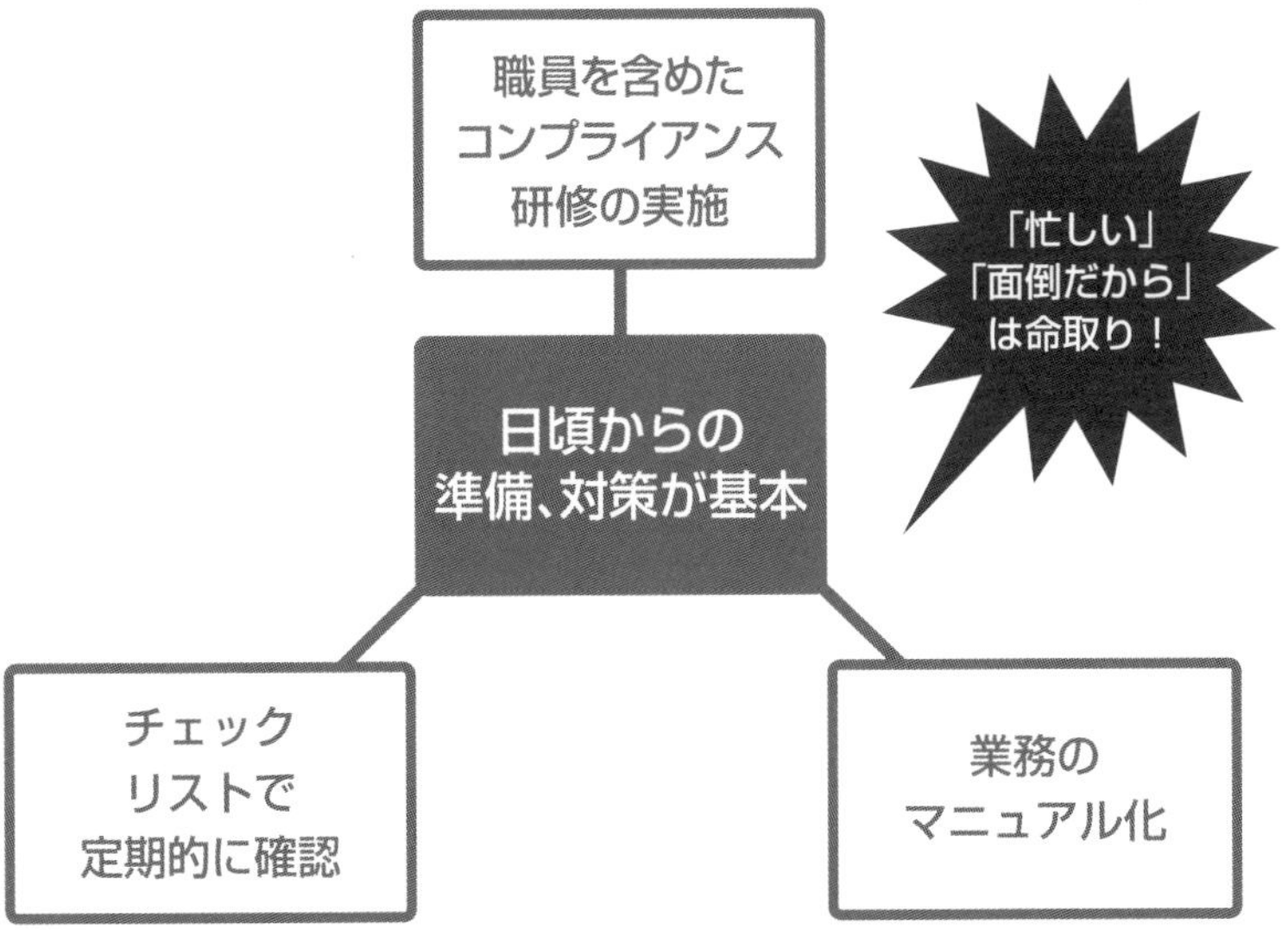
職員を含めた
コンプライアンス
研修の実施
日頃からの
準備、対策が基本
「忙しい」
「面倒だから」
は命取り！
チェック
リストで
定期的に確認
業務の
マニュアル化

コラム

不正や事件など社会問題が起こると指導が厳しくなる

加算への不正請求が問題に

2016年の春、厚生労働省から重要な問題への対応指示がなされました。まず介護職員処遇改善加算の介護事業者への指導の徹底です。NHKニュースが発端です。北海道旭川市のグループホーム等、7つの事業を営む事業者が、1800万円の介護職員処遇改善加算の不正請求で行政処分を受けました。問題となった事業所は、一部未払いがあったのに支払いが完了したという報告書を役所に提出していました。加算の算定要件の嘘の報告をしたことで虚偽に問われ、結果として行政処分が下されました。これを契機に、運営指導において介護職員処遇改善加算の確認が厳しくなりました。

高齢者住宅で発生した転落死と虐待

次に、2014年末に神奈川県で起きた高齢者住宅での3人の入居者の転落死事件と、その後に全国で発覚した入居者への虐待の問題です。これに対応して、一般の運営指導においても、2016年4月より施設等で虐待が疑われる場合は「事前通知ナシ」の指導が可能となりました。従来でも無通知はありましたが、それは特別指導と監査でした。ここでのポイントは「施設等」の表現です。この意味は、介護施設に限定せず、デイサービスなどの在宅サービスを含みます。さらに「虐待が疑われる」というわかりづらいあいまいな規程で無通知指導が実施されます。運営指導がいつ来ても対応できるように、日常的なコンプライアンス体制の確保が必要です。

終わりに　２０２４年改定に向けた準備

新サービスの創設と既存サービスの統合の方向

２０２４年度介護保険法改正の動向が明らかになっています。

まず、訪問介護とデイサービスの複合型サービスとなる方向です。指定要件、報酬体系等については、２０２３年の介護報酬改定審議の中でまとめていくため、現時点（２０２３年1月）においては新サービスができるということ以外、細かい内容は全く未定です。

また、今ある介護サービスの統廃合を進めるという方向も出されました。たとえば、定期巡回随時対応型訪問介護看護と夜間対応訪問介護の将来的な統合です。同時に、複合サービスという形で新しい組み合わせを作っていきます。

介護保険制度が始まって20年以上が経ちました。今あるサービス体系を整理整頓して、再構築していくという方向性が見えてきた制度改正といえるでしょう。

ケアマネジメントの進化

ケアマネジャーの資格の更新講習などについては、Eラーニングなどでオンライン化を促進します。主任ケアマネジャー講習や更新講習などが対象となります。

２０２４年度からは、居宅介護支援についてもＬＩＦＥへの位置づけがスタートします。ケアマネジメントについても、ＬＩＦＥの活用は大きなキーワードになってきます。ケアプラン作成におけるＡＩの活用もさらに促進され、これも重要なポイントでしょう。ここにもＬＩＦＥが絡んでくることになります。

ＩＣＴのさらなる推進

厚生労働省主導のＩＣＴ化はさらに加速していくでしょう。２０２３年度からは、ケアプランデータ連携システムが始まります。さらに、ケアマネジャーの資格者証について、今後マイナンバーカードに紐づけていくという方針も出ています。

文書負担の軽減措置としては、申請関係の電子化が示されています。それに伴って、地域ごとに独自で作成されている様式の一本化を、国は進めています。国指定の標準様式を示して、その様式に切り替えた自治体から電子申請システムへ移行しています。今後は、さらにシステム利用を原則化し、自治体に対して義務化していくということです。

電子申請システムもＩＣＴ化の一つです。今後、さらにＩＣＴ化を加速していく方向性も、今回の制度改正の中で見えてきています。

介護保険は、３年ごとに制度が変わります。その都度、今までとは異なる視点での運営指導が待っています。しかし、制度が変わろうとも、運営指導対策の基本は変わりません。本書を、その対策の一助にしていただければと思います。

巻末資料

［通所介護］標準確認項目と標準確認文書の詳細解説

※「巻末資料」の開始は239ページからとなります。
ページ数の横にある数字「資料-01」「資料-02」の順に読み進めてください。

個別サービスの質を確保するための体制に関する事項			
確認項目			確認文書
人員	管理者（第94条）	●管理者は常勤専従か、他の職務を兼務している場合、兼務体制は適切か	●管理者の雇用形態が分かる文書 ●管理者の勤務実績表／タイムカード
運営	受給資格等の確認（第11条）	●被保険者資格、要介護認定の有無、要介護認定の有効期限を確認しているか	●介護保険番号、有効期限等を確認している記録等
	利用料等の受領（第96条）	●利用者からの費用徴収は適切に行われているか ●領収書を発行しているか ●医療費控除の記載は適切か	●請求書 ●領収書
	緊急時等の対応（第27条）	●緊急時対応マニュアル等が整備されているか ●緊急事態が発生した場合、速やかに主治の医師に連絡しているか	●緊急時対応マニュアル ●サービス提供記録
	運営規程（第100条）	●運営における以下の重要事項について定めているか 1.事業の目的及び運営の方針 2.従業者の職種、員数及び職務の内容 3.営業日及び営業時間 4.指定通所介護の利用定員 5.指定通所介護の内容及び利用料その他の費用の額 6.通常の事業の実施地域 7.サービス利用に当たっての留意事項 8.緊急時等における対応方法 9.非常災害対策 10.虐待の防止のための措置に関する事項 11.その他運営に関する重要事項	●運営規程
	勤務体制の確保等（第101条）	●サービス提供は事業所の従業者によって行われているか ●資質向上のために研修の機会を確保しているか ●勤務表の記載内容は適切か ●認知症介護に係る基礎的な研修を受講させるため必要な措置を講じているか ●性的言動、優越的な関係を背景とした言動による就業環境が害されることの防止に向けた方針の明確化等の措置を講じているか	●雇用の形態（常勤・非常勤）がわかる文書 ●研修計画、実施記録 ●勤務実績表（勤務実績が確認できるもの） ●方針、相談記録
	業務継続計画の策定等（第30条の2）	●感染症、非常災害発生時のサービスの継続実施及び早期の業務再開の計画（業務継続計画）の策定及び必要な措置を講じているか ●従業者に対する計画の周知、研修及び訓練を実施しているか ●計画の見直しを行っているか	●業務継続計画 ●研修及び訓練計画、実施記録
	定員の遵守（第102条）	●利用定員を上回っていないか	●業務日誌 ●国保連への請求書控え

個別サービスの質を確保するための体制に関する事項			
確認項目			確認文書
運営	非常災害対策（第103条）	●非常災害（火災、風水害、地震等）対応に係るマニュアルがあるか ●非常災害時の連絡網等は用意されているか ●防火管理に関する責任者を定めているか ●避難・救出等の訓練を実施しているか	●非常災害時対応マニュアル（対応計画） ●運営規程 ●避難・救出等訓練の記録 ●通報、連絡体制 ●消防署への届出
	衛生管理等（第104条）	●感染症及び食中毒の予防及びまん延の防止のための対策を講じているか ●必要に応じて衛生管理について、保健所の助言、指導を求め、密接な連携を保っているか ●感染症又は食中毒の予防及びまん延の防止のための対策を検討する委員会を6か月に1回開催しているか	●感染症及び食中毒の予防及びまん延防止のための対策を検討する委員会名簿、委員会の記録 ●感染症及び食中毒の予防及びまん延の防止のための指針 ●感染症及び食中毒の予防及びまん延の防止のための研修の記録及び訓練の記録
	秘密保持等（第33条）	●個人情報の利用に当たり、利用者（利用者の情報）及び家族（利用者家族の情報）から同意を得ているか ●退職者を含む、従業者が利用者の秘密を保持することを誓約しているか	●個人情報同意書 ●従業者の秘密保持誓約書
	広告（第34条）	●広告は虚偽又は誇大となっていないか	●パンフレット／チラシ
	苦情処理（第36条）	●苦情受付の窓口があるか ●苦情の受付、内容等を記録、保管しているか ●苦情の内容を踏まえたサービスの質向上の取組を行っているか	●苦情の受付簿 ●苦情者への対応記録 ●苦情対応マニュアル
	事故発生時の対応（第104条の3）	●事故が発生した場合の対応方法は定まっているか ●市町村、家族、居宅介護支援事業者等に報告しているか ●事故状況、対応経過が記録されているか ●損害賠償すべき事故が発生した場合に、速やかに賠償を行うための対策を講じているか ●再発防止のための取組を行っているか	●事故対応マニュアル ●市町村、家族、居宅介護支援事業者等への報告記録 ●再発防止策の検討の記録 ●ヒヤリハットの記録
	虐待の防止（第37条の2）	●虐待の発生・再発防止のための対策を検討する委員会を定期的に開催し、従業者に周知しているか ●虐待の発生・再発防止の指針を整備しているか ●従業者に対して虐待の発生・再発防止の研修及び訓練を実施しているか ●上記の措置を適切に実施するための担当者を設置しているか	●委員会の開催記録 ●虐待の発生・再発防止の指針 ●研修及び訓練計画、実施記録 ●担当者を設置したことが分かる文書

注1)（ ）は指定居宅サービス等の事業の人員、設備及び運営に関する基準（平成11年厚生省令第37号）の該当条項

注2) 指定居宅サービス等の事業の人員、設備及び運営に関する基準等の一部を改正する省令（令和3年厚生労働省令第9号）附則により施行期日の定めがある事項に係る確認項目及び確認文書の取扱いは次のとおりとする。

「運営規程」のうち虐待の防止のための措置に関する事項、「勤務体制の確保」のうち認知症介護に係る基礎的な研修を受講させるため必要な措置に関する事項、「業務継続計画の策定等」、「衛生管理等」のうち感染症及び食中毒の予防及びまん延の防止のための対策に関する事項、「虐待の防止」

令和6年4月1日より適用（令和6年3月31日までは努力義務）

「通所介護における標準確認項目と標準確認文書」の解説

〈個別サービスの質に関する事項〉

●（1）設備

①設備及び備品等（第95条）

確認項目	●平面図に合致しているか【目視】 ●使用目的に沿って使われているか【目視】
確認文書	●平面図

●ポイント●

通所介護事業所として許認可時に届け出た見取り図通りに介護サービスが提供されているかを確認します。用途変更がある場合は、変更届けの提出の有無が問われます。届け出エリアについては、サービス提供時間を通じて他の業務に使用することは認められません。また、通所サービスに直接関係のない備品や機材を置くことはできません。ただし、サービス提供時間の終了後や休日に保険外サービスなどに利用することは、支障のない範囲で可能です。お泊まりサービスを提供する場合は、その旨の届け出が必要です。

●（2）運営

①内容及び手続の説明及び同意（第8条）

確認項目	●利用申込者又はその家族への説明と同意の手続きを取っているか ●重要事項説明書の内容に不備等はないか
確認文書	●重要事項説明書（利用申込者又は家族の同意があったことがわかるもの） ●利用契約書

●ポイント●

通所介護サービスは、利用者との契約が締結されてからの実施となります。

それ以前のサービスの提供は介護保険の対象とはなりません。故に、その契約日とサービスの開始日の整合性が重要です。また、重要事項説明書の内容を口頭で説明し、控えを交付して同意を得る手続きもサービスの開始までに終了する必要があります。運営指導では説明・同意の日付とサービスの開始日の整合性が確認されます。いずれも日付が前後することはあり得ません。なお、契約書の取り交わしは民法で定められた行為なので利用者または家族の署名、捺印が必要で、署名は自署、捺印は実印が基本です。重要事項説明書は契約ではなく同意なので、記名捺印か署名、電子署名、業務日誌等への記載など、多様な方法で要件を満たします。

②心身の状況等の把握（第13条）

確認項目	●サービス担当者会議等に参加し、利用者の心身の状況把握に努めているか
確認文書	●サービス担当者会議の記録

ポイント

生活相談員は、ケアマネジャーが主催するサービス担当者会議への参加が義務です。正当な理由がある場合以外の欠席は認められません。やむを得ない理由で欠席する場合は、ケアマネジャーからの照会に記載して提出します。サービス担当者会議に参加した場合は、その記録を作成して保管します。基本的にサービス担当者会議は利用者の居宅で行われるので、同時に利用者の心身の状況把握という観点での情報収集も行いましょう。

③居宅介護支援事業者等との連携（第14条）

確認項目	●サービス担当者会議等を通じて介護支援専門員や他サービスと連携しているか
確認文書	●サービス担当者会議の記録

ポイント

サービス担当者会議の趣旨を理解して、参加者との情報交換や意見交換を積極的に実施します。その情報などの交換の内容は、サービス担当者会議の記録に記載します。

④居宅サービス計画に沿ったサービスの提供（第16条）

確認項目	●居宅サービス計画に沿ったサービスが提供されているか
確認文書	●居宅サービス計画 ●通所介護計画（利用者及び家族の同意があったことがわかるもの）

ポイント

居宅サービス計画（ケアプラン）に沿った通所介護計画を作成しなければなりません。すなわち、ケアプランにないサービスを位置づけて提供することはできず、ケアプランに位置づけられたサービスは、必ず通所介護計画に位置づけることが求められます。そのため、事業所にはケアプランの控えが時系列で保存されている必要があります。作成された通所介護計画は、利用者または家族に口頭で説明して、控えを交付して同意を得ます。同意の証として、利用者および家族の、記名捺印か署名、電子署名、業務日誌等への記載など、多様な方法で同意の記録を保存します。この同意があって初めて通所介護計画は本プランとなり、利用者へのサービス提供が可能となります。同意の記録の漏れは、介護報酬の返還指導につながります。

⑤サービス提供の記録（第19条）

確認項目	●通所介護計画にある目標を達成するための具体的なサービスの内容が記載されているか ●日々のサービスについて、具体的な内容や利用者の心身の状況等を記録しているか ●送迎が適切に行われているか
確認文書	●サービス提供記録 ●業務日誌 ●送迎記録

ポイント

サービス提供記録には、その日に実施したサービスの内容、提供時間、担当者名の記載が必要です。具体的な利用者の状況として、サービス開始前のバイタルチェックの記録、食事の量、トイレの回数、その他で気づいた点など

を記載しなければなりません。また、サービス提供時間や送迎減算の有無の根拠として、送迎記録も重要です。到着時間、送迎の経路、搭乗者などがわかるように記録します。

⑥通所介護計画の作成（第99条）

確認項目	●居宅サービス計画に基づいて通所介護計画が立てられているか ●利用者の心身の状況、希望および環境を踏まえて通所介護計画が立てられているか ●サービスの具体的内容、時間、日程等が明らかになっているか ●利用者又はその家族への説明・同意・交付は行われているか ●目標の達成状況は記録されているか ●達成状況に基づき、新たな通所介護計画が立てられているか
確認文書	●居宅サービス計画・通所介護計画（利用者又は家族の同意があったことがわかるもの） ●アセスメントシート ●モニタリングシート

●ポイント●

アセスメントの内容を反映した目標を立てて、その目標を達成するための通所介護計画を作成します。その計画には、提供されるサービス内容とともに、目安となる時間の記載などを明記します。定期的に目標の達成状況を評価することが、モニタリングの重要な役割です。その評価の結果、目標の達成や見直しとなった場合は、再びアセスメントに戻って、新たな目標を立てた通所介護計画の作成となります。この一連の流れをケアマネジメントプロセスといいます。それらの実施記録であるアセスメントシート、通所介護計画、モニタリングシートが確認されます。基本的にアセスメントシートの枚数と通所介護計画の枚数は同じとなります。

〈個別サービスの質を確保するための体制に関する事項〉

●(1) 人員

①従業者の員数（第93条）

確認項目	●利用者に対し、従業者の員数は適切であるか ●必要な専門職が揃っているか ●専門職は必要な資格を有しているか
確認文書	●勤務実績表／タイムカード ●勤務体制一覧表 ●従業者の資格証

●ポイント●

常勤換算職員を含めて、出勤状況の確認として勤務実績表とタイムカードとの突き合わせ作業が行われます。これは規定された数の職員が適正に日々において配置されているかの確認作業です。専門職の職員については資格証の確認とともに、その兼務状況などにポイントを置いてチェックされます。資格証のコピーの保存は必須です。常勤専従配置が要件の職種については、勤務時間内で他の業務を行っていないかを中心に確認します。常勤専従が規定されている職員が勤務時間内に他の業務を行っていた場合は、人員基準違反となります。長期間、継続反復して違反があった場合、行政処分の対象となります。有料老人ホームの併設事業所については、配置時間内に有料老人ホームの業務を行っていないかなどの事実確認もされます。

②管理者（第94条）

確認項目	●管理者は常勤専従か、他の職務を兼務している場合、兼務体制は適切か
確認文書	●管理者の雇用形態が分かる文書 ●管理者の勤務実績表／タイムカード

●ポイント●

基本的に管理者は常勤専従です。常勤専従の意味は、勤務時間全体において、

他の業務を行わないことをいいます。ただし、特例として管理者の業務に支障がない場合においては、同一敷地内で他の職種を兼務できるという規定があります。故に、管理者は兼務ができるのではなく、あくまでも特例であることに留意すべきです。運営指導での指導項目が多い場合は、兼務によって支障が出ていると判断されて兼務が認められません。勤務実績表とタイムカードで勤務状況が確認され、兼務している他職種の勤務時間の比重が多い場合も指導対象となるので注意が必要です。一般的には、管理者と兼務する職種の勤務時間が最大で半分以下であることが目処となります。

● (2) 運営

①受給資格等の確認（第11条）

確認項目	●被保険者資格、要介護認定の有無、要介護認定の有効期限を確認しているか
確認文書	●介護保険番号、有効期限等を確認している記録等

ポイント

利用者の介護保険証や介護保険負担割合証などのコピーを保存しなければなりません。その保存状況が確認されます。くれぐれも漏れがないように注意が必要です。

②利用料等の受領（第96条）

確認項目	●利用者からの費用徴収は適切に行われているか ●領収書を発行しているか ●医療費控除の記載は適切か
確認文書	●請求書 ●領収書

ポイント

介護保険制度では、自動振替か口座振込での入金であっても、必ず領収書を発行しなければなりません。請求書と領収書は明細型のものを発行します。その理由は利用者の確定申告における医療費控除にあります。通所介護は福

祉系サービスで、通常は確定申告での医療費控除の対象ではありません。しかし、利用者が医療系サービス、すなわち訪問看護やデイケアなどを利用している場合は医療費控除の対象となります。この場合、リハパン代や食事代、おやつ代、レクリエーション実費などは控除対象とならないために明確に区別する必要があります。そのために明細型の領収書の発行が義務とされています。

③緊急時等の対応（第27条）

確認項目	●緊急時対応マニュアル等が整備されているか ●緊急事態が発生した場合、速やかに主治の医師に連絡しているか
確認文書	●緊急時対応マニュアル ●サービス提供記録

ポイント

緊急時対応マニュアルの整備とともに、職員研修での活用も問われます。利用者の急な体調不良などの場合、適切に主治医に連絡して指示を受けます。その過程や主治医の指示の内容、対応状況などをサービス提供記録に記載します。

④運営規程（第100条）

確認項目	●運営における以下の重要事項について定めているか 1. 事業の目的及び運営の方針 2. 従業者の職種、員数及び職務の内容 3. 営業日及び営業時間 4. 指定通所介護の利用定員 5. 指定通所介護の内容及び利用料その他の費用の額 6. 通常の事業の実施地域 7. サービス利用に当たっての留意事項 8. 緊急時等における対応方法 9. 非常災害対策 10. 虐待の防止のための措置に関する事項 11. その他運営に関する重要事項
確認文書	●運営規程

●ポイント●

運営規程の記載内容が確認されます。ただし、運営規程は許認可の時点で一度、役所の確認を受けている書類であるので、大きな問題は起こりません。運営指導では、定期的な職員数の修正や、制度改正時の修正追加項目の適正な記載などがチェックされます。

⑤勤務体制の確保等（第101条）

確認項目	●サービス提供は事業所の従業者によって行われているか ●資質向上のために研修の機会を確保しているか ●勤務表の記載内容は適切か ●認知症介護に係る基礎的な研修を受講させるため必要な措置を講じているか ●性的言動、優越的な関係を背景とした言動による就業環境が害されることの防止に向けた方針の明確化等の措置を講じているか

確認文書	●雇用の形態（常勤・非常勤）がわかる文書 ●研修計画、実施記録 ●勤務実績表（勤務実績が確認できるもの） ●方針、相談記録

●ポイント●

サービスを直接担当する職員とは必ず雇用契約を締結して、管理者の指揮命令下におく必要があります。運営指導では、職員の雇用契約書が確認され、雇用契約以降に配置転換などがあった場合は、辞令などが確認されます。また、管理者の業務として計画的な職員の能力向上があるので、年間の研修スケジュール表などが確認されます。その研修の実施記録も重要な確認書類です。認知症介護に係る基礎的な研修の受講については本文P62、就業環境が害されることの防止に向けた方針については本文P60を参照してください。

⑥業務継続計画の策定等（第30条の2）

確認項目	●感染症、非常災害発生時のサービスの継続実施及び早期の業務再開の計画（業務継続計画）の策定及び必要な措置を講じているか ●従業者に対する計画の周知、研修及び訓練を実施しているか ●計画の見直しを行っているか
確認文書	●業務継続計画 ●研修及び訓練計画、実施記録

●ポイント●

業務継続計画（BCP）については、本文P72を参照してください。

⑦定員の遵守（第102条）

確認項目	●利用定員を上回っていないか
確認文書	●業務日誌 ●国保連への請求書控え

●ポイント●

月平均で定員を超過している場合は、定員超過減算として30%が減算されます。また、運営規程に記載された定員を1日でも、1人でも、超えた日がある場合は運営基準違反として指導されます。その超過状態が長期間にわたって継続反復した場合は、行政処分の対象となります。

⑧非常災害対策（第103条）

確認項目	●非常災害（火災、風水害、地震等）対応に係るマニュアルがあるか ●非常災害時の連絡網等は用意されているか ●防火管理に関する責任者を定めているか ●避難・救出等の訓練を実施しているか
確認文書	●非常災害時対応マニュアル（対応計画） ●運営規程 ●避難・救出等訓練の記録 ●通報、連絡体制 ●消防署への届出

●ポイント●

防災マニュアルを作成して、定期的に職員研修で用います。年1回は利用者参加のもとで避難訓練を実施して記録します。

⑨衛生管理等（第104条）

確認項目	●感染症及び食中毒の予防及びまん延の防止のための対策を講じているか ●必要に応じて衛生管理について、保健所の助言、指導を求め、密接な連携を保っているか ●感染症又は食中毒の予防及びまん延の防止のための対策を検討する委員会を6か月に1回開催しているか
確認文書	●感染症及び食中毒の予防及びまん延防止のための対策を検討する委員会名簿、委員会の記録 ●感染症及び食中毒の予防及びまん延の防止のための指針 ●感染症及び食中毒の予防及びまん延の防止のための研修の記録及び訓練の記録

●ポイント●

感染症対策については、本文P78を参照してください。

⑩秘密保持等（第33条）

確認項目	●個人情報の利用に当たり、利用者（利用者の情報）及び家族（利用者家族の情報）から同意を得ているか ●退職者を含む、従業者が利用者の秘密を保持することを誓約しているか
確認文書	●個人情報同意書 ●従業者の秘密保持誓約書

●ポイント●

職員には業務上で知り得た利用者の個人情報を他に漏らしてはならない守秘義務があります。職員の雇用時と退職時に、そのことを誓約する書類に署名捺印を得ておきます。サービス担当者会議では利用者の個人情報を共有する必要があります。必ずサービス担当者会議での使用に限定して個人情報を共有することの同意書を得ます。この場合、利用者だけではなく、同居する家族からも同意を得る必要があります。

⑪広告（第34条）

確認項目	●広告は虚偽又は誇大となっていないか
確認文書	●パンフレット／チラシ

●ポイント●

チラシやパンフレット、ホームページなどは、誇大広告や表現に注意が必要です。利用者の顔などが映り込んでいる写真などを掲載する場合は、本人または家族の同意が必要となります。リハビリテーションなどを提供する場合、チラシ等に「治る」などの表現を用いることは医療法の関連で適切ではありません。また、一般の有料老人ホームなどの場合、あたかも有料老人ホームが介護サービスを提供しているような表現は不可です。特定施設である介護付き有料老人ホーム以外が介護サービスを提供することはできないからです。併設の事業所はあくまでもテナントです。

⑫苦情処理（第36条）

確認項目	●苦情受付の窓口があるか ●苦情の受付、内容等を記録、保管しているか ●苦情の内容を踏まえたサービスの質向上の取り組みを行っているか
確認文書	●苦情の受付簿 ●苦情者への対応記録 ●苦情対応マニュアル

ポイント

重要事項説明書への苦情窓口の記載は、所轄の役所、国民健康保険団体連合会、自事業所の３か所の記載が必要です。苦情の記録簿も、詳細なことであっても漏らさずに記載して保管します。

⑬事故発生時の対応（第104条の3）

確認項目	●事故が発生した場合の対応方法は定まっているか ●市町村、家族、居宅介護支援事業者等に報告しているか ●事故状況、対応経過が記録されているか ●損害賠償すべき事故が発生した場合に、速やかに賠償を行うための対策を講じているか ●再発防止のための取組を行っているか
確認文書	●事故対応マニュアル ●市町村、家族、居宅介護支援事業者等への報告記録 ●再発防止策の検討の記録 ●ヒヤリハットの記録

●ポイント●

事業所内で起きた事故の程度によっては、役所への届出が義務となります。その届出基準は役所によって若干異なっています。一般的には、骨折などの重傷、24時間以上の所在不明、暴行虐待の判明、感染症などの重大な事故があった場合は、2週間以内の届出が義務です。届出の有無にかかわらず、どのような事故であっても、事業所としての記録と対策検討、再発防止のための具体策を講じることは義務で、それができているかも運営指導におけるチェックポイントとなります。

⑭虐待の防止（第37条の2）

確認項目	●虐待の発生・再発防止のための対策を検討する委員会を定期的に開催し、従業者に周知しているか ●虐待の発生・再発防止の指針を整備しているか ●従業者に対して虐待の発生・再発防止の研修及び訓練を実施しているか ●上記の措置を適切に実施するための担当者を設置しているか
確認文書	●委員会の開催記録 ●虐待の発生・再発防止の指針 ●研修及び訓練計画、実施記録 ●担当者を設置したことが分かる文書

●ポイント●

虐待の防止については、本文P80を参照してください。